# 老舍与满族文化

Laoshe yu manzu wenhua

关纪新 • 著

辽宁民族出版社

**图书在版编目（CIP）数据**

老舍与满族文化 / 关纪新著. —沈阳：辽宁民族出版社，2008.3（2013.5重印）

ISBN 978-7-80722-597-3

Ⅰ. 老… Ⅱ. 关… Ⅲ. ①满族—民族文化—研究—中国 ②老舍（1899~1966）—生平事迹 Ⅳ. K825.6 K282.1

中国版本图书馆CIP数据核字（2008）第024169号

**老舍与满族文化**

LAOSHE YU MANZUWENHUA

出版发行者：辽宁民族出版社
地　　址：沈阳市和平区十一纬路25号　邮编：110003
印 刷 者：沈阳市印刷研究所（有限责任公司）
幅面尺寸：145mm×210mm
印　　张：10.375
字　　数：270千字
印　　数：1001-2500
出版时间：2008年3月第1版
印刷时间：2013年5月第2次印刷
责任编辑：吴昕阳　李　璜
封面设计：杜　江
版式设计：于　浪
责任校对：侯俊华

标准书号：ISBN 978-7-80722-597-3
定　　价：30.00元

法律顾问：陈　光



http://www.lnmzcbs.com

举报电话：024-23284336
联系电话：024-23284340
发行电话：024-23284335

# 书首絮语

SHUSHOUXUYU

在20世纪中国文坛上出现的众多优秀作家里面，老舍，也许是最为广大读者民众所熟知的。他的贫寒出身、他多产的创作生涯、他的诸如《骆驼祥子》、《四世同堂》、《龙须沟》、《茶馆》之类极得大众好评的作品，乃至于那非同凡响的人生结局……都是下自黎民百姓上至学人教授们经久谈论的话题。从常见的角度来看，老舍，似乎早已无奥秘可言，从人生到作品，好像可以被认为是再不存在什么理解障碍与认识盲区了。

然而，事情并非这么简单。笔者以为，对老舍“黑匣子”的解密工作虽经研究界的多年努力而收效多多，却还不能说是已经接近功成之日。老舍，还远不是一位不再存有社会历史遮蔽和文化艺术密码的、可以叫人们一览无余的作家。

可以从读者时常谈到的老舍的某些创作特征来说起，他的作品：

——始终坚守着“国家至上”的原则；

——异常关注着国人们的道德心理走势；

——总是表现出浓重的“恋京”情结；

——专写并且擅写旧日北京下层市民的凄苦命运；

——在语言运用上特别倚重于“京腔京韵”；

——笔下写的大多是悲剧，作品却充斥着幽默优雅的格调；

——除了小说、话剧等主攻门类之外，在曲艺、小品文、散文、新诗旧体诗、戏曲、文论等等方面也多有建树，而且这方方面面的作品又总是那么明显的大俗大雅、雅俗浑然……

上述这些使老舍之为老舍的特点，或者有的简直就是老舍独一无二的“绝活”，人们多半是只知晓其然而未深究过其所以然。换句话说，对于老舍在20世纪中国文坛上何以能够艺术上独树其帜的个中缘由，他的读者和观众怕是还缺乏深入一个层面的挖掘及体认。

真正要想彻底解读老舍的艺术“黑匣子”，仍然需要我们的研究者们继续付出不懈的劳作。笔者作为老舍学术研究领域一位多年的从业者，愿在个人思考的基础上，将在本书题目之下的相关心得捧献出来，以期求得专家们的指点及同人间的切磋。

# 目录

MULU

# 第一章

# 京师旗族的家庭出身对老舍的人文模塑

老舍是个满族人。这一点，在各类文学读本中均有交代。那么，“满族”二字，对于作家老舍来说，是否只是意味着他在户口簿一个具体栏目的填写上跟我们身边的大多数人有所不同？这个问题，恐怕很少有人认真想过。

满族作为我国境内的一个少数民族，差不多的人都是知道的①。但这个民族除去建立过清王朝而外还做过一些什么，人们却不甚了了。按说，不很了解我们国内某个具体的少数民族，在今天的现实情况下也还是个相当常见的现象，算不得什么。然而，当我们面对着杰出作家老舍并且希望对他有些深入把握之际，假使不了解满族，却肯定得说是一重障碍。当下，对老舍其人其文颇感兴趣的人非常之多，笔者常与他们说起，若不能比较系统地了解满族的历史与文化，而又想切实地走近老舍、认识老舍，几乎是不可能的。——这断非危言耸听，因为老舍及其艺术之功，委实是与他所出身的那个民族有着千丝万缕的瓜葛。

“一方水土养一方人家”,此言不妄。因为它所阐释的,正是生存环境对人的精神养成所具有的潜在规定性。老舍出身于清代末年京师内城一个满洲下层旗兵的家庭，父亲战死于反侵略的战场

① 目前为中华人民共和国政府正式认定的少数民族有 55 个，满族是其中之一。相对于其他某些少数民族来说，满族的“知名度”要高一些。这主要是因为该民族的统治者建立过中国历史上最后一个封建王朝——清朝的缘故。我国人口的绝大多数是主体民族汉族人，占全国人口总数的 90%以上。在国内汉族人口居多的许多地区，主体民族成员有时会在不经意之间忽略了兄弟民族的现实存在。在笔者看来，尚有待于在国民中间进一步开展中华民族是由 56 个兄弟民族共同组成的、中华 56 个民族都对缔造祖国的灿烂文化作出了贡献的思想教育。

满族作家老舍

而使他幼年失怙，母亲在千辛万苦中把他抚养成人，并且把民族的价值观传授与他，满人的精神血脉自幼便流灌于他的头脑与肌体，从而完成了其基础人格的模塑与定型。

## 一

需要首先在这儿为大家勾画的，是老舍所隶属的民族——满族的基本背景与轮廓。

满族属于阿尔泰语系满—通古斯语族满语支，先民是东北亚地区最古老的土著民中的一部分。远在我国中原地区的舜、禹时代，满族的初民肃慎人就以其独特的文化形态，生活在祖国东北松花江以东至牡丹江流域。

满族的先民，以自然经济为生存途径，捕鱼业、狩猎业和采集业，是历史上长久维系的主要生产方式。这样的生产方式，既是其物质生活基础，成为使该民族得以世代繁衍生息之保障，也是他们的精神生活基础，使该民族成员获得与之相适应的观念形态与行为准则。据民族心理学的一项研究结论证实，较之于传统的农耕民族和游牧民族，渔猎民族成员们更少保守观念、更多创造精神与自主意识[①]。况且，东北亚地区山岭纵横、地广人稀，

① 张世富主编的《民族心理学》中谈到："著名人类心理学家卡丁纳（A.Kardiner）认为在每一种文化中都有一个产生于某种共享的文化经验的基本人格。社会上成年人的人格应该是由共同的文化经验塑造的，这种共同的人格倾向产生于社会的基本制度，而基本制度与传统的谋生方式，传统的家庭组成及育儿习惯有关。基本的人格结构又反过来产生文化的诸方面，现在经常运用的'基本个性'、'国民性'、'民族性'等概念均是指某一社会中存在着的一套典型的个性特征。卡丁纳提出的这些观点被许多人类学家和心理学家通过田野工作得到了证实。如巴里（H.Barry）和培根（M.Bacon）提出，在畜牧和农业社会里，未来食物最可靠的保证是坚持既定的放牧和

冬季长期高寒，夏天日照强烈，满族先人世代生活在这样的自然条件下，便同时铸就了耐受严寒酷暑、不惧艰险、粗犷剽悍、勇猛奔放的民族性格。

千百年间，满族初民主要依赖自然物产为衣食之源，人与大自然的关系是压倒一切的要务。因为生产力低下，人们不可以去与自然力抗衡，便在民族心理的深处生就了敬畏大自然、崇尚大自然、亲近大自然的特有心态。他们的原始宗教——萨满教信仰，认定世间万物有灵，就是由此而获取的精神依托。民族先人们在长期从事艰险的渔猎经济生产实践中，笃信以自然崇拜、图腾崇拜和祖先崇拜为基本内容的原始宗教“萨满教”，祖祖辈辈流传下来的体现这一宗教观念、讲述世间万千神灵故事的口承文化系统，便特别地丰富发达与瑰丽多姿。这一情景，不仅养成了该民族异乎寻常的对于文化艺术的想象力，也使他们世代葆有着创编及接受带有奇思异想的民间叙事文学的嗜好。

成书于春秋时期的汉文典籍《左传》中，曾有关于“肃慎、燕亳，吾北土也”的记载，证实了满族初民很早就与中原地区有着联系。随后的肃慎后裔、满族先民，又曾以挹娄（秦汉时期）、勿吉（南北朝时期）、靺鞨（隋唐时期）和女真（宋金元明时期）等称谓见知于世。在公元 6 世纪末至 11 世纪初，靺鞨族的粟末部融白山部及高丽遗民，曾经在今吉林一带建立国力颇强的“海东盛国”渤海国，经济文化直追中原同时代的盛唐。到了公元 12 世纪初，由女真贵族完颜阿骨打创建的金朝，又曾立国 120 余年，与南宋、西夏在中国版图上鼎足而三，其疆域东北至日本海、鄂霍茨克海及外兴安岭，西北到今蒙古国，西以河套、陕西

---

耕作常规，因为一旦失误就会影响一年的食物来源。但是在大多数渔猎社会中，一时失误只会影响一天的食物来源，因此墨守成规就不是那么必要了，就有可能鼓励人们的创造活动。跨文化研究也表明，农业社会培养的儿童往往强调顺从与责任，而渔猎社会往往强调独立与自力更生。”（张世富主编《民族心理学》，第 40 页，山东教育出版社 1996 年版）

横山和甘肃东部与西夏接壤，南边以秦岭、淮河与南宋划界；在金世宗和金章宗在位时期，其辖域内还呈现过为史乘所夸赞的盛世景象。

作为肃慎后裔和满族先民的民族成分，其历史性展开不是单线条的。“渤海国”解体后，粟末靺鞨人失散开来，有些进入朝鲜半岛，离开了女真群体。靺鞨人的另一支——经济文化原来不太发达的黑水靺鞨，则成了后来金代女真群体的基本先民。至金代被元朝灭亡后，金代的女真人也多数散落于关内的冀鲁豫地区，融合到当地的汉族中间；金代女真成分真正返回东北故乡的并不多。而明代东北地区的女真人，又是后来重新再由松花江下游和黑龙江流域成长壮大的先前发展比较滞后的女真群体，他们才是满族的直系祖先。虽说“渤海国”的靺鞨人和金代的女真人都未成为满族直系祖先，但是“渤海国”和金代由肃慎的不同后裔成分所留下的令人瞩目的经济文化史实，却每每说明白山黑水间肃慎古族的流脉具备高度的精神创造力和文化爆发力。如果我们说，肃慎后裔在“渤海国”时期和金代的两度崛起与兴盛，已经为肃慎古族的另一流脉即明末女真族——满族，在中华封建历史的末叶横空出世，再造出一段历史的辉煌，埋下了前定的伏笔，也许并不为过。因为，这一东北亚地区的古老族群，总是富有创造力和自立精神，勇敢粗犷，不畏艰险，又特别具有文化想象力和实践精神，他们在相似历史境况下一次又一次地卷土重来，进取并且获得成功，存在着某种客观的必然。

明代东北地区的女真人，是由松花江下游和黑龙江流域新崛起的原本在发展中处于后进状态的女真人，他们是满族的直系祖先。这些女真人分批先后南下，形成了包括建州女真、海西女真和东海女真的女真三大部。万历年间女真各部蜂起，战乱不已，彼此残杀，民众蒙受极大痛苦。1683 年，建州女真部的年轻首领努尔哈赤，兴兵举事，顺应历史趋势及民心所向，肩负起了统一女真各部的重任。此后，在努尔哈赤和皇太极父子两代的率领下，经过长达数十年的艰苦斗争，不但统一了女真各部，而且征服了邻近的蒙古和朝鲜，击溃明王朝用以围剿的强大兵力，为夺取中央政权奠定了基础。在此过程中，努尔哈赤创立了使本民族兵民一体的“八旗制度”；皇太极则宣布更改女真旧族称为“满洲”，还将所用国号“金”也变更为“清”。

之所以要为本民族重新命名，是出于目的与策略相结合的选择。随着政治军事的推进，其民族成员结构发生了变化，新的民族共同体出现已成定势。于是，皇太极便以女真民族为主体，吸收周边一些追随其政权较久的汉族、蒙古族、朝鲜族等民族成分，建构起来一个新的民族共同体——“满洲”。在努尔哈赤时期，曾沿用历史上的“女真”民族和“金”政权的称谓，而这两个称谓在中原人们的记忆中是敏感的，为了消解夺取中央政权的阻力，更多地化消极因素为积极因素，有必要修正本民族形象以适应形势需求。当然，更改族称之举，也体现出了实施者对他民族文化的包容和认同倾向。自此，满族人不再一味强调自己与金朝以及女真人的历史渊源关系，表现出一种比以往更加贴近中原文化的姿态。

“满洲”，是一个满语单词的音译，并不是地名。而“满族”只是“满洲族”在20世纪才出现的一种简称。“满洲”一词据说是有着梵文“妙吉祥”之意（更名“满洲”之际该民族已经出现了佛教信仰）。

公元1644年，由满洲贵族执掌的清政权入主中原，定都北京，并迅即向全国推进，开始了中华历史上最后一个封建王朝——清朝统治中国268年的历史。

清代的满人常常被世间称为“旗人”。其实，所谓“旗人”是个大于满人的称谓，在有清一代，“旗人”是对被编入满洲八旗、蒙古八旗、汉军八旗兵民一体化组织中人口的总称。努尔哈赤与皇太极在筹划进取中原的时候，将满洲民族的全体青壮年男性都收进了军队之中，把他们分别划入以八种不同旗帜为标识的八个方面军。这八个方面军，即被称为镶黄旗、正黄旗、正白旗、镶白旗、镶红旗、正红旗、镶蓝旗、正蓝旗①。后来，随着政治军事需要，又仿照满洲八旗的编制和识别方式，建立起了蒙古八旗和汉军八旗。三个八旗的军事组织，自建立起的二三百年间，曾在创立清朝、巩固政权、维护祖国统一、保卫人民安定生活等方面，发挥了重要作用。

清初，八旗兵民一体的组织创建时，正值该民族的精神上升期，发愤自强、争立功业，成了整个民族的追求。八旗将士人人勇武争先，共襄进取大业，出现过许多令后人惊讶、羡佩的历史场景。清初满族诗人佛伦写过一首《从军行》，体现的正是当时意气风发的民族气概："神龙得云雨，铁柱焉能锁！壮士闻点兵，猛气怒掀簸。赤土试剑锋，白羽装箭笴。矫首视天狼，奋欲吞幺麽。鲸牙如可拔，马革何妨裹？行色方匆匆，妻孥无琐琐。送复送何为？别不别亦可。

八旗满洲将士造像

① 起初只有以黄、白、红、蓝四色为标志的四种旗帜和四个方面军，后来随着军队的扩充，四个方面军演变为八个方面军。新出现的四个方面军，便在原有的黄、白、红、蓝四色旗帜上分别镶缀上其他颜色的边，作为各自的标识。这样，先前分别以黄、白、红、蓝四种单一颜色旗帜为标识的四个方面军便被称为整黄旗、整白旗、整红旗、整蓝旗，而以后来加上了镶边的四色旗帜为标识的四个方面军，则分别称为镶黄旗、镶白旗、镶红旗、镶蓝旗。满人初学汉文书写时，嫌"整"字笔画繁琐，往往将它简写作"正"，不了解原委的人们后来经常把整黄旗、整白旗的"整"字由汉语"zheng"音的第三声误读成第四声；更有甚者，后来书写时也有嫌"镶"字繁琐而写作"厢"的（至今京郊一些地名即如是），更造成了又一层的误解：以为"正黄旗"必是高于"厢黄旗"（因为"正中"该居于"两厢"之上）……其实，八旗顺序以镶黄旗为首，之下才是整黄旗等。

亲朋劳祖饯，且立道之左。请看跃骅骝，扬鞭追伴伙。长天碧四垂，乱山青一抹。大旆高飞扬，万马迅雷火。一鸟掠地飞，先驱者即我！”[1]在这种上下一心、万难不辞的精神作用下，17世纪的中华大地上诞生了一个洋溢着蓬勃生机的清王朝，它内成一统，外拒强寇，使本已急剧滑落的中华封建末世，又奇迹般地出现了长达一百几十年的“康雍乾盛世”，给民众一个在安定富足中繁衍生息的较长时间，中国人口迅速地从大约7000万猛增至40000万。如果没有满族杰出人物和八旗劲旅在清前期的戮力经营，从而达成清中期国富民盛、各族一体的大局面，后来的中国是难以渡过帝国主义列强妄图瓜分、灭亡我文明古国这一道险关的。

随着清初百年左右的平息反清势力、平定三藩、收复台湾、反击沙俄入侵、扫荡准噶尔叛乱等战争的需要，八旗将士被一批批地派往国内各地，作战与驻防。至乾隆后期，全国各地八旗驻防已有130多处。满族人因此而广泛地分布于全国广大区域，除了北京作为八旗军的大本营之外，在西安、太原、银川、乌鲁木齐、伊犁、成都、广州、福州、杭州、德州、青州、荆州、库伦、西宁和西藏等地，都设有八旗驻防。清代乃中国有史以来有效管辖版图最为广阔的历史时期[2]。中国今天的版图，基本上是在清代确定下来的[3]。清初百年间，我国幅员辽阔，北至外兴安岭，南达南沙群岛，东起库页岛，西临葱岭，都被切实地管理起来，国土面积达到了1250万平方公里。

在有清一代近300年间，满族将士为维护国家利益前赴后继

① 不妨将这首诗与在中原世代流传的诸如“车辚辚，马萧萧，行人弓箭各在腰。妻子儿女走相送，尘埃不见咸阳桥……”一类的诗句两相比照，即可以看出民族精神在不同时代、不同族群间的反映，是何等地不同。

② 元朝的蒙古军团曾经在其鼎盛时代横扫欧亚大陆，但是并没有在占领过的大多数地方建立起有效的管理机构，所以元代的中国在国家版图上并没有太多地增加。清代则不然，其前期在征讨周边地域的过程中，贯彻了步步为营的方针，每得一地，必建立地方管理机构，使版图所有有效化。

③ 毛泽东、周恩来等人民共和国的领导者都对此有过肯定的表述。

英勇参战，付出了极大的民族牺牲。除上述清代初年的战事以外，中期尚有扫平准噶尔叛乱、平息回部叛乱、抗击廓尔喀贵族入侵西藏等战事；后期又有两次反抗西方列强入侵的鸦片战争和反抗八国联军入侵的战争。在这些战争中，满族官兵壮烈殉国的事迹比比皆是，史书上多有记载。在入关之后，满族又出现了一批杰出人物，早期的多尔衮、孝庄皇太后，和稍后的康熙、雍正、乾隆三代帝王，都在清代的历史上发挥过重要作用。《战国策》中有《触詟说赵太后》文，认为历史上一向就有"君子之泽，五世而斩"的铁定规律，而满族的领袖人物从努尔哈赤、皇太极肇始，连续数代奋发图强，成功地逸出了这一规律的制约，不能不说是一个历史性的奇迹。此外，由八旗满洲中间涌现出来的良将、贤官以及其他方面的优秀人物，也是不胜枚举的[①]。

八旗制度是伴随着满族的崛起而出现的,这种制度曾经铸造了一个磅礴向上的民族,推出了一个辉煌的时代,维系了一个虽属于封建末世却空前统一繁荣的大中华。然而,其制度自身却孕育着难以排解的潜在危机。八旗制度是清代始终贯彻的制度,对旗人们的约束是相当严苛的，它把世代的旗人严格地圈定在当兵吃粮饷的唯一人生轨道里，禁止他们从事除当兵之外的一切职业,不许他们做工、务农、经商以及从事一切其他职业,这虽然有助于政治基石的牢靠,防止了旗人与民争利,但是,也造成了创建此制度的人始料不及的社会难题。从雍正年间起,"八旗生计"问题就渐出端倪,其后愈演愈烈,统治者煞费苦心力图解决它,却终告不治:旗人"人口大量增加,而兵有定额,饷有定数,既不能无限制地增饷,又不能放松正身旗人参加生产劳动的限制"[②],

① 可参阅《清代八旗贤官》（滕绍箴著，中国社会科学出版社 1992 年版）等史学著作。

②《满族简史》，第 109 页，中华书局 1979 年版。

于是，补不上兵缺的旗籍子弟越来越多，只好眼睁睁地失业赋闲，成为既没有营生也没有收入的“闲散旗人”（满语叫做“苏拉”），这就不仅导致了许多下层旗人家庭日益明显地走向贫困化[①]，还使入关之初异常精锐剽悍的八旗劲旅失却了农商技能，滋生了惰于劳作、荒于嬉戏的积习。因此，正是八旗制度，后来给坚持这一制度的满族带来了灾难。八旗下层人口在贫困线上的苦熬与挣扎，上演了一代又一代。而最为悲哀的是，到了辛亥之后，世代远离农桑工贸等谋生技能的满族人，陡然间断绝了作为世袭军人所得的报酬——钱粮，又逢全社会的舆论和环境都对他们极为不利，八旗制度制约下的末代旗族百姓，便比他们的先人严重许多倍地承担了这种历史制度产生的惩罚与报应。所以，说满族是“成也八旗制，亡也八旗制”，不无道理。

## 二

以上，我们用极粗略的线条，勾勒出了满族大致的背景和轮廓。

老舍，就是出身于这样一个特殊的民族当中。在笔者看来，满族历史、社会以及文化传统的几乎各个侧面，都曾经或者直接或者间接地对老舍的人格模塑以及精神世界的形成产生过潜移默化的影响。

公元 1899 年 2 月 3 日（农历戊戌年腊月二十三），在北京城（当时又称为“京师”）内西北部一条叫做“小羊圈”的胡

① 清军入关之际，因军事需要，满人男性 16 至 60 岁（或者身高 5 尺以上）者，均须应征入伍，成为甲兵。按照八旗制度规定，被挑为甲兵的旗人可按月领饷。饷分为两种，一种是银，一种是米，统称为“钱粮”。而钱粮是只发放给甲兵的，未经挑甲的闲散旗人以及妇女是没有饷的，他们只能靠家中被挑上甲丁的旗兵的钱粮来养活。而愈到清代的中后期，下层旗人家庭中不能被挑上甲丁的闲散旗人愈多，这些家庭的生计问题便愈发地严重。

同，一户贫苦的下层旗兵家庭里，出生了一名羸弱的男婴。他就是老舍①。

老舍的家族姓舒。父亲名永寿，是正红旗满洲②属下的一名“巴亚喇”（用汉语说就是“护军”）。清代的护军，是“拱卫京师”诸兵种中的一支，它的任务是专门负责皇城、王府以及整个京师的日常安全。如果皇上外出巡幸，也要由京师护军抽调一部分兵力护驾。其责任不可谓不大。如果从具体的分工来说，被称为“上三旗”的镶黄、正黄、正白旗护军，是紫禁城的卫戍部

---

① 老舍出生那天，正值农历戊戌年的腊月二十三，是中国民间传统的“小年”，按照本家族排辈分的用字，他这一代的男孩子应是“庆”字辈，他生在春节临近的时候，父亲于是给他起名“庆春”。后来在读书期间，他又为自己确定了字“舍予”。而“老舍”则是他后来登上文坛期间所使用的笔名。

② 因为迄今没有任何老舍一家历史上的满族姓氏究竟是什么的确切材料，笔者认为，老舍家族先前的满族旧姓氏尚待考证。满族先民的姓氏，大约有六百余个。就像汉族人的多用姓氏张、王、李、刘、陈等一样，满族也有几个传统的姓氏，使用的人很多，这就是所谓的“满族八大姓”。这八大姓氏是哪八个似无定论，其中一种说法，是指瓜尔佳氏、钮祜禄氏、舒穆禄氏、董鄂氏、马佳氏、纳喇氏、索绰罗氏和伊尔根觉罗氏。到了清代晚期，原来用汉字记录满语多音节译音的满人姓氏，多简化为用一个汉字来替代，比如前述“八大姓”，便大致改用了汉字的关、郎、舒、董、马、那、索、赵。——也许正是因为排在这中间第三位的舒姓，恰好就是老舍一家这时业已冠用的汉字姓氏，故而产生了他们家的满族旧姓是舒穆禄氏的猜测。其实，这种猜测尚难以确证。满族姓氏的演化规律，既有原来冠同一满姓的人们改用几种汉字姓的情形（例如各地各家族的舒穆禄氏，后来分别改用了汉字舒、徐、米、宿、孙、郑、萧、万等为姓），还存在后来虽改用同一汉字姓的满人，却来自满族不同姓氏的情形；在后一种情形中间，也包括了这个后来改为单个汉字的“舒”姓：不仅从前“八大姓”中的舒穆禄氏的一部分改姓了舒，另有舒舒觉罗氏和舒佳氏，也改姓了舒。可见，老舍一家的旧时满姓尚有舒穆禄氏、舒舒觉罗氏、舒佳氏等不少于三种的可能性。因为舒穆禄氏以前是个大姓氏，所以他家出自其中的可能性也许要更大一些。不过，出身于北京满族的文史大家启功先生，却在他的相关著述中认定老舍家族原来的满族姓氏为舒舒觉罗。在《启功口述历史》（北京师范大学出版社 2004 年版）一书中，他说：“‘觉罗’是根据满语 gioro 的音译，它原来有独立的意思。……清朝，把这个‘觉罗’当作语尾，加在某一姓上，如著名作家老舍先生，原来姓‘舒舒’氏，后来加上‘觉罗’，就叫‘舒舒觉罗’，而老舍又从‘舒舒’中取第一个‘舒’字做自己的姓，又把第二个舒字拆成‘舍’字和‘予’字，做自己的名字，就叫舒舍予。”不过，启功并未详细说明他认为老舍家族原来是姓舒舒觉罗进一步的根据。

队，被称为“下五旗”的镶白、镶红、正红、镶蓝、正蓝旗护军，则分别负责保卫京师全城的安定。永寿是正红旗下的一名护军甲兵（也可以简称为“护军”），他的岗位常常是在京师城门的周近。

清末时节，由京师八旗贵族、军官、士兵、“苏拉”、家眷等组成的人们共同体，总人数已多达60万左右，世人久已习惯以“旗族”①来称呼他们。在京城“旗族”人丁日趋繁盛的总态势之下，“八旗生计”的阴影笼罩着走投无路的穷旗人们，也已历经了好多代。永寿的家庭，不知是从哪一辈人起始，也跌进了这个可怕的命运圈子。

“舒家曾经是个大家族，在一次内讧之后，舒永寿这一支分

---

满人在历史上是用满语命名的。从清中期起，沾染了汉族文化习气的满人在渐渐改操汉语的同时，也试着为自己用汉文汉字命名。至清末，满人以汉名出现颇为普遍，他们甚至还学会了在起名时以汉字标示辈分的形式。不过，在使用名字时有一样，到终清之际，满人还是跟汉人差别明朗：他们虽都知道自己家族姓什么，却没有把姓氏挂在名字前面一起称呼的习惯，“称名不举姓”的满俗，不单在满洲旗人中间保持着，也传给了“满化”的汉军旗人和蒙古旗人。因为有这样的民族习惯，在目前尚能发掘到的有限的几宗清末有关公文里，凡是记录着老舍父亲名字的地方，都是只有“永寿”二字，而并非后人想象的“舒永寿”。关于旗人“称名不举姓”的习俗，徐珂在《清稗类钞》中有所说明：“满、蒙两族的姓氏，不著于世，辄以其名之第一字相呼为姓。流俗不察，遂以为其祖、父、子、孙不同姓矣。汉军本为汉人，有汉姓，其欲依附丰沛，以旗籍自炫者，亦效满、蒙。”（见徐珂《清稗类钞》，第2144页，中华书局1984年版）

清代对于相关旗籍的习惯写法是“正红旗满洲”、“镶白旗蒙古”或者“镶蓝旗汉军”，而不是“满洲正红旗”、“蒙古镶白旗”或者“汉军镶蓝旗”。

① 有清一代，满洲八旗、蒙古八旗和汉军八旗因政治地位、经济地位及生活习俗、文化观念等方面日益融会，彼此越来越浑然一体，世间长期流传着在分辨不同人社会位置时“只问旗民，不分满汉”之说，“旗人”和“民人”成了较为重要的社会分野，而一个人是出身于“满洲八旗”、“蒙古八旗”还是“汉军八旗”，则相对来说不很重要。以至于到了清代的中后期，社会上出现了将三个八旗的所有人员统称为“旗族”的称谓（当时并没有“满族”的概念而只有“满洲”的概念）。辛亥鼎革之后，“旗族”概念才渐渐为世间淡忘，除了原来的“满洲”人后来被指认为“满族”而外，蒙古旗人多回归于蒙古族，汉军旗人则听其自决，有些自称满族，有些回归汉族。

出单过，而且亲戚之间不再来往。到老舍这一辈，来往走动的只有住在城外的老舍母亲的娘家。”[①]按理说，满人的传统，是注重保存和续写家谱的，可是，永寿家的家谱却未被发现，是因为那回家族内讧之后没能带出来，还是因为永寿一家后来经历了太多磨难而遗失了呢？这看来已经是说不清楚的事情。

我们现在所能看到的，是一份由老舍遗属经过反复钩沉而汇得的舒氏四代人的名单[②]。舒氏家谱既已佚失，这份后来拼成的名单便可聊补家谱佚失之憾。名单中，如果以永寿作为基准，则向上可追溯到他的祖父与父亲两代人，往下可涉及他的儿女这一代：乃祖父关保、祖母马氏，父亲克勤、母亲孟氏，本人永寿（？–1900）、妻马氏（1857–1942），长女佟舒氏（名静守，1878–1953）、次女傅舒氏（1880–1958）、三女赵舒氏（1887–1967）、长子庆瑞（号子祥，1892–1962）、次子庆春（1899–1966）[③]。由此，关切老舍家史的我们，确能得到了较家谱彻底丢失要多一些的信息。永寿的祖父、庆春的曾祖，名曰关保，这个名字在清代中期的满人中是个常见用名，那时的满洲男子习惯以“×保”来命名，据说这跟他们作为旗兵随时可能投入战争，常面临生命危险有关，故而习惯于在名字的后头缀上个“保”字来祈福纳祥；而永寿的父亲、庆春的祖父，名为克勤，则已经是纯粹的汉族式的命名了。由这儿，我们似乎已窥得老舍家族原持满习渐变情景之一斑。当然，永寿以上，本来也许并不是“一线单传”，只是这份名单的汇辑者实在是难以进一步了解到其一家几代的旁支近亲了。

---

① 舒乙：《老舍的关坎和爱好》，第 121 页，中国建设出版社 1988 年版。

② 这份舒氏四代人的名单见诸舒济、舒乙、金宏编著的大型摄影画册《老舍》（北京燕山出版社 1997 年版）。据老舍长女、画册编著者舒济女士称，有关老舍曾祖父至父辈的名单来自老舍结婚时的婚书，老舍同辈哥姊们的名单则来自家人记忆。

③ 又据舒乙《老舍早年年谱》载：“他（指老舍——引者注）上面有三个哥哥和四个姐姐，真正活下来的一共是五位：三个姐姐、一个哥哥和老舍。”

永寿和他的一家作为八旗社会中间的普通成员，既具体又真切地体现出了那个时代满人们精神文化的规定性。

在当初全民族奋力创建新政权的时候，满族人的精神是异常充实的。建功立业，名垂青史，是他们精神追求的全部。在清初百年间南征北战、固筑金瓯之际，八旗军人们精力紧张而专注，气质也是单纯而粗粝的。不过，他们毕竟是一步而蹈入了异民族的重重包围之下，来自各个方向的物质及精神文化诱惑，总要潜移默化地作用于他们，渐渐出现精神上的变异趋势已是在所难免；何况，随着政局日趋稳定，战事减少了，局势缓和了，人们的神经不能不有所松弛。在此情景之下，一部分旗籍子弟在不经意之间，愈来愈偏离了本民族长久养成的纯正质朴的精神传统，较多地沉溺于声色享乐，以至于到后来出现大幅度地迷失自我精神追求的不良倾向，也是有的。依据后世相当常见的看法，似乎凡是清代的八旗子弟，都毫无例外地属于“堕落的一类”。那其实只是一种偏见。偏见的形成，有着复杂的原因。

正红旗的旗帜（底色为红色）

清代八旗子弟们在风习性情上的实际情况究竟如何？我们知道，任何一个民族，都有它在历史坐标图上“崛起——上升——滑降”的抛物线。这是不以人的意志为转移的事情。促使旗族由光辉顶点转向下滑态势的原因，有许多种，其中，作为隶属于少数民族的最高统治者，其所面临的诸多历史局囿，是不言而喻的；原本汇聚着蓬勃战斗力的八旗制度本身，自建立之日起，就已暗藏着无可排解的“八旗生计”危机，则是又一口陷阱；当然，也还有别的一些原因，例如进入京城和各地都会后的八旗子弟们，身陷中原文化的汪洋大海，在“渐染汉习”的过程中，将自己的生活过分地“艺术化”……于是，阔的走向骄奢、闲的走向无聊、穷的走向窘迫，昔日极富锐气的八旗劲旅无可奈何地向自身的反面转化。

八旗子弟们渐渐地绕进了历史老人设下的“迷宫怪圈”，他们原来冲力十足的民族精神被显著销蚀。然而，在这个渐变的过程中，当初那种果敢、淳朴、急公近义的传统美德并没有在较短时期内消磨殆尽。尤其是在八旗下层官兵的心间，旧日形成的为爱国护民而不惜牺牲一切的精神，“不得捐躯国事死于窗下为耻”[①]的观念，依然是相当牢固的。即便是迟至19世纪中期的鸦片战争及其之后几十年间，八旗将士前仆后继、浴血抗敌的事迹仍然在各类史书上多有证实。譬如：在中英鸦片战争的乍浦战役中，八旗爱国官兵“在佐领隆福（满族）的率领下，狙击敌人，连续打退英军组织的五次进攻。……守卫在这里的276名满族官兵中，除43人突围而出，其余全部壮烈殉国”[②]。在镇江战役中，“英军集中全部兵力围攻镇江城，副都统海龄（满族）领导满洲八旗坚守阵地。从敌我双方军事力量来看，守城旗兵全部1500人（一说只有1200人），只有英军兵力的十分之一；火力配备上，旗兵是刀剑矛戟和弓箭，远比英军拥有的来复枪和大炮等近代武器差得多。虽然处在敌强我弱的劣势下，但旗兵仍能拼死力战，节节抵抗。”“英军乃集中炮火向城中轰击……方才闯入城内。满洲八旗为了保卫祖国神圣领土，进行更加猛烈的巷战。”“在守城的旗兵大部分牺牲后，战局已无法挽回，海龄遂举火自焚，壮烈殉国。……当时，仍有少数八旗官兵继续战斗。”[③]他们“血积刀柄，滑不可持，尚大呼‘杀贼’”[④]！这后一场血战，曾

---

① 《清高宗实录》卷1300，第19175页。

② 《满族简史》，第121页，中华书局1979年版。

③ 《满族简史》，第122页，中华书局1979年版。

④ 《钞刻江苏镇江府建立青州驻防忠烈祠碑文》。

经引起了远在西方的无产阶级革命导师恩格斯的密切关注，他在当时撰写的《英人对华的新远征》一文中，详细描述了镇江战役的过程，肯定了清朝八旗军队在彼此实力悬殊的情况下，“决不缺乏勇敢和锐气”。他说：“这些驻防旗兵总共只有1500人，但却殊死奋战，直到最后一个人。”并且做出结论：“如果这些侵略者到处都遭到同样的抵抗，他们绝对到不了南京。”①此外，在第二次鸦片战争和甲午中日战争中，满族旗兵奋勇杀敌、为国捐躯的事例也所在多有。

到了19世纪末，八旗子弟的精神分化继续加剧。然而，这时的京师八旗营房中，贫穷尚武的旗籍士兵们，在家徒四壁的情况下，还是按照八旗制度的规定，自购兵器战马，不忘国家重托，他们嘴上常常挂着的口头禅，还是那句硬话：“旗兵的全部家当，就是打仗用的家伙和浑身的疙瘩肉！”②他们依然是那样忠勇可敬，贫苦困顿，并没能折损了拳拳报国之心。

老舍的父亲、正红旗护军永寿，便是这类爱国旗兵中的一个代表。

1900年8月，由西方列强组成的“八国联军”借口“义和团”运动侵害了其在华利益，悍然发动了以中国首都为目标的侵略战争。15日，在联军由东部攻入京师的炮火声中，主持朝政的西太后挟光绪帝仓皇西逃。留在京城内的八旗将士对最高统治者的临战脱逃并不知晓，他们守卫在各自岗位上，与义和团团民一道，展开了捍卫京师的激烈战斗。“守城的八旗官兵用猛烈的炮火进行阻击，并用传统的滚木、石块、白灰阻止敌军登城。破城之后，清军、义和团与八国联军展开了巷战。”“守卫紫禁城的亲军营，在破城之后依然坚守岗位。美军攻破午门之后，护军进

① 《马克思恩格斯全集》第12卷，第189-190页。

② 参见赵书：《外火器营满族乡镇杂忆》，载《文史资料选编》第42辑，第194页，北京出版社1992年版。

行了逐门逐殿的抵抗，迫使美军暂时退出了紫禁城。”[①]在内城北部的鼓楼上，一位没有留下名姓的旗兵战士，在众战友纷纷伤亡的情况下，据守楼门与敌肉搏，终在亲刃数名贼寇之后中弹而亡，成了后来京城父老引为骄傲的“鼓楼烈士”。

在这场残酷的战斗中，永寿所在的队伍，阵地在正阳门。那里是天安门及紫禁城正面之门户要冲，八旗将士的抵抗异常顽强。因为彼此的武器实力过于悬殊，战事有败无胜的结局却是注定了的。八旗护军士兵使用老式的抬枪，随放随装火药，不少火药就撒落在地上。侵略军发射烧夷弹，正阳门箭楼一角被炸掉了，并引发大火，引燃了旗兵们撒落的火药，引燃了他们随身携带的弹药……战士们在浑身烧伤失掉战斗力之后，被迫撤离火光冲天的正阳门阵地。身负重伤的永寿，强忍剧痛，艰难地爬向自己家的方向，结果牺牲在了途中。

整个清代，旗族将士为国为民浴血鏖兵，早已难以数计。而永寿壮烈捐躯的这一仗，则正是清代八旗军人们为祖国而喋血奋战的最后一役。

父亲永寿殉国之时，身为孩提的老舍刚满一岁半。幼小失怙，是老舍毕生所遭遇的许多不幸事件中最早出现的突出一件，也是他一生一世都无法从个人的深刻记忆中稍许淡忘的大事[②]。

父亲阵亡了，京师沦陷了，老舍一家以及整座城市所蒙受的灾难却没有结束。侵略军付出了数百人的伤亡之后，占领了京城。这帮杀红了眼的野兽，获令公开抢劫三天。紫禁城、中南海和颐和园首当其冲，仅颐和园的珍宝就用骆驼队向外运了几个月。第二次鸦片战争中被侵略者掠剩的《永乐大典》以及其他珍

---

① 方彪：《北京简史》，第 136 页，燕山出版社 1995 年版。

② 老舍后来在《小型的复活》一文中说：“三岁失怙，可谓无父。志学之年，帝王不存，可谓无君。无父无君，特别孝敬老母。”（《老舍全集》第 15 卷，人民文学出版社 1999 年版）作者这里所说的年龄是指虚岁，实足年龄应为一周岁半。

贵图书也被哄抢一空。

强盗们向所有街巷民宅的掠夺同时开始，“他们有高度盗窃技巧。他们耐心地、细致地挨家挨户去搜索，剔刮，像姑娘篦发那么从容，细腻。”[①]不止一批洋兵闯入老舍家。他们捅死了院子里的大黄狗，把家中破箱子里的东西倒在炕上，挑拣衣物。幼小的老舍正熟睡在炕上，没有醒，否则很可能也会挨一刺刀。

强盗们抢劫，继而屠城。城中成年男子多被怀疑是八旗兵或义和团，当即杀掉，致使京师九城“尸骸枕藉”。奸淫妇女也随时随处地发生，平日里讲究清洁的京城妇女，有许多人被迫把粪便涂抹到脸上身上，以防遭到强暴。

这场发生在东方古国首善之区的“庚子之乱”，让每一个亲睹亲历的京城市民刻骨铭心。这一年又是清光绪二十六年，旗族群众在以后很长时期均称之为“二十六年”。

热爱国家与仇视外寇，是世世代代作为“国之干城”的满族将士及其族属特别看重并且全力保持的精神品格。那时虽然还没有“爱国主义”这样的概念，相应的观念形态却早已扎根在八旗族众的心灵深处。“庚子之乱”的劫难刚过，旗兵永寿的孀妇舒马氏便带领一家，在城北的舒氏墓地，葬下了一方木匣，其中放入了永寿的名姓和生辰八字以及他生前用过的袜子、绑腿……尽管死者的尸骸已经无法找回来归葬，参加葬仪的人们却都相信，那里葬下的是一位报效国家至死不渝的八旗兵的忠魂。

老舍是个精神早熟的孩子。自童稚时代起，他就对这样一些事情留有不可磨灭的印象：

——每年都要跟随母亲去城外的舒氏茔地，为父亲上坟。母

① 老舍：《神拳·后记》，《老舍文集》第12卷，第184页，人民文学出版社1987年版。

亲自会告诉他：咱们是旗人，“二十六年”上，你那父亲为抵抗洋兵入侵阵亡了，他原本是正红旗下的一名“巴亚喇”！

——见到过家里保存的一块小木牌，上面有父亲的名字，还有描述父亲长相特点的“面黄无须”四个字，那是阵亡了的父亲当京师护军时的一只腰牌，是他上下岗时所持的一枚通行证。

——母亲一遍又一遍地向他讲述他为什么会失去父亲和怎样地失去了父亲。“母亲口中的洋兵是比童话中巨口獠牙的恶魔更为凶暴的。况且，童话只是童话，母亲讲的是千真万确的事实”①，是直接与庆春一家命运攸关的事实。

随着那些有关父亲的故事在心底扎下根，少年老舍深深地憋下了一口气，这口气一憋就是几十年。他体会到了父辈八旗战士们的爱国情操，明白了：作为旗兵永寿的儿子，“爱咱们的国”，乃是身为中国人一生中的头等大事。还有，他也就是从那个时候起，便对置国运和京城军民性命于不顾、落荒出逃的西太后那拉氏们，产生了抹不去的厌恶感，品出了“旗人可跟旗人不一样”的道理。对于“二十六年”，他这个旗籍儿童和当时所有的京城旗族人一样地刻骨铭心。

当人们放眼老舍一生的精神走向与在大是大非面前的所作所为之际，赠与他“伟大的爱国主义者”的美誉，应该说是最为确当的。其一生无论是为文还是为人，都带有异常突出的爱国色彩。从他的最早作品之一《小铃儿》起，到20世纪30年代和40年代创作的《大明湖》、《猫城记》、《四世同堂》，再到50年代和60年代创作的《茶馆》、《神拳》、《正红旗下》……都一以贯之地埋下了反帝爱国的思想题旨。1937年卢沟桥事变之前，他已经是名满中华的大作家，不仅有《二马》、《离婚》、

---

① 老舍：《神拳·后记》，《老舍文集》第12卷，第182–183页，人民文学出版社1987年版。

《骆驼祥子》等多部佳作蜚声文坛，还有数项宏大的创作计划提上了日程；事变一经爆发，老舍一反素日回避时政的常态，毅然决然地撇家舍业，投身救亡洪流。他当时在给友人的信里斩钉截铁地表示："国难期间，男女间的关系，是含泪相誓，各自珍重，为国效劳。男儿是兵，女儿也是兵，都须把最崇高的情绪生活献给这血雨刀山的大时代。夫不属于妻，妻不属于夫，他与她都属于国家。"[①]一介书生的老舍，之所以有这份"兵"的意识并且能够迅速进入了"兵"角色，用兵一样的标准（亦即父辈榜样的标准）在要求着自己和家人，可以想象，是与他从小造就的传统旗人式的爱国主义情结分不开的。抗战初期，他完全放下名人身段，甚至于牺牲了自己多年来坚持的艺术追求，反复写作与纯文学拉开档次然而却是有力地鼓动着全民抗战的曲艺和戏曲作品。他说：

我觉得我的一段鼓词设若能鼓励一些人去拼命抗战，就算尽了我的微薄的力量。假如我本来有成为莎士比亚的本事，而因为乱写粗制，耽误了一个中国的莎士比亚，我一点也不后悔伤心。是的，伟大作品的感动力强，收效必大，我知道。可是，在今日的抗战军民中，只略识之无，而想念书看报的正不知有多少万；能注意到他们，也不算错误。[②]

1938 年 3 月，中华全国文艺界抗敌协会宣告成立，老舍被公推担任协会的总务组长一职。由于他的忘我精神和出色实绩，此后七年间，他在逐年举行的理事会上，连选连任，一直到抗战胜

① 老舍：《一封信》，《老舍文集》第 14 卷，第 121 页，人民文学出版社 1989 年版。

② 老舍：《又一封信》，《老舍文集》第 14 卷，第 165 页，人民文学出版社 1989 年版。

利，整整干了七届的总务组长（后改称总务部主任）！[①]在这个以团结全国文艺家共同参与抗日斗争为最高宗旨的社会团体里，老舍始终高擎“国家至上”的大旗，殚精竭虑，恪尽职守，全身心地为民族为国家奔走呼号，为抗敌事业作出了不可磨灭的贡献。他曾一再毫不含糊地宣告：“我不是国民党，也不是共产党，谁真正抗战，我就跟谁走，我就是一个抗战派！”[②]

1944年，日军向大后方进攻加剧，弄得陪都重庆人心不稳，有些人准备再度逃难。人们问老舍作何打算，他坚定地回答：“我早已下定决心，如果日寇从南边打来，我就向北边走，那里有嘉陵江，滔滔江水便是我的归宿！我决不落在日寇手里，宁死不屈！”[③]这引来朋友们的关切，老舍告诉他们：“跳江之计是句实谈，也是句实话。假如不幸敌人真攻进来，我们有什么地方、方法可跑呢？……不用再跑了，坐等为妙；嘉陵江又近又没盖儿！”[④]老舍是抱定了自己的主意，一旦强敌临头，便舍生取义，凛然赴死。一个堂堂中国人的民族气节，比生命要紧得多，这一点，在老舍心头的价值天平上，从未有过丝毫动摇。

老舍一向仇视帝国主义的决绝心态，他的始终不泯的爱国激情和硬韧的民族气节，都是自幼萌生于旗族家庭环境和旗族社会环境的。他的血管里，始终流淌着的，是父亲——一位因抗击外辱而慷慨殉国的旗兵烈士的忠贞碧血，“自幼儿就受着帝国主义

---

① 中华全国文艺界抗敌协会简称“文协”，实际上相当于抗日战争期间的“中国文联”或者“中国作协”。“文协”不设理事长或主席之类的最高职务，由理事会确定的总务组、组织组、研究组、出版组来分头负责实施相关工作。就实质而言，老舍所担任的总务组长（后改称总务部主任）便是协会对外联络的总负责人，和理事长差不多。老舍身为该组织的最主要、最关键的负责人，其身份的重要，是不言而喻的。

② 转引自马小弥《试论老舍对抗战文艺的贡献》，载《老舍研究论文集》，第67页，山东人民出版社1983年版。

③ 转引自萧伯青《老舍在武汉、重庆、北碚》，载《新文学史料》1979年第2期。

④ 出自老舍致王冶秋的信。载《老舍自传》，第269页，江苏文艺出版社1995年版。

的迫害：父亲被鬼子杀死，我自己也几乎绕上命"[1]，是他一辈子须臾未曾释怀的事情。正如一位研究专家谈到的一样："实事求是地说，老舍反帝爱国意识的生成并非源于五四运动，其创作中的反帝爱国主题也不完全受'五四'文学影响，因为反对帝国主义几乎是他与生俱来的情绪。老舍父亲死在抵抗八国联军攻打北京城的血战中，他自己也险些丧命于侵略者的屠刀之下。"[2]

## 三

在老舍的人生记忆中间，关于母亲的记忆无疑是最为深刻的部分。1943 年，母亲舒马氏在沦陷区北京去世的时候，他身在重庆而无法奔丧，遂发表了《我的母亲》[3]一文，满怀深情地忆起家史中那段最令他难以忘怀的往事："皇上跑了，丈夫死了，鬼子来了，满城是血光火焰，可是母亲不怕，她要在刺刀下，饥荒中，保护着儿女。"老舍继续写道："在这种时候，母亲的心横起来，她不慌不哭，要从无办法中想出办法来。她的泪会往心中落！这点软而硬的个性，也传给了我。我对一切人与事，都取和平的态度，把吃亏看作当然的。但是，在作人上，我有一定的宗旨和基本的法则，什么事都可将就，而不能超过自己画好的界限……正像我的母亲。"

人的一生步履，常常很像是对他有根本性影响的已故前人生命的延续，即便是杰出的人物也是如此。老舍的上述话语确切地证实，其生命中展示的性格图式，在相当的程度上乃是母亲人格性情的翻版。

---

① 老舍：《挑起新担子》，《老舍全集》第 14 卷，第 472 页，人民文学出版社 1999 年版。

② 石兴泽：《老舍与二十世纪中国文学和文化》，第 65 页，人民文学出版社 2005 年版。

③ 老舍：《我的母亲》，《老舍文集》第 14 卷，第 247 页，人民文学出版社 1989 年版。

老舍是由寡母舒马氏一手带大的。舒马氏和早年间许多穷人家庭的寡母相似，也是在长久的含辛茹苦之中，咬紧牙关，终于把几个孩子抚养成人。舒马氏又和许多其他家庭的寡母不大一样，她是个旗籍女人，家中生活总和“八旗生计”挂着钩，她的身上也总是体现着满族女性的独特气质。

父亲永寿活着的时候，一家五口全指着他每月领来的三两饷银和一些老米度日。当时朝廷财政已见不支，加上衙门的克扣，往往银子领到手，成色、分量都不足，老米更是发了上回没下回的。母亲须在捉襟见肘中，应对着全家的冻饿。母亲生下老舍，就没有奶，只好熬点糨糊喂他，也就仅能让他弱小的生命不至于断气。……两三岁了，严重营养不良的他，还没学会走。

“二十六年”上，永寿阵亡。这对苦熬了半辈子的舒马氏来说，不啻雪上加霜。但是，既然生为旗兵的妻子，就不能避免这种命运的降临——她，早已听惯了历代旗兵遗孀们如何承受这种打击的故事；何况，眼下的京旗之内，又添了多少新寡与她为伍！旧日的老北京人多半都爱说旗人家的女人不大好惹，殊不知，在这一民俗事相中，搅拌了几多的血和泪。旗籍女性以刚强、尊严、豪横著称，本是颇可思议的事情，她们是战士的家眷。世代命定的严酷现实，教会了她们怎么样来塑造自我。

按照清代八旗制度的规定，阵亡旗兵的孀妇可拿到原来“钱粮”的半数，作为抚恤赡养费。舒马氏在丈夫死后，每月也能得到饷银一两五。母子四人（包括老舍和他的哥哥及三姐），生活没有保障。自从向列强交付了巨额“庚子赔款”以来，

老舍出生及少年时代居住地

国库严重空虚，下发的“钱粮”因而时断时续。同时衙门口里愈来愈明目张胆地克扣穷旗人，也是常事了。每到衙门放“钱粮”的日子口，一旦饷银数额不足，便常常先尽着正身旗人来发，孀妇们就难免要遭到冷遇。

舒马氏虽是出身于正黄旗，却是在郊外乡间长大的。父母去世得早，她自幼练就了结实的身板和勤劳的习性。舒马氏吃苦耐劳的习性，确使一家人在蒙难之后获得了一定的补救。为了维持一家人的活命，舒马氏终日给店铺伙计或者屠夫们浆洗、缝补又脏又破的衣裳，她的手一年四季泡在洗衣盆里，不洗东西的时候，也是燥裂、鲜红并且微肿着。在她的带动下，三姐和哥哥也都学会了通过苦干来糊口。

舒马氏的身上有着许多为当时旗人们所推崇的品德和所标榜的习性。老舍是母亲带大的，母亲待人处事的方方面面在童年的他看来，都是那么地值得捉摸、令人尊重，都是应当作为生活规范来遵循的。

母亲像许多八旗妇女一样，干练、勤快、手巧，而且还继承了满人旧有的急公好义的品行，她特别乐于助人，能伸手帮别人一把的时候，从不推脱，哪怕是为人家的婴儿“洗三”，给周围的孩子剃头，为邻里少妇们“绞脸儿”，她都是有求必应，实心实意地去做；

母亲最肯吃亏，不仅从不跟旁人为点儿小事斗气，甚至心甘情愿地伺候了自己那孀居的大姑子好多年，到这位一向脾气不济的大姑子寿终正寝，她还把大姑子的所有遗物爽快地交给了突然冒出来的大姑子的“侄儿”[①]；

母亲坚忍、要强，把尊严看得很重，在一切大悲大难底下，她都“不慌不哭，要从无办法中想出办法来”[②]，眼泪只往心里

① 在满人的传统习俗中，一向有女性终生在娘家享有较高位置的情况，据说，这种习俗的形成，既和早期该民族妇女未受过“三从四德”观念灌输有关，同时，也因为旗人女儿在出阁前均有被选为“秀女”的机会，故从小即受到另眼看待。老舍母亲长年以礼奉养大姑子，在这样的民俗中，是典型的一例。

② 老舍：《我的母亲》，《老舍文集》第14卷，第248–249页，人民文学出版社1989年版。

落，平时她一想起见官就紧张，可到了非找衙门办交涉不可的地步，她又能毫不示弱地挺身而往，这和满族妇女的自我认定有关系，她们时时记挂着：我可是旗人的妻子，是兵的妻子；

母亲爱清洁与整齐，老是把小院扫得清清爽爽、干干净净，叫旧桌面上不存一星儿尘土，连破柜门上的铜活儿也叫它永远闪着光，既是旗人，什么时候都得活得硬硬朗朗的——这也是一种必有的生活信条；

母亲爱树木花草，家里人都快断了吃食的时候，她也不让亡夫留下的石榴树和夹竹桃短了水。到了夏天，枝头开出好多的花，那是她最快活的时刻。这类亲近自然景物的习性，追其本源，是和满族先民久久地生活在白山黑水自然怀抱、信奉于崇尚自然的萨满教相关的，进入中原城市后，他们世代没有放弃这点儿情趣；

母亲好客，顾面子，“有客人来，无论手里怎么窘，母亲也要设法弄一点东西去款待。舅父与表哥们往往是自己掏钱买酒肉食，这使她脸上羞得飞红……遇上亲友家有喜丧事，母亲必把大褂洗得干干净净，亲自去贺吊——份礼也许只是两吊小钱。”①老派满人们特别“讲礼儿”，时刻把“体面”放在压倒一切的地位上，这种“穷讲究”在他们的观念里，是人生在世的一样原则、一种享受，老舍的母亲也不例外；

母亲在贫困之中一向乐观，家里夏天佐饭的菜往往是盐拌小葱，冬天是腌白菜帮子放点辣椒油，过年了，包顿饺子也搁不起多少肉，但是，她总是充满自信地告诉儿女们：咱们的饺子肉少菜多，但是最好吃！苦中寻乐，是下层旗人们非常普遍的特点，他们不这样做，就很难饱聚生气地渡过一道道难关。

老舍后来在谈到自己毕生的第一位真正教师——母亲的时候，这样说：“生命是母亲给我的。我之能长大成人，是母亲的

---

① 老舍：《我的母亲》，《老舍文集》第14卷，第247页，人民文学出版社1989年版。

血汗灌养的。我之能成为一个不十分坏的人，是母亲感化的。我的性格、习惯，是母亲传给的。”“从私塾到小学，到中学，我经历过起码有百位教师吧，……但是我的真正的教师，把性格传给我的，是我的母亲。母亲不识字，她给我的是生命的教育。”[①]

老舍一生，经受了比母亲要复杂得多的生存环境，更应对过许许多多预想不到的关坎与磨难，但是，只要是知情者，便不难发现，他待人处事的习性、方式、原则、风度，常常与其母如出一辙。正是从老舍的童年时代起，旗人出身的母亲就或有意或无意地，把一种带有满民族特征的生命模式传给了他。

抗战期间，老舍担任“文协”负责人。当时包括老舍及各个组（部）的正、副组长（部主任），工作全都属于义务性质，不拿会里一分一厘的回报。老舍由于分管的工作线头最多、任务最重，所以自掏腰包的情形也就司空见惯，连日常与各地分会以及作家们通信，也总是由他自费购买信封和邮票。人们从未发现老舍对此说过什么。

同样是在抗战时期，他始终坚持自己舍己从众、行侠执义的风格，不仅多次率先垂范地组织和参与为抗日将士和贫病作家募捐，积极介入对遭受缉捕陷害作家的营救活动，还在日常生活里，一再地以“多余”为借口，把自己的各种生活用品，被毯、大衣、毛衣、毛裤、脸盆、毛巾，大撒手地送给需要它的人们，至于他个人，则常年身着一套“斯文扫地”的灰布衣裳，过着“一身之外无长物”的日子。你说他生性就能凑合吧，并不是，他与许多满族人一样，“自幼就好洁净，虽在病中也不肯不洗手洗脸，衣服不怕破烂，只怕脏。”他曾显露过自己的一点不情愿：“抗战中，我连好清洁的习惯也不能保持了，很难过。”[②]在衣食

---

① 老舍：《我的母亲》，《老舍文集》第14卷，第249页，人民文学出版社1989年版。

② 老舍：《自述》，《老舍文集》第14卷，第180页，人民文学出版社1989年版。

皆忧的抗战时期，他把从母亲那里继承来的满人爱好自然、喜欢花草的习性，因地制宜地保持下来，有人注意到，在他写作的破书桌上面，常有个不拘档次的小瓶子，里头总要插着点儿小花儿、小草儿，或者小片竹叶儿。

20世纪50年代，老舍的生活安定下来，在北京市东城的一条胡同里有了一个属于自己的小院落。他把那横竖没几步就能走到边的小院，满满当当地种上了花草。满族人爱好植物的嗜好，伴随了他一辈子，此时更是把这项嗜好，推向了极致。他的院里、屋里，到处都是花，有昙花、银星海棠、柱顶红、兰花、腊梅、山影、枸杞、令箭荷花、仙客来、太平花，还有出自一百多个品种的三百多棵菊花！一生之中离了朋友们就活不下去的老舍，晚年更加好客，更加看重友情。逢年过节，或是小院里百花盛开的时节，他的家会变成一处欢乐之海，不同年龄不同阶层的友人们济济一堂，赏花赏画，品茗品酒，主人与宾客们全都惬意极了，欢畅之时，赵树理扯着嗓子“吼”过他拿手的上党梆子，曹禺酩酊大醉滑到了桌子底下……

老舍的各种生活情趣都带有从老母亲那里继承来的满人特点。然而诚如老舍本人所言，母亲作为他的生命的“真正的教师”，传授给他的，首先还是那种“软而硬”的性格和对待任何事情都“不能超过自己画好的界限”的基本准则。外圆内方，外柔内刚，是老舍所有的朋友们对他的一致认识，无论是抗战时期，还是他只身滞留美国写作的阶段以及共和国创建之初的17年里，他的这一特点都得到了展示。而最能说明问题的，莫过于他的最终一死。

人生在世，遇到极度困厄而想到要自我捐弃，是很正常的，但是，真能面向死亡的大门凛然前行，推门而入，则是需要一份超常勇气作动力的。与老舍遭际相仿佛的人在历史的那一刻并不很少，“文革”大灾伊始，就理智地选择了自杀及其具体方式，并且在需要自杀的关头，按预先设想坦然地付诸行动的，却相当地少见。老舍的自杀，既是被迫的，也是“主动”的，既是形势使然，也是性情使然。这是他自杀的一大特点。

老舍长期致力于倡导和重建这样一种超越利害、跨越生死的气节观，到了历史真的将那张极严峻的考卷在关键时刻摆到他面前的时候，他已无须再踯躅思忖，就知道标准的答案该是什么。

1966 年 8 月 23 日的惨剧，是促使老舍将他的气节观和尊严需求一并实施于自杀选择的导火线。他的一生跃过了无其数的关坎、波折，却从未遭遇过这等奇耻大辱。知耻近乎勇。当他在批斗会上，竭尽气力将“黑帮”大木牌摔向侮辱他的人的时候，实际上已经再清楚不过地表明了誓死不再低下高贵头颅的决心。

“……我对一切人与事，都取和平的态度，把吃亏看作当然的。但是，在做人上，我有一定的宗旨与基本的法则，什么事都可将就，而不能超过自己画好的界限。”——这是 20 世纪 40 年代前期老舍已向世间公开声明过的，这些尽可被视作其最终自杀答案的话语，如前所述，出自《我的母亲》一文。老舍在那篇文章中，把他坚持绝对不可超越“界限”的原则态度，归结为母亲所给予的“生命的教育”。他将了却生命之地，选定在距昔日老母亲辞世之地仅咫尺之遥，也包含着这样的蕴意：他要向人生“真正的教师”——母亲——的在天之灵，禀报自己是怎样兑现了那无比宝贵的“生命的教育”。

# 第二章

# 20世纪满族社会变迁对老舍民族心理的制约

清末民初，满族社会经历了巨大变迁。我们甚至用“天翻地覆”、“沧海桑田”来形容它，也不为过。

1911年的辛亥革命，不单结束了中国这个古老国度长达两千多年的封建时代，同时，也因为了结的是清朝的政治统治，它便又增加了一重意义，即终止了中国境内的一个少数民族——满洲族人——对这个国家将近三个世纪的主宰。

老舍是一位出生于清末民初的满族人。“沧海桑田”的满族社会变迁，对于作为文化人与文学家的老舍其早期民族心理的形成及走势，构成了既潜在同时又具有某些决定性的制约。可以想到的是，这些心理制约，或者明确或者隐约地，也会作用于他同期与后来的文学活动。

## 一

中国近代史上发生的辛亥鼎革，其重大的政治意义与历史意义，是自不待言的。这片国土上经历了过于漫长的封建帝制，从公元前业已肇始，其后绵亘不绝，一直持续到20世纪的初叶，早已严重桎梏了这个国家经济的发展、思想的追求和社会的进步。清代末期，以孙中山为代表的志在铲除中国封建帝制、以民主与共和为追求的资产阶级革命派登上了政治舞台，他们迅猛地发动民众，推翻了最后的封建王朝，历史功绩盖莫大焉。

封建时代在中国的寿终正寝，本是大势之所趋，历史之必然。不过，最后的王朝偏偏赶上是由一个少数民族所建立的政权，这却多少带有着某种历史的偶然性。这点偶然性，切切实实帮了发动辛亥革命的资产阶级革命党人一些忙。在中国，封建帝制堪称根深蒂固，百姓们历来把“忠君”与“爱国”混为一谈，普遍缺失反封建的意识与精神，要动员他们投身于推翻封建王朝的“民主革命”，殊非易事。新生资产阶级革命派在整个中国封建势力面前所体现出来的势单力孤，是显而易见的。在当时的中国，保皇党康、梁等人要搞资本主义君主立宪，尚且难以推进，要以革命手段彻底埋葬帝制，岂不更是难上加难！

教这一难题得以化解的“捷径”终于找到，那就是种族革命。清朝皇帝来自于这个国家主体民族之外的一个异民族，而“尊王攘夷”与“非我族类，其心必异”，则从来就是华夏民族的正宗思想传统。要在一个主体民族人口占有压倒优势地位的国家，做一番号召大民族民众合力推翻小民族中央政权的“种族革命”动员，比较鼓动民众一道向封建王朝造反，就要简单和方便得多。何况此时的“大清朝”早已丧失了二三百年前的虎虎生气，船坚炮利的西方列强步步进逼，更让这个依旧沉溺于古典做派的颟顸帝国从内而外都呈现出“残灯末庙”的症候；再加上在“八旗生计”问题多年困扰下旗族生活的全面落寞，酿成八旗将士中相当一部分人显现出不同程度的精神蜕变乃至心理异化，也为革命党人否定旗族提供了客观依据。对“驱逐鞑虏，恢复中华；创立民国，平均地权”这一资产阶级民主革命的纲领，人们普遍只是动情于鼓动种族革命的前八个字，而把更重要的带有民主革命性质的后面八个字置于脑后。这种带有严重偏颇的策动得到了颇为广泛的呼应。于是，“忽喇喇似大厦倾”，本已相当衰败的清政权，几乎是在顷刻之间便息影于世间。

我们知道，许多呼啸而至席卷世间的大规模历史行为，都难以避免它的两重性。由先天不足的中国资产阶级发动的辛亥革命亦莫能外。以往，人们多从这次革命的不彻底性上，来检讨它的先天不足，指出辛亥鼎革的结局只是做到了从形式上终结了封建王朝的存在，却未能从根本上解除中国半殖民地半封建的性质。

这固然当属的论，但是仍嫌不够全面。因为从民族关系处理的层面来反省，辛亥革命也存在着难以突破的历史局限性，留下了负面影响。

中国，与西方某些单一民族的国度有所不同，古来便是一个多民族共存共荣的大国，在这片国土上繁衍生息的来自于不同起源的各个族群，携手创造了中华恢弘的历史与璀璨的文明。翻开中华的史册，人们注意到，由于各民族间的发展层次不同、经济方式有别、利益追求互异，千百年来的确曾经出现过相互间的不少矛盾、冲突甚至规模化的战争；然而假如我们今天能够站得更高些去纵览史书，则会看到，不同民族之间的仇视状态，毕竟比较起彼此的太平厮守要少得多，相安相容，互利互惠，历来是我国多民族交往史上的一个基本主题。就以清朝入主中原而后形成中国封建时代最后一次空前的大一统来说，因为不同民族所处的立场及持有的价值观念有明显差异，起初委实有过一些令人痛苦的事件发生；但是，若从近300年的全部清史来看，清代可以被认为是中国封建时代统一的多民族国家发展的鼎盛阶段，满汉民族间以及中华各民族间的相处还是比较好的①。

然而，“革命不是请客吃饭”，“不能那样……温良恭俭

---

① 明末清初政权更迭之际，清军南下曾遇到南明政权在某些局部的殊死反抗，一度矛盾相当尖锐，造成了少数城池的激烈争夺以及随后出现的屠杀。汉族士大夫阶层在民族折冲关头所坚持的传统民族气节是值得称颂的。不过这些抗清志士在自己恪守民族气节拒绝为新政效力的同时，却大多勉励未曾出仕于明季的子弟们准备应试于清廷科举，似乎他们并未十分决绝地对抗异民族的新政权。随着“康乾盛世”的出现及满族帝王们对儒家文化的由衷尊重与认同，中原旧族普遍出现了拥戴时政争相服务的举动，并将这种态度坚持到了清末。有清一代的确实行过“首崇满洲”的政策，但是其处理民族问题的种种方式，并没有超越封建时代中外任何一个民族政权（无论是大民族主政抑或是小民族主政）的作为底线。满洲统治者所推行的民族观和实施的民族政策，比较地有利于境内各个民族形成“多元一体”的格局；而为了安抚汉族地主阶级，还采取了一些特别的政策，例如严禁八旗将士务工务农经商以防止“与民争利”、开设科考大量录用汉族贤才等等。至清代中晚期，汉族封建阶级的势力在整个权力结构中间的比重持续上升，满汉两族的原有矛盾已有了显见的淡化。

清末民初的京师旗族

让"[①]，在资产阶级革命党人为推翻封建王朝而大做舆论准备之际，历史的某些真相被舍弃了。瓦解满人当皇帝的清政权既为当务之急，"殃及池鱼"般地株连整个满民族便当属难免；不仅满汉两个民族二三百年间总体上相安无事、友好相处的过程被人为地遮蔽起来，而且满民族为了中华而开疆拓土、保国护民的慷慨奉献的历史也被忽略，满族人的形象一概地被丑化乃至于妖魔化。在辛亥革命的发动造势阶段，两个半世纪之前的满族入主中原，被说成是一切罪恶的渊薮，不仅中国古而有之的"夷夏之防"[②]思想与西方民族沙文主义者所标榜的"一国之内不容有二族"[③]等等理论相互合流，同时，把满族人统统诬称为"满洲贱族"[④]、"逆胡羶虏"[⑤]、"满洲鞑子"[⑥]、"野番"[⑦]之类的辱骂亦不绝于耳，连当时最著名的一些政论中间也喊出了"兴汉复仇"[⑧]、"诛绝五百万披毛戴角之满洲种"[⑨]的声音。这些偏离民主革命应有之义而不惜策动种族仇杀的言论，在当时的革命发动者中间至为盛行，并且确实在现实中间奏效，其结果，便是辛亥举事得到了相当多的

① 《毛泽东选集》第1卷，第17页，人民出版社1991年版。
② 转引自刘大年《辛亥革命与反满问题》，载《人民日报》1961年10月22日。
③⑨ 邹容：《革命军》。
④ 章太炎：《客帝匡缪》。
⑤ 章太炎：《狱中答新闻报》。
⑥ 《孙中山全集》第222页。
⑦ 《孙中山全集》第234页。
⑧ 《孙中山全集》第259页。

汉族民众（包括一向怀有异端民族情绪的封建地主阶级分子以及与之声气相投的军阀势力)的大力策应。辛亥鼎革就此大功告成。

其实，辛亥革命的一些亲历者早已对个中原委有所披露。“1903年革命派就向康梁公开声明:‘……排满有二义:以民族主义感动上流社会,以复仇主义感动下流社会,庶使旧政府解体而新政府易于建立。’”“国民党元老、辛亥山西新军起义领袖阎锡山说:‘辛亥之改革,可以说不是民主主义的力量;有之,亦不过一二分,其余一半为利用时机力量，一半为排满主义的力量。’”“孙中山指出辛亥革命的胜利‘就是民族主义成功’。”①至于回顾辛亥前夜革命党人的相关言论，日后的历史学界也普遍注意到了:“许多革命者并不强调最有光辉的建立共和国和平均地权的思想，而是把排满放在第一位……他们不愿深刻揭示资产阶级与帝国主义、封建主义的阶级矛盾，而情愿用反满冲淡和掩饰这种矛盾。”②“革命派中的许多志士，为了推翻清朝的统治，唤醒民族意识，激起民众的排满情绪，沿袭了清初反清志士的传统观念，宣传明亡清立即是‘亡国’。”③“排满是辛亥革命思潮的主要特征。”④

辛亥革命以中华民国临时政府与清皇室之间签订了“清帝逊位”条约而告了结。逊清政权在大多数都市和八旗驻防重地，都是以和平的方式向民国完成了权力移交；尤其是在国家最高政权及首都控制权的平稳转移上面，更体现出清朝末代执政者识大体顾大局、对国家与民众负责的异乎寻常的政治理智，这不但为国内历代政权更迭之相关记录所罕见，也委实该当在中国的近代史册上留下明确的评价⑤。

---

①④ 转引自李良玉：《辛亥革命时期的排满思潮》，载《南京大学学报》1989年第2期。

② 刘大年：《辛亥革命与反满问题》，载《人民日报》1961年10月22日。

③ 唐上意：《辛亥革命时期关于民族问题的论战》，载《社会科学报》1999年第1期。

⑤ 对于这一点，资产阶级的革命先驱者孙中山和无产阶级革命的领袖人物周恩来等人均有过明确肯定，惜为人们所淡忘。

但是,就全国而言,"驱逐鞑虏"口号产生了强大的激发作用,革命军与八旗军之间的仇视对立情绪未能因清帝逊位而及时化解,局部的武装冲突也没能避免,在南京①、西安、福州、荆州等地,上演了种族仇杀的惨剧。例如在西安,驻防"旗卒死三千余人,妇孺投井者尤众"②。

诸多史笔都曾经充分肯定辛亥年间所取得的革命成功，却在有意与无意之间，淡忘了一个社会事实：在清朝垮掉的同时，也连带着完成了对于满族这个民族的通盘否定。在一个相当长的历史过程中，满族遭受了为后人难以想见的民族歧视。而作为一个此前世代以军人为铁定职业、以保国护民为基本使命的民族，满族自辛亥年起，不仅失去了固有的谋生手段，在生计上被迅速推向了困厄与衰败的无奈境地，而且，他们还要从此担起长久而不堪的骂名。许多年里，满人们不得不在惨淡的生存与肮脏的名声这样双重煎熬之下挣扎度日。

在清帝逊位前后，为了阻止动员革命时期的大量排满宣传继续在革命军中引发更多的过激举动，也为了化解旗族人们面临革命暴力产生的抵触恐惧心理③，孙中山适时地提出了汉、满、蒙、

---

① 此处有一件似可记述的往事。1983 年笔者在苏州参加全国清诗讨论会时，吴调公教授对笔者言道：词学大家唐圭璋先生乃南京驻防旗人之后，因向与吴先生交好而谈起过个人身世，唐在辛亥年间还是幼童，革命军与八旗驻防军交战颇惨烈，待革命军杀入旗营，驻防将士及其家眷悉数服毒自尽，而年幼的唐圭璋因服药较少而得以幸存，后被一家市民收养。在吴先生讲述此情后，笔者为编写《满族现代文学家艺术家传略》一书，曾致函唐圭璋先生恳请同意将其传略编入该书，随即收到先生赐复书信，对欲将其传略收入该书深表谢意，却又婉辞曰："至于所述唐某系满族云云，就不要再提了罢……"笔者常为此事抱憾唏嘘，先生并未否认自己乃旗人之后，只是不难想象,其平生在此事上或许存有良多感慨难以化解耳。而迟至 20 世纪 80 年代中期,社会上特别是南方诸地对满族之成见仍未松动,谅亦属先生取消极避之态度其一因也。

② 尚秉和：《辛壬春秋》。

③ 1982 年笔者参加山东大学主办的全国老舍学术讨论会时，蒙兰州大学马志洁先生（回族）告知，敦煌艺术的"守护神"、现代油画大师常书鸿，出身于杭州驻防旗人，辛亥年间他已弱冠，对革命军攻打当地旗营存有难以泯灭之惶恐记忆。后来笔者曾造访常老，老人证实此事说，那时我还是个只有几岁的孩子，家人把我单独藏在南高峰上的一所小寺庙，叮嘱我有人来切不可承认是旗人，但是我脑袋后边有一条小辫子，生怕被认出来，那种幼时的恐慌是久久都忘不掉的。

回、藏“五族共和”的政治主张；1912年9月，他又来到北京，会见满族上层及各界旗族代表，向他们公开承诺：“政治改革，五族一家，不分种族。现旗民生计困难，尚须妥筹，务使人能自立，成为伟大国民。”[①]“现在五族一家，各于政治上有发言权，吾意对于各种工业，应即依次改良，使各旗人均有生计，免致失业。”[②]他的这些话语，对北京以及全国各地的八旗民众，产生了一时的抚慰作用。

遗憾的是，历史并没有沿着孙中山设计的“五族共和”蓝图前行，他的有关国内各个民族都应享有平等政治权力的主张没有得到重视，其关于妥筹旗族生计免致失业的构想更是远未得到实施。接续下来的，是袁世凯在京城上演的“加冕”闹剧，和封建军阀们围绕北京展开的无休止的割据战争，就连“先总理”的“天下为公”原则都遭受践踏，谁还把“五族共和”的意念放在心里。

大汉族主义的民族情绪，并没有因辛亥年间的和平易政而稍有收敛，反而持续地风行于市。将旗人们一概贬斥为“封建余孽”、“亡国奴”、“懒惰成性的游民”的种种说法以及像“鞑子”、“胡儿”、“满狗”之类的咒骂声[③]，随处可闻。当时在京城里流播极广的一则传闻是，有个在新政底下当差的衙役问一个路人：“你是什么人?”对方说：“我是旗人。”衙役动了火，举起鞭子就抽：“什么?我们老爷才只是骑马，你竟敢骑人!”对方赶紧辩解：“我不是骑人，我是在旗呀。”衙役更加得理，高声呵斥：“你还敢再骑，我还得揍你!”其时，各类的读物、教科书、报刊也时常登载各式各样仇视和鄙视旗人们的言论，在政府及学校等部门招收职员、教员的时候，对旗人几乎是不屑一

---

① 孙中山：《在北京八旗生计会等欢迎会的演说》，《孙中山选集》第8卷。

② 见《孙中山三次北京之行》，载北京市政协文史资料研究委员会编《文史资料选编》。

③ 在南方的福建等省份，“漏刀的”成了对旗人及其后代一种较长期的蔑称，意为他们都是辛亥年间在刀下漏网苟活下来的人。

顾；甚至于在法庭办案时，也出现了不分青红皂白一味加重对旗人一方严办的情况。

旗人们不敢在公开场合暴露自己的族籍，成了普遍现象。本来按照旗族旧有的习俗是不习惯在各自的名字前面加上姓氏的，在此形势下，为了防备随时可能遭遇的歧视虐待，也都加冠了姓氏，假如从姓氏上头仍然比较容易被认出是满族人的，有些人也便不情愿地改用了他姓；为了寻求工作机会，不少旗人违心谎称自己是汉族人。当时，生存在南方各处的旗人们，更须事事留意，防备泄露了身份会遭至打骂嘲弄①。后来，虽然还有一部分满洲族的后裔顽强地维持着他们的民族成分，满族所包含的人数却一而再、再而三地下降②。

## 二

老舍身为一位满族出身的知识分子、文化人和文学家，上述历史过程均系亲历。他出生于清代历史上有名的戊戌年，在庚子年的国难当中，不单是父亲悲壮殉国，自己的弱小生命也险些被冲进家里来的外国强盗一刺刀夺走。对于这些史实，他在前半生的作品中都有过相关书写。但是，对于给满族社会带来沧桑巨变

① 满族出身的京剧艺术家关肃霜（荆州旗人）谈到过，她幼年随父辈在武汉等处跑码头卖艺，父亲嘱咐，切记途中过关卡若有人叫你数数，数到“六”时千万不可以说“liù”而一定要念成“lǒu”，不然就会从你的京腔听出你是旗人来，轻则要挨骂，重则要挨打！

② 刘庆相在《略论满族人口的历史演进及其特征》一文（《人口学刊》1995年第5期）中，对不同历史阶段北京城以及全国的满族人口数字有所证实：清代初年“京师八旗人口数，据《清史稿》记载：‘京旗职官六千六百八十人，兵丁十二万三百有九人’，据此数字可以基本推断出京旗人口数，如按每一旗兵平均家庭五口人计算，则京旗总人口为60余万人。”而“北京城在清朝末年京旗总人口达634 925人，由于国民党反动派实行民族压迫的反动政策，满族遭到压迫和歧视，很多满人为找一职业，不致饿死，而隐瞒民族成分，不敢提满族事儿，到外地区甚至还不敢承认自己是从北京来的，到1949年建国时满族人口仅剩了31 012人。40年来满族人口减少95.12%，年均递减7.2%。”“……全国满族人口也由清朝末年的500万减少到建国前的150万左右。”

的辛亥鼎革，他却保持了几十年的缄默，在其前半生的大量著述中间极少涉及。按说，辛亥年他已经 12 岁了，正是对社会变迁——尤其是切关自身及家庭境遇的大事变——具有鲜明记忆力的时刻，不可能对这一满族社会的“翻天覆地”毫不上心。了解老舍精神气质的人都清楚，他从小就是个心理极度敏感的人，尤其对于世态炎凉有着超乎常人的感受[①]；何况他自己在成人前后的人文定位，亦与京城旗族有着绝对撕捋不开的血肉联系。那么，解释只能有一个，即老舍这位出身于满族家庭的文学大家，在相当长久的人生道路上，也只能被动地选择与其同胞们相一致的“吾从众”方式，做人则要小心翼翼地遮蔽起自我的民族意识，为文则要尽可能将笔下的主题、题材、人物等等的民族属性精心“隐去”。照老舍后来的话说：“那时，我须把一点点思想，像变戏法的设法隐藏起来，以免被传到衙门，挨四十大板。”[②]

老舍的前半生，坚持不在广众之前谈论个人的满族身份，也不在作品中标榜其满族文学的创作性质，这其实既不说明他已经自愿放弃了在社会生活中间的自我民族身份认定，也不能证实他甘于绕开满族社会的现实生存题材去做超民族写作[③]。

他来自满族，不仅人生的第一位教师——母亲是满人，早年间对其人生曾经有过重要影响的宗月大师（即刘寿绵大叔）、宝广林牧师等也都是满人；在他的学生时代及最初参加工作的一些

① 在虚龄 8 岁的时候，原本无望念书的穷孩子老舍被大善人刘寿绵送去读书，他兴奋之极，“心跳得多高”。可是，当刘大叔送他去学堂的路上，他还是产生了一种明显的自卑心理，据他日后说，自己“像一条不体面的小狗似的，随着这位阔人去上学。”（老舍：《宗月大师》，《老舍文集》第 14 卷第 160 页，人民文学出版社 1989 年版）

② 舒济：《回忆我的父亲老舍》，载《新文学史料》1978 年第 1 辑。

③ 1961 年 6 月 10 日，周恩来在《接见嵯峨浩、溥杰、溥仪等人的谈话》中说：“现在介绍一下满族的杰出人物老舍先生。他是一位名作家。辛亥革命后，若讲自己是满族人就会受欺侮，受歧视，所以他就不愿意讲。他有许多著名作品，如《骆驼祥子》、《龙须沟》等等。”（《周恩来选集》下卷，第 318 页）

年里，所结交的几位挚友，如罗常培、白涤洲、董鲁安、赵水澄等全都来自旗族。这当然不会是偶然的，正所谓“物以类聚，人以群分”，在社会上民族歧视充斥的高压底下，据老舍讲：“遇到一处，我们总是以独立不倚，作事负责相勉。志同道合，所以我们老说得来。”①

无论他生活在北京，还是生活在济南与青岛，武汉和重庆，甚至于生活在欧罗巴或美利坚，他都始终关注着北京城乃至国内各地满族同胞们的命运。随着清朝的覆灭，北京城里本已十分贫困的下层旗人②，最终断绝了因职业从戎所领取的为数不多的粮饷，又一时难以学成其他的谋生手段，被饥寒逼迫着，大批地涌入了城市贫民的生活行列。他们当中，洋车夫、巡警、艺人、工匠、小商贩，都大有人在，就是沦落风尘成了妓女的，也不乏其人③。青少年时代的老舍，贫困

民国年间贫苦的旗人幼童

① 老舍：《悼念罗常培先生》，《老舍文集》第14卷，第360页，人民文学出版社1989年版。

② “早在康熙年间，京师部分旗人家庭生计就出现了问题。旗人家庭贫困的直接原因在于沉重的兵役及人口的增加。当时有不少规模较大的战争，参战的旗人要自备马匹、服装和武器，许多旗民家庭不堪重负而借债，战后，器毁马亡，难以还债，以至家庭陷入生活困境。”（张福记：《清末民初北京旗人社会的变迁》，载《北京社会科学》1997年第2期）从乾隆年间起，更出现了愈演愈烈的“八旗生计”问题：补不上兵缺的旗籍子弟不断涌现，只好成为“闲散旗人”赋闲受穷，这导致了下层旗籍人家日益贫困化。至清末，据文廷式《闻尘偶记》记述：“屯居之旗人，京东、京北一带，大半衣食无完，女子至年十三四尤不能有裤，困苦万状。即在城内……其贫薄者，则借债无门，谋生乏术……又限于成例不能出京四十里。区区甲粮不足赡一口，何论家人！于是横暴者流为盗贼，无赖者则堕为娼优，比比有之。”

③ 相关的史料记载，大多见之于当时的某些具有旗族自救宗旨的报刊，以及西方各国在华居京的记者和社会学家的记录。本书第四章第三节对此有所介绍。

至极，与这些苦同胞们在人生遭际上面完全是休戚与共的；他在成了作家以后，依然是一往情深地关注着这一带有民族及历史特殊性的社会弱势群体的凄苦遭遇。熟悉老舍创作情况的读者都知道，这类含有北京城满族血统的生活原型，曾经络绎不绝地，甚至是没有遗漏地被作家写到了他那些不朽的作品中，成了我国现代文学画廊上一个个令人悲悯难忘的艺术典型。

老舍的民族心理是敏感的。他在思想还并不成熟的少年时期遭遇了辛亥鼎革，这场大事变给当时的他所留下的印象，恐怕是负面居多[①]。那时节，旗人中间除了为数极少的具备民主革命思想的先知，表现出了愿与革命党人站在同一营垒[②]而外，旗族普遍还是对辛亥革命心存着抵触情绪。这也难怪，事变之先的“驱除鞑虏”口号已然让他们心怀忌惮，事变之后所遭受的从精神到生计方面的迫压，更教他们很难跳出自身的痛苦去“积极”地理解这场社会进步。经历过前清“八旗生计”下面惨淡人生的下层旗人们，虽然此刻挣脱了世代难以逃避的旧制度，有了难得的人身自由，却当即跌落到了吃穿彻底无着且时时遭人无端侮骂的梦魇之中，心间的悲情又被突然地放大了不少。“谁愿意瞪着眼挨饿呢！可是，谁要咱们旗人呢！想起来呀，大清国不一定好啊，可是到了民国，我挨了饿！”[③]——话剧《茶馆》中的松二爷在民国初年回答别人问他“能写会算，难道找不到点事儿作”的时候，所做的如是慨叹，其实正是道出了众多下层旗人的心中悲情[④]。通

---

① 1992年，笔者有一次去看望胡絜青老人。谈话中间，老人说到，辛亥革命的时候西安出现了对旗人几乎全都杀尽的事情，老舍有一门亲戚是西安的驻防旗人，全家都遇了难，后来老舍家人听说了此事，心里非常恐惧和难受。

② 此类旗人的代表有盛京的张榕、吉林的松毓和北京的英华等。

③ 老舍：《茶馆》，《老舍文集》第11卷，第383页，人民文学出版社1987年版。

④ 可惜在该剧搬上舞台的时候，老舍原作中的台词“谁要咱们旗人呢！”被改成了“谁要咱们这号儿的呢！”其意已经不再强调彼时满族人遭到的民族歧视，而似乎是在揶揄松二爷这类人物因游手好闲惯了，没有劳动能力，而为社会排斥。

过《月牙儿》等小说的描写，老舍甚至于带着异常凄苦的语调，无情地嘲弄了所谓的“人身自由”，在终于获得了人身自由的旗人们看来，自由固然不是坏事情，但是如果将这自由跟濒死的冻馁捆绑在一处，这自由也便全无了价值，是任谁也消受不起的，因为，“肚子饿是最大的真理”！[①]

从清朝末年到民国期间，满族人不单被丑化和妖魔化，他们还一直被说成是最堕落的一群，好像他们人人都有腐化颓废、游手好闲、玩物丧志、醉生梦死的记录。老舍不能接受世间对自己同胞们的随意诟病。当时他的写作虽不能直接标明个中人物的满人族属，却往往透过这些人物的身份、经历、性情、举止，暗示出他们的特别来路，又在充分同情和理解的基点上，写出他们的勤恳、善良、纯正、耿直、自尊以及侠肝义胆、凛然无惧等精神特质。翻阅一下老舍的作品，从起初的小说习作《小铃儿》的小主人公起始，到其后陆续发表的创作中间，像《老张的哲学》里的赵四，《赵子曰》里的春二，《离婚》里的丁二爷，《牛天赐传》里的赵先生，《月牙儿》里的女主人公，《我这一辈子》里的老警察，《骆驼祥子》里的祥子和小福子，《大地龙蛇》里的赵兴邦，《四世同堂》里的祁瑞宣，《鼓书艺人》里的方氏兄弟,《龙须沟》里的程疯子……无不呈现出依稀可辨的满人质感[②]，尽管这些人物身上存有这样那样的不同点甚至于缺陷，却都被写

① 当然，老舍也并不认为清代末年偏离民心的统治者和八旗制度是满族人的生存依托，早在20世纪30年代初期，他就在长篇《猫城记》中，借一个“猫兵”之口说出过这样的一席话：“我们的地，房子，家庭……全叫你们弄了去；你们今天这个，明天那个，越来官越多，越来民越穷。抢我们，骗我们，只落得我们非去当兵不可；就是当兵的帮助着你们作官的抢，你们到底是拿头一份，你们只是怕我们不再帮助你们，才分给我们一点点……我们不会作工，因为你们把我们的父母都变成了兵，使我们自幼就只会当兵；除了当兵我们没有法子活着！”（老舍：《猫城记》，《老舍文集》第7卷第458页，人民文学出版社1984年版）到了晚年创作小说《正红旗下》的时候，他对清代八旗制度的真切勾画和精辟解析则更为老到。

② 关于此处所列人物形象均来自于满人生活原型的分析，请参考拙著《老舍评传》的相应章节。

得那么的可亲可感，值得人们去同情和尊重。到了老舍创作的后期，中国社会在民族关系上的开放程度有所调节，老舍随即抓住时机，写出了他的话剧《茶馆》以及小说《正红旗下》的开篇部分，进一步明朗地塑造了常四爷、福海二哥等完全从正面角度展现满人历史作为的人物形象。今天的读者，读罢《骆驼祥子》，也许可以从祥子堪称惨烈的个人奋斗史中，剥离出作者老舍这样一层不欲明言的创作意图，即并非他的苦同胞们不努力、不上进、不奋斗，其失败与堕落自是别有因由。由清末到民国，北京（北平）众多的下层旗人在贫困线上苦苦挣扎，鲜有所终，而对这些人，来自四周最激烈的谤议，莫过于说他们是由于轻视劳动、不争气而自取绝路。老舍以这部小说告诉人们，他的那些苦命的同胞即便如祥子者，艰辛顽强地劳作，立志自食其力，把拉车挣饭当成“最有骨气的事”去做，也照例难有稍微好一点儿的结局。祥子苦挣苦拼苦苦攒小钱的个人奋斗方式为社会所不容，他那种讲体面、重自尊的旗人式的人生态度，也免不了要引领着他到处碰壁，直到体面丧失殆尽，人性彻底褪掉。可怜的祥子，在他的脚下，是一条永远也绕不出来的“罗圈胡同”——“无论走哪一头儿，结果都是一样的。”当我们终于明白了老舍笔下的许多或悲苦或自尊的人物都有着满族精神文化背景的时候，大约就会更加深入地体会出作家心存的那份为自己同胞与自己民族留档、作传乃至于辩诬的意向。

满民族由清代的所谓“人上人”，一举滑落到民国年间的悲苦莫名，引起了老舍久久的思考。诚然，老舍既非政治家亦非哲人，所以他的思考有着我们今天看去仍旧免不了的一些疏漏。他很难跳出本民族正在遭难的小圈子去“放眼大局”，去主动追随时代的步履，他也不善于紬绎出客观事相的精髓，来打造思辨意识及辩证史观，所以，在相当长的生命历程上，他多少显得有些固执地选择了与本民族民众同呼吸、共进退的思维和行为路线。民国初期，在下层的广大旗籍群众心里，是一段绝对不堪回首的过程，现实是无法抗拒也无法解释的，他们走入了极度的精神压抑中间。一个颇耐寻味的情况，在民国初年的史册上被发现：凡是满族出身的革命者，全部来自北京城之外，譬如无产阶级革命家关向应来自辽南农村，“二七”大罢工的领袖之一王俊来自京城的远郊长辛店……一座世代造就满族杰出人物的北京城，虽然继续在文化教育等方面涌现出满族俊贤，却没有再出现著名的革命者。只有到了抗日战争爆发后，北平满人秉承爱国传统投身民族救亡事业的志士才又激增了起来。这透露出一种信息，京城满人在民国初年的精神状况不佳。他们对纷至沓来的种种激进浪潮，都注意保持着距离，更愿意以旁观者的眼光来瞧一瞧。证实老舍与自己的穷苦同胞们在思想和行动上保持一致的突出事例还有，共和国创建伊始，远在美国的老舍受周恩来等人诚邀返回北京。离开美国前他曾表示归国后会采取政治上的低调姿态[①]。然而，回到祖国未久，他却迅速转变了态度，成了一位调动多种写作手段来高歌新中国新政权的作家，比起许多始终属于左翼的作家还要积极和认真。究其原因，除了周恩来等共产党人向他表达了真诚的欢迎之外，更重要的，则在于他清清楚楚地看到了，旧日里凄苦万状的北京满族下层民众，此时此刻所获得的翻身解放，以及他们那由衷的幸福和喜悦[②]。在满族下层同胞面前一直坚持“吾从众”原则的作家，别无选择。“我是刚入了国门，却感到家一样的温暖！”“现在，我才又还原为人，在人的社会里

---

① 老舍当时还没法估计自己回到国内后确切的社会位置，从本能的心理习惯出发，他给留在美国的朋友撂下了这样的话：自己“回国后要实行‘三不主义’，就是一，不谈政治，二，不开会，三，不演讲。”（参见乔志高《老舍在美国》，载香港《明报》1977年8月）

② 老舍一回到北京，便见到了包括三位老姐姐和一位老哥哥在内的许多亲戚朋友。这些人多是往日的满族城市平民。老舍注意到，“他们全都非常喜欢这个对人民真好的新政府。”“两年前，我的哥哥差点饿死。现在他的孩子全有工作，他自己也恢复了健康。”（《致大卫·劳埃得，1950年2月27日》，许德明编《老舍自传》，第242页，江苏文艺出版社1995年版）

活着。”[①]老舍表白的心声，是素朴的，真实的，他所说自己“又还原为人，在人的社会里活着”，有些读者曾经以为此话说得有些做作，他们不了解，实际上老舍这话是代表他的众多苦同胞说出来的。20世纪50年代前期他获得高度赞誉的作品首推话剧《龙须沟》，中间所塑造的极具个性风采的人物程疯子，正是这么一位被邪恶年头弄得疯癫怪异，而有幸赶上了新中国问世“又还原为人，在人的社会里活着”的下层旗人艺术家[②]。

## 三

让老舍的民族心理备受折磨的问题，大概莫过于自己的民族，被普遍地看成是个缺乏爱国精神、不乏卖国记录的民族。事实上，满民族从来就不曾将自己置身于中国以及中华民族之外，“我是旗人，但旗人也是中国人”[③]的观念，在他们那里，历来都是从精神到言行的基本准绳。从17世纪中期清帝国创建之日起，这个民族始终将自己的精力、热血乃至生命都无保留地奉献给了这个国家。清代是中国历史上所辖版图空前广阔的时期。现代中国的版图，大体上是由清代奠定的。在有清一代近300年间，满族将士为赢取和维护国家利益，请缨参战，争相建功，付出了极大的民族牺牲。尽管他们从未因自己对这个国家所付出的牺牲和所作的贡献表白过什么，他们的心里是明明白白的[④]。清代由初

① 老舍：《由三藩市到天津》，许德明编《老舍自传》，第240页，江苏文艺出版社1995年版。

② 关于《龙须沟》中程疯子的身份是一位旗人的介绍，可参见本书第三章第三节的相关内容。

③ 老舍：《茶馆》，《老舍文集》第11卷，第384页，人民文学出版社1987年版。

④ 这里可引用民国初期另一位京旗满族出身的作家儒丐在其长篇小说《北京》中的一段话。小说主人公旗人宁伯雍曾凭吊北京西山健锐营征讨金川纪念碑，“在洁白的石头上，用满、汉、蒙、藏四种文字，刻下了征服金川的历史。当时建立这样的纪念碑的地方不知有多少。喜马拉雅山顶也有这样的纪念碑。中国人在从前就有的十八个省之外，又得到相当于它的一半的领土，得以在那片土地上进出。现在人人都以为那片土地从来就是中国的。究竟是谁开拓了那片领土扩大了中国的版图，人们已经全忘了。”（儒丐：《北京》，《盛京时报》1923年2月至3月连载）

年到中期，为维护祖国统一和政局安定，大大小小的战事绵亘不绝，仗仗均有旗族将士的流血牺牲。至晚清之际，八旗军队战斗力大幅度下降，西方列强船坚炮利，而八旗军队却依然主要依仗着种种冷兵器作战，敌我双方实力悬殊，战局异常堪忧，然而，旗族下层官兵随时准备走向反侵略战场的意念和一心杀敌报国的勇气却照样是铁定的。像老舍父亲永寿那样，在反抗外寇入侵的民族危亡关头喋血殉国的实例，不但很多，也是在八旗族众中受到异常推崇的。

青年老舍

或许20世纪的满族人老舍，还不能清晰地知道他的民族为这个国家所作的全部，但是，通过他自幼就深切感知的民族精神传统，尤其是通过他的亲生父亲在庚子年间为保卫京师而血染战场捐躯报国的活生生的现实，他必然不肯接受满族是个没有爱国精神的民族这样的谬说[①]。老舍接受不了扣给满族的“卖国”帽子，总是想在作品中为自己的同胞们洗去这项罪名。《四世同堂》里面凛然目敌慨然赴死的小文夫妇，是他首次确切地知告世间，即便是那些最不愿过问时事政治的满人，也会是这等样子！对庚子年间亲身参加反侵略战争的父兄们该当作何评价，也是他一直关切的事，到他的话剧《神拳》搬上舞台，他才说：“不管剧本好坏，我总算吐了一口气，积压了几十年的那口气！”[②]我们

① 一些历史书有意无意地以偏赅全，置满族几百年间无数慷慨牺牲报效祖国的史实于不顾，只讲西太后的丧权辱国和溥仪的卖身投靠，便将卖国主义的帽子扣在一整个满民族头上。其实，古往今来的任何民族都有它的主流也都有它的败类，这几乎是毋庸细说的道理。

② 老舍：《〈神拳〉后记》，《老舍文集》第12卷，第185页，人民文学出版社1987年版。

了解，在庚子年义和团扶清灭洋的斗争中，京城的八旗兵和义和团曾经成为一个战斗的整体①。至于老舍本人，更可以称得上中国现代史上一位十分醒目的爱国者，抗战期间他在“国家至上”原则指导下的全部表现，都是过得硬的，都给我们留下了最充分的举证。老舍在中华全民族生死存亡关头“一反常态”地表现出对于国家时政的超常热情和超常投入，正是他身后的那个民族——满族——上上下下共同表现出来的鲜明民族气节的缩影②。

辛亥革命的大方向无疑是正确的。不过，历史大动作也往往引发鱼龙混杂泥沙俱下，它所裹挟的沉渣泛起也反映出隐藏在现象背后的某种实质。早在辛亥举义之前，作为革命阵营重镇的旅日激进学生群体，便出现了不少人的道德失落倾向，他们中间“有为者固多，有可疵可指之处亦不少，以东瀛为终南之径，其目的在于求利禄，而不在居责任，其尤有不屑者，则学问未事，私德先坏，其被举于彼国报章者，不可缕数”③。有论者认为，发表过《猛回头》和《警世钟》等政论的舆论名手陈天华，之所以后来走向蹈海自杀道路，原因之一便是出于对留日学界精神堕

① 庚子年京城八旗将士人人争当义和团，“凡属满人不论大小老幼，均系义和团中人，其腰间束有红带，以作伊党记号。”（方彪：《北京简史》，第136页，北京燕山出版社1995年版）又：当下历史学界对义和团运动有许多新的认识，看到义和团运动的历史局限性，并不构成对当年八旗兵与义和团所持爱国主义情感评价的消解。

② 抗日战争爆发前后，一改辛亥以来满人多不愿介入国家政治的状况，各地满人奋起投身救亡活动成了潮流。从打响抗战第一枪的佟麟阁，到驰骋各个战场大量诛杀侵略者的名将黄显声、邓铁梅、李兆麟、陈翰章、万毅、杨靖远、白乙化，从四处奔走组织救亡团体的高崇民，到在沦陷区从事抗敌宣传的烈士金剑啸、花喜露，都有过功彪青史的业绩。连北平城里的满人，也在精神面貌上有了绝大变化。譬如老舍的恩人宗月大师刘寿绵，在七七事变刚结束，便挺身而出，带领十数名灾童，到南口保卫战的山区战场，为阵亡的数千名中国将士掩埋遗骸，日本人将他逮捕系狱，他却早把生死置之度外；又例如老舍的挚友、燕京大学董鲁安教授，在日寇霸占校园的时候，敢于在课堂上直斥敌伪罪恶，后撤离故都进入晋察冀抗日根据地，献身救亡工作；即便是北平的清皇族中，也有像载涛、金寄水等多人宁为保持民族节操饿死长街，也拒绝去伪满洲国承袭所谓“爵位”。

③ 《陈天华集》，第234页，湖南人民出版社1982年版。

落的失望①。待到辛亥鼎革事成，果如陈天华所担忧者，孙中山被迫退出政治舞台，不单政局极度失控，整个社会的伦理道德天平也被倒置。这自然与因封建皇权崩坍而瓦解了原有的权力制衡有很大关系，此外，封建军阀和买办资产阶级及其政客们的贪婪本性，更利用旧秩序出局、新秩序无着的时机，在所谓“自由”、“民主”的美妙幌子下，无限度膨胀。他们为所欲为，肆无忌惮。有一代硕儒之称的王国维，就是在此等“礼崩乐坏”的惨状下，痛感他所珍视的文化价值观已被掀翻，才断然走向了昆明湖。习惯于旧日社会秩序的京城满族人，特别是其中的文化人，恐怕这时跟王国维的感伤正相仿佛，他们也知道旧制度不好，但是，眼前的社会混乱所带来的道德观、廉耻观荡然无存，却叫人更加无奈②。

老舍曾经在他的作品中，通过自己同胞的口舌，不止一次发泄了这样的情绪：

报纸与宣讲所里常常提倡自由；事情要是等着提倡，当然是原来没有。我原没有自由；人家提倡了会子，自由还没来到我身上，可是我在宅门里看见它了。民国到处是有好处的，自己有自

① 相关分析请参见刘云波《陈天华蹈海原因新析》（《文史哲》2002年第5期）和黄岭峻《论清末民初的道德危机》（《辽宁师范大学学报》第25卷第1期）。

② 较老舍步入文坛早一些，京城满族中间出现过另一位颇有成就的作家穆儒丐，曾经在所写的一些小说中真切地反映了北京城辛亥前后的变迁，书写了旗族人们在民国初期的苦难遭遇和精神煎熬。他的作品颇可以与老舍的创作相互参照着阅读。穆氏的小说名篇《北京》，所提供的当时京城社会画面是触目惊心的，下层旗族流离失所，朝不虑夕，“北京的社会也不许贫民清清白白地活着，非逼得你一点廉耻也没有”，十几岁的女孩子成批地被送进妓院，因为“现在当议员的，那个不逛窑子！八大胡同，简直指着他们活着。”作者借小说主人公伯雍之眼观察北京，写他“很抱悲观，他以为今后的政局不但没有好结果，人的行为心术从此更加堕落了。”作品中伯雍愤然说道：“你看着吧！北京完了。已过去的北京，我们看不见了，他几经摧残，他的灵魂早已没有了。”“现在和未来的北京，不必拿他当人的世界，是魔窟，是盗薮，是一所惨不忍闻见的地狱！”（穆儒丐：《北京》，《盛京时报》1923年2月至3月连载）

由没有吧，反正看见了也就得算开了眼。

你瞧，在大清国的时候，凡事都有个准谱儿：该穿蓝布大褂的就得穿蓝布大褂，有钱也不行。这个，大概就应叫作专制吧！一到民国来，宅门里可有了自由，只要有钱，你爱穿什么，吃什么，戴什么，都可以，没人敢管你。所以，为争自由，得拼命的去搂钱；搂钱也自由，因为民国没有御史。你要是没在大宅门待过，大概你还不信我的话呢，你去看看好了。现在的一个小官都比老年间的头品大员多享着点福……自然如今搂钱也比从前自由的多。别的我不敢说，我准知道宅门里的姨太太擦五十块钱一小盒的香粉，是由什么巴黎来的；巴黎在哪儿？我不知道，反正那里来的粉是很贵。我的邻居李四，把个胖小子卖了，才得到四十块钱，足见到这香粉贵到什么地步了，一定是又细又香呀，一定！

好了，我不再说这个了；紧自贫嘴恶舌，倒好像我不赞成自由似的，那我哪敢呢！

……自由的搂钱，专制的省钱，两下里一合，你的姨太太就可以擦巴黎的香粉了。这句话也许说得太深奥了一些，随便吧！你爱懂不懂。①

“这句话也许说得太深奥了一些，随便吧！你爱懂不懂。”此语耐人寻味，老舍的笔下，可是不轻易写让读者读不懂的“深奥”话语，此处这么说，看来自是有他的特别心曲在其中。

再让我们细细地品味一下话剧《茶馆》。第一幕写清末，已经是糟糕得教人目不忍睹，然而到了第二幕、第三幕，社会间的怪异丑陋竟较比先前更甚。第一幕里，刘麻子利用了社会贫富两极分化倒卖人口，混得挺得意；可到了第二幕，他倒没那么神气

---

① 老舍：《我这一辈子》，《老舍文集》第9卷，第106–107页，人民文学出版社1986年版。

了，并非贫富两极分化的社会有所好转，却是相反的现状叫他倒了运："这么一革命啊，可苦了我啦！现在，人家总长次长，团长师长，要娶姨太太讲究要唱落子的坤角，戏班里的女名角，一花就三千五千现大洋！我干瞧着，摸不着门！"做老式昧心生意的刘麻子，眼光、魄力，都撵不上"社会发展"的步速，耀武扬威的乱世枭雄们成了时代新宠，丑恶程度大大超过了前清权贵们，他们选姨太太的标准及一掷千金的气度，让刘麻子这路纤场老手只有干瞧瞧的份了，世风比刘麻子年轻那会儿益加败坏，已昭然可见。至于第三幕，轮到小刘麻子这个纤场新人露脸了，他总结了乃父"一辈子混得并不怎样"的"教训"，溯着时代的浊流而上，勾结起炙手可热的国民党官僚，一心要创办一个把北平全城舞女、明娼、暗娼、吉普女郎和女招待全都组织起来的"包圆儿"公司，以迎合美国兵和各级官员的"需要"。小刘麻子的野心和无耻，真可以叫他那死去的父亲自叹弗如，人贩子行当的花样翻新与登峰造极，不能不说是越发恶化的时代产下的怪胎。当初老刘麻子倒卖人口，嘴边上还须给自个找点儿"冠冕堂皇"的说辞："我要是不分心，他还许找不到买主呢！"到了小刘麻子的时代，可就敢在公众场合大讲他那缺德加野蛮的"拖拉撕"计划了。难怪当初有人在谈到《茶馆》时认为里头写的社会现实一幕比一幕可怕，有点儿替清朝说好话之嫌，如若这一发现不带有政治性攻击的话，其实所言还是有些切近老舍之思想幽微的。

前面已经说到，老舍不是政治家，也不是哲人，因为太爱自己的民族和同胞，其思想上没能摆脱一定的倾向性，他的知世、论世与写世，有时便出于非同常人的个性维度。而他的倾向性，一旦跟他的文学天赋挂上钩，便凸现出其作品某些特殊的着眼点及艺术格调。用作家本人的话说："……我觉得自己可笑，别人也可笑；我不比别人高，别人也不比我高。谁都有缺欠，谁都有可笑的地方。""他一定说他是圣人，叫我三跪九叩报门而进，我没这个瘾。”[①]“我在解放与自由的声浪中，在严重而混乱的场面中，找到了笑料，看出了缝子……在轻搔新人物的痒痒肉。”[②]

老舍和他身边的满族文化人反感于民国时期社会性的纲常坍塌道德失控，他们既对这类社会境况无能为力，便只能将洁身自好确立为处世准则。1958年，他的人生密友罗常培因病与世长辞，老舍发表了《悼念罗常培先生》，其中剖析了罗常培及自己当年的处世风格：“莘田所重视的独立不倚的精神，在旧社会里有一定的好处。他使我们不至于利欲熏心，去趟浑水。可是它也有毛病，即孤高自赏，轻视政治。……我们的独立不倚不过是独善其身，但求无过而已。我们的四面不靠，来自黑白不完全分明。我们总想远远离开黑暗势力，而躲不开，可又不敢亲近革命。直到革命成功，我们才明白救了我们的是革命，而不是我们自己的独立不倚！”[③]这说明，由早年的社会位置而决定着的，一生十分讲求节操、尊严与风骨却又很是看轻政治场面上的运作，确是老舍及其族中友人一项极为重要的自我人格定位。

## 四

20世纪的下半叶，中国迎来了一个全新的历史进程。人民共和国确认了国内多民族共存的政治格局，也确认了国家奉行的各个民族政治上一律平等的原则。经过了若干年炼狱般的生存际遇，满族这棵濒临衰枯的老树，生出了新的枝芽。

老舍对待自己的民族出身，曾经有过复杂的心绪。从一个方面看，他的民族自我认定意识是肯定的，从来没有表现出对身为一名

① 老舍：《又是一年芳草绿》，《老舍文集》第14卷，第36页，人民文学出版社1989年版。

② 老舍：《我怎样写〈赵子曰〉》，《老舍文集》第15卷，第171页，人民文学出版社1990年版。

③ 老舍：《悼念罗常培先生》，《老舍文集》第14卷，第360-361页，人民文学出版社1989年版。

满人无所谓的态度；他还具有强烈的民族自尊意识，愿意凭借自身方方面面的努力表现，为民族增光正名。而从另一个方面看，在先前几十年的社会生活中间，他又相当被动地，要面对着教他的民族心理倍感压抑的现实，老舍是个文化人，他对到处充斥着民族偏见的现实，会比一般的本民族同胞更敏感些，也更痛苦些。再者，自他跻身文坛以来，与之频繁交往的许多文艺家和社会活动家，亦多是站在辛亥过后的思想基点上看民族问题，甚至有很要好的朋友，也常向他发泄一些对满人来说不大受听的微词，更让老舍心含戚戚，面对面却难以辩白。他的民族自尊观念，因受到长久的折磨，只好雪藏心底。在一个长达三四十年的漫长过程中，他不肯轻易向外人，更不愿在正式场合上谈及自己的满族出身，凡作品写到满族题材、满族人物的时候，也尽量不动声色，难以奢望读者从他的作品中辨认出满族文学的属性。不过，假如以为老舍将其民族心理深埋不表，是一种自卑的表现，恐怕也不确切。抗战结束后，来自辽宁的满族青年诗人丁耶，以个人的家族史作背景，写了长诗《外祖父的天下》，投到当时进步文坛上一家重要刊物《中国作家》，编委们对这部诗作的评价分歧较大，定夺不下，“最后老舍先生说，这首诗虽然不那么成熟，但感情真挚，反映了东北满人生活的特点，生活气息浓”[①]，遂使编委们被说服，该诗也获得发表。类似的能够体现老舍满族心理的例证，还有诸多。

老舍民族心理的开放，是在他年过半百之后。进入共和国社会生活的老舍，充分注意到国家奉行的民族政策与先前不同。政府正式认定了满族作为共和国多民族大家庭中平等一员的位置；满族的政协委员和人民代表，出现在了国家级的议事场所，老舍本人就获得了这样的荣耀。随后，他又担任了国家民族事务委员会委员，在中国作家协会分管少数民族文学创作……他体验到了

① 转引自肇乐群《丁耶》，载《满族现代文学家艺术家传略》，关纪新编，第250页，辽宁人民出版社1987年版。

满族地位在逐步恢复的实感。他还有机会去京郊和内蒙古等地，考察了满族群众的生活实景。让他最激动的，莫过于旧社会挣扎在死亡线上的一大批底层同胞，已在自食其力的人生道路上，找回了久违的自尊。老舍不再有理由掩饰个人的民族心理。他成了最令世间瞩目的满族代表人物。

当然，满族的新生并不是一帆风顺的。社会主义中国的体制高层，对于该民族的认识，可以说，也是有个过程的①。同时，虽然在全国的知识界以至于人民群众中间大力推行了辩证唯物论和历史唯物论的世界观与方法论，马克思主义的民族观教育却被省略了，人们对国内民族历史和民族现实问题的感受和把握，还滞留在想当然的和感情用事的阶段。关于满族，社会间的一般环

① 早在1946年，在满族出身的老一辈无产阶级革命家关向应病危弥留之际，毛泽东去看他，他对毛讲："我是满族，以后，满族有什么事情，希望主席讲一讲。"毛泽东事后感慨地说，关向应同志那么一个老共产党员，我们党高级领导干部，但是他的民族感情，还是很深的。这件发生在共和国诞生之前的事，曾有助于中共第一代领导人认识满族人的民族心理和民族情感。共和国建立前夜召开的中国人民政治协商会议第一届全国委员会，没有满族的代表，北京一些满族人因此哭了。毛泽东闻讯后说："一个民族没有代表，整个少数民族为之不欢！"从第二届起，全国政协更正了这一失误。共和国初创之际，满族未获承认，直到1952年12月7日，中共中央统战部才在相关文件中首次回答了满族是否是少数民族的问题："满族是我国境内的一个少数民族。许多大、中城市（多是北方）中有满人居住。由于他们长期地和汉人杂居，其民族语言和风俗习惯的特点已逐步消失；自辛亥革命以来，他们更有意识地隐藏自己的民族特点。有许多人已改变自己的民族成分，但是他们的民族情感，则仍然相当强烈地存在着。""中华人民共和国成立以后，全国各少数民族获得了民族平等权利，都呈现出欣欣向荣的新生气象，许多地方的满人也纷纷起来，要求政府承认他们是少数民族，并享有平等权利，这是自然的和合理的现象。我们认为，承认他们的少数民族地位，保障他们应有的民族平等权利，是完全必要的，对于团结满人和发扬他们爱国主义的积极性是有很大作用的。"（转引自赵书《辛亥革命后的北京满族》，第16页，北京出版社2002年版）另外，中华人民共和国实行民族区域自治政策，而满族区域自治的问题，虽在20世纪50年代即已提出并获中央政治局原则同意，周恩来还在当时的全国民族工作会议上表示"满族要自治是肯定的"。然而，在国内绝大多数的少数民族区域自治问题均获解决的情况下，满族自治问题，却被长期搁置。至1966年"文革"爆发亦即老舍自杀时，事态仍未获松动。

境尽管较辛亥年间和民国时期宽松了许多，公开辱骂和诋毁满族的言论少了，但是，在国内主流知识阶层的心底，满族还是个明显地偏于卑陋的记忆符号，在主体民族的成员嘴边，亦时不时地能听到对满族的刻薄褒贬[①]。

为了让社会上重新了解和认识自己的民族——满族，老舍在晚年最重要的两次创作活动中，正大光明而且胸有成竹地，书写了满族及其族人形象。在话剧《茶馆》里边，他写了一个很教人同情和尊重的人物——满人常四爷。在整台戏中，这是一个最少受到作者揶揄、批判的正面形象，他是由旧京旗营垒中走出来的自食其力者。老舍毕生写了不知有多少带有满人性格血脉的人物形象，可是，直到年近花甲，他才破天荒头一回如此明明白白、理直气壮地刻画一个正派、淳朴、刚直、忠勇的满人。当然，老舍并不是毫不顾及社会的接受程度，不是想要一举更改世间对旗族的全部既成看法，在《茶馆》里，他如实记录了清末某些老派旗人仅从自身利益出发，咒骂诋毁变法维新运动的守旧言行，也描绘了旗人中确实存在着的像松二爷那样，不乏良善本性却又缺少生存勇气的“多余之人”。作者写出常四爷形象的用意在于，

① 此处仅举二例。一是老作家冰心，1979年读罢老舍遗著《正红旗下》，感慨系之，坦言：“我自己小的时候，辛亥革命以前，因为痛恨清皇朝政府的腐败无能、丧权辱国，作为汉族一分子，又没有接触过任何一个‘旗人’，因此我对于旗人，不论是贵族是平民，是统治阶级还是被统治阶级，是一律怀有反感的；这种认识，直到后来在参加革命活动和社会活动中，接触到一些旗人以后，才逐渐有所改变。”（《民族团结》1979年第3期）二是当代作家余秋雨，他的散文名篇《一个王朝的背影》，差不多可以说是一篇为清朝和满族写的翻案文章，其中也谈到：“我小学的同学全是汉族，没有满族，因此很容易在课堂里获得一种共同语言。好像汉族理所当然是中国的主宰，你满族为什么要来抢夺呢？抢夺去了能够弄好倒也罢了，偏偏越弄越糟，最后几乎让外国人给瓜分了。于是，在闪闪泪光中，我们懂得了什么是汉奸，什么是卖国贼，什么是民族大义，什么是气节。我们似乎也知道了中国之所以落后于世界列强，关键就在于清代，而辛亥革命的启蒙者们重新点燃汉人对清人的仇恨，提出‘驱除鞑虏，恢复中华’的口号，又是多么有必要，多么让人解气。清朝终于被推翻了，但至今在很多中国人心里，它仍然是一种冤孽般的存在。”

一要写出旗人下层也有一批忠肝义胆的爱国者，二要写出满族文化精神中也存在着许多有价值的质素，三要反映出从清末过来的满族人，并不都是些坐吃等死的“窝囊废”。常四爷的文学形象，忠实地体现了直至晚清时节八旗将士中的主流仍然持守不移的爱国情操，打清朝末年他还吃着钱粮、坐得起茶馆的时候，就从心里瞧不起“吃洋教”的人物颐指气使的派头，瞧不起崇洋媚外的国人“一个人身上有多少洋玩艺儿”，看到连鼻烟壶也得从外洋进口，他心疼“这得往外流多少银子啊！”尤其是在感觉到了国不国民不民的惨淡现状之后，他冲口喊出“我看哪，大清国要完”这样沉痛的心里话。当局布下的侦探，以他这句话为由要逮捕他，他据实相告：“我爱大清国，怕它完了！”还是没用，到底被抓去坐了牢。出狱后，为护卫国权，他当上了义和团，跟洋人刀枪相向地打了几仗。后来，大清国到底亡了，他并不伤感，他已认准了这是历史的惩罚：“该亡！我是旗人，可是我得说句公道话！”[①]他一生耿介、倔强，不向恶人低头，也不向命运让步，在清廷垮台后社会上排斥满人的局面下，哪怕是靠担筐贩菜、挎篮卖花生米，照样活得腰板挺直。可是，常四爷这样一条硬汉子并没有摊上稍好一点的命运，他摆脱不了邪恶年代为他预备的人生悲剧。在他的身上，丝毫没有传说中满人的疏懒怯懦，总想凭着一身胆气和绝不服输的个人力量，在铺天盖地的社会阴霾间闯开生路，换来国家和个人的好前景；这样的想头终归不能实现，黑暗社会早就张开血盆大口，等着吞噬他这样孤立无助的下层小人物，你再豪横和不肯屈服也不成。七十多了，他还是一贫如洗，这才弄清楚：“我爱我们的国呀，可是谁爱我呢?”

盼哪，盼哪！只盼谁都讲理，谁也不欺侮谁！可是，眼看着老朋友们一个个的不是饿死，就是叫人杀了，我呀就是有眼泪也

---

① 老舍：《茶馆》，《老舍文集》第11卷，第384页，人民文学出版社1987年版。

流不出来喽！松二爷，我的朋友，饿死啦，连棺材还是我给他化缘化来的！他还有我这么个朋友，给他化了一口四块板的棺材；我自己呢？我爱我们的国呀，可是谁爱我呢？看，遇见出殡的，我就捡几张纸钱。没有寿衣，没有棺材，我只好给自己预备下点纸钱吧，哈哈，哈哈！①

这一番酸楚无比的话语，出于一位黑暗世道下面行将惨死的老旗人之口，字字句句蘸着血泪。它是旧中国满族民众凄苦之至的告白，更是满族文学巨匠老舍为自己那些亲近而又无助的同胞们，所留下的最切肤的体认和最真诚的代言！人之将死，其言也真，一个民族原本具备着与史俱来的爱国情愫，到头来，却要它的每一个成员背负起“卖国”的弥天罪责，实为扬四海之波也洗不清的大冤枉。常四爷在告别人生前夕已是万念俱灰，所耿耿于怀者独独是这样的一桩大事——“我爱我们的国呀，可是谁爱我呢?”这确实是满人们带着临终关怀性质的“天问”。

老舍的人生挚友、大文豪巴金，在他悼念老舍的短章中写道：“我想起他的那句‘遗言’：‘我爱我们的国呀，可是谁来爱我呀?’我会紧紧捏住他的手，对他说：‘我们都爱你，没有人会忘记你，你要在中国人民中间永远地活下去！’”由是，亦足见这句话实在是老舍一生中最有分量的一段话语。

继剧作《茶馆》之后，老舍又动笔开始写他有关满族社会题材的压卷之作《正红旗下》。在老舍筹备写这部小说的时候，他意外地获得了一份良性刺激。有一次在全国人民代表大会的会间休息时，老舍在休息厅里遇到了毛泽东、刘少奇和周恩来，三位领导人招呼着老舍，要跟他谈谈满族。毛泽东的话让老舍激动不已，毛泽东说：满族是个了不起的民族，对中华民族大家庭作出过伟大贡献；他还说，清朝开始的几个皇帝都是很有本事的，尤

① 老舍：《茶馆》，《老舍文集》第11卷，第421页，人民文学出版社1987年版。

其是康熙皇帝。接着，毛泽东一一历数了康熙皇帝的政绩：打下了今天我们国家所拥有的这片广阔的领土，在全国多民族的状态下发明和实行了统一战线政策，在用人制度上奖罚分明……毛泽东还对康熙皇帝学习国内多民族文化和西方科技的精神赞许备至。在他谈话时，刘少奇、周恩来也时有插话，表示赞同毛的见解。老舍惊喜异常，他从没敢想象共和国的领袖们会对满族及其杰出人物有如此深入的研究和这样高的评价。回到家里，他把这份喜出望外转告给一家老小，说，自己简直是换了脑子，换了眼睛！[①]激动之下，老舍甚至忽发奇想，想专门写一部表现康熙皇帝的大作品。当然，这个计划后来没能兑现，不光是因为他不很了解清代上层，也由于在当时的整个社会气氛下，把封建皇帝当作品中着力歌颂的主人公，绝无可能。

不过，毛泽东等人对满族及其杰出人物的品评，给予老舍的鼓舞是巨大的，决定性的。老舍落笔写作《正红旗下》的勇气陡增。此前他只有写这部作品的长期筹划，却始终没有下决心铺开稿纸。《正红旗下》与单独推出一位常四爷正面形象的《茶馆》毕竟有异，需要全景观地描绘清末满族社会场景，所涉及的对于若干敏感的民族问题、历史问题的诠释可谓繁多和复杂。然而，老舍到底是捻起了这管沉甸甸的笔，既为了回应领袖们对满族的恰评，更为了进一步恢复被不公正的史书及舆论搞得污渍斑斑的民族本来面目。

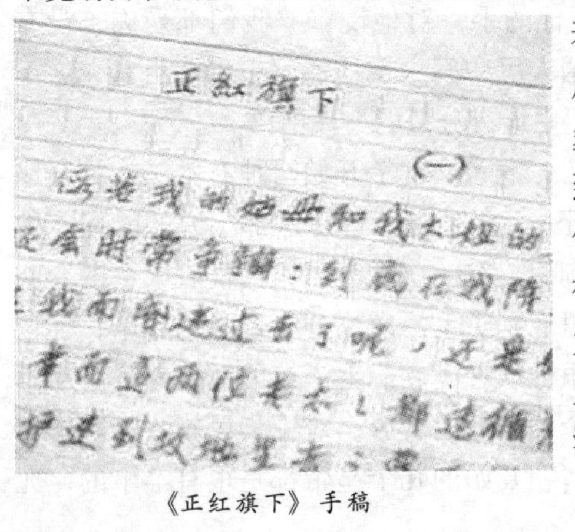
正红旗下

(一)

《正红旗下》手稿

远未卒篇的《正红

① 舒乙：《毛主席对老舍谈康熙》，《人民日报》1994年5月20日。

旗下》，不但是老舍艺术的“天鹅绝唱”，更是他试图启用有生以来对本民族历史命运的全套观察思考而铸成的一部文学备忘录。《正红旗下》像一部生动异常的历史教科书，“由心儿里”剖视了清皇朝赖为基础的八旗社会，指出清末的政权已然是落花流水不可收拾，当时满民族的社会分化及精神危机，也已发展到了难以调整、必须重作大幅度变革的程度，而下层民众要冲出历史桎梏，民族要通过奋斗而赢得新生，更属于历史之必然。小说中的一应旗族人物，无论是可爱的，可敬的，可悲的，可憎的，都没有政治教条上面的出处，他们鲜活可感，有血有肉，向读者提供了不容置疑的真实性。作者在毫不容情地勾勒出八旗制度下面“沉浮在有讲究的一汪死水里”的满人人生无奈，剖析了“二百多年积下的历史尘垢，使一般的旗人既忘了自谴，也忘了自励”[①]悲剧的同时，浓墨重彩地描写了以福海二哥为代表的志在冲出历史迷宫的满族新生力量。福海是一名跟一般旗人水乳交融的普通旗兵，是所谓“熟透了的旗人”，“没忘记二百多年来的骑马射箭的锻炼，又吸收了汉族、蒙古族和回族的文化。论学习，他文武双全；论文化，他是‘满汉全席’。”而作者笔锋一转：“惊人之笔在这里：他是个油漆匠！”这位出身于亮蓝顶子参领之家的“八旗子弟”，不怕满族社区里他人的讥诮和鄙视，拜师学得了一手油漆彩画的好技艺。“当二哥作活儿的时候，他似乎忘了他是参领的儿子，吃着钱粮的旗兵。他的工作服，他的认真的态度，和对师兄师弟的亲热，都叫他变成另一个人……一个顺治与康熙所想象不到的旗人。”[②]老舍在展示了这座旧营垒中某些浑浑噩噩形象之后，满怀兴奋地谈起了福海二哥的独到之处——“是的，历史发展到一定的阶段，总会有人，像二哥，多看出一两步棋的。”[③]自食其力，在今天的人们说来是个多么自然而又令人服

① 老舍:《正红旗下》,《老舍文集》第7卷,第196页,人民文学出版社1984年版。

② 老舍:《正红旗下》,《老舍文集》第7卷,第211页,人民文学出版社1984年版。

③ 老舍:《正红旗下》,《老舍文集》第7卷,第210页,人民文学出版社1984年版。

膺的观念，然而别忘了，即使是在清末那种“日落西山的残景里”，世代以当兵为天职者，要背着上司而偷着学点手艺为自个儿谋生，也是要有超人的胆识的。一个民族，在大家都已习惯了的生活轨道之外，另由个别人来辟出走向新生的蹊径，从来也不容易。《正红旗下》的故事昭告人们，历史局限性是所有人都会面对的，主动突围并且能带动自己的民族也完成对前尘的跨越，才是真英雄。末路上的满民族是不乏这种真英雄的。如果说这个民族是在靠劳动、靠创造的路途上，最终找到了自身新的命运依托，那么，像福海二哥这样一批满人，无疑，该算是摸索这条民族新生之路的先行者了[①]。

《正红旗下》没有写完。这是老舍最大的憾事之一[②]。《正红旗下》的夭折，不仅证明了当时文坛上下极“左”路线的猖獗，也曲折地反映出共和国初建 17 年间解决国内深层次民族问题的条件尚未完全具备。老舍民族心理的正当抒发，再次受到了抑

① 《正红旗下》的创作活动被扼杀后，老舍依旧决意写满族。1964 年的夏秋，他先后前往京郊密云县檀营村和海淀区门头村做调查采访。檀营，曾是清代八旗副都统衙门所在地，满蒙八旗将士们世代驻守，以拱卫京师安宁。作家了解到，自民国初年起，旗族群众失去军饷，苦不堪言，又逢社会上“笼统地仇视一切满人”，“整整齐齐的檀营就慢慢变成‘叫花子营’了！”惨景一直维持到共和国建立，满族贫民“分到了土地，由无业变成了有土地的农民……由不会劳动变为会劳动……由会劳动变为热爱劳动”，这才“吃饱穿暖，幸福日增”；老舍对此感触良多，他认为：“上述一点很简单的事实，却含有深刻的意义。劳动救活了一大群已快饿死的人，起死回生！”（老舍：《下乡简记》，《老舍文集》第 14 卷，第 398–399 页，人民文学出版社 1989 年版）

② 在辞世之前大约 4 个月，老舍到北京香山脚下一条小山沟里，探望遭受了不公正待遇的老朋友、女作家王莹，老舍在安慰对方的同时，谈起自己，说：“我自己，在过去十几年中，也吃了不少亏，耽误了不少创作的时间。您是知道的，我在美国曾告诉过您，我已考虑成熟，计划回国后写以北京为背景的三部历史小说……可惜，这三部已有腹稿的书，恐怕永远不能动笔了！我可对您和谢先生（指谈话时在座的王莹丈夫谢和赓，——引者注）说，这三部反映旧北京社会变迁、善恶、悲欢的小说，以后也永远无人能动笔了！”当事人谢和赓后来回忆，“老舍先生说到这里，情绪激烈，热泪不禁夺眶而出。”据认为，老舍所说的三部历史小说之一，即事实上已经写出了开头却只能在高压政治局面下秘而不宣的《正红旗下》。

制。

老舍的民族心理，是 20 世纪前期至中期中国国内大环境下面，满民族沧桑沉浮的产物。

老舍的民族心理，只能在作家毕生创作的字里行间委婉表达；我们要寻找答案，也只能据此而细心破译。

老舍的民族心理，应当说，是他形成自己特有民族观的一方不可或缺的基石。老舍民族心理的形成与其自我民族的坎坷遭逢直接相关，他的民族观则闪现着跨越民族藩篱的现代人文光芒。老舍，是非政治家和民族学家的中国 20 世纪知识分子中，极难得的一个具备超前民族观念的人。

# 第三章 满族伦理观念赋予老舍的精神烙印

正如前文所介绍的那样，本质意义上的满洲族，是一个在中国古代史上出现偏晚的民族，该民族以“满洲”之称名世是在17世纪中叶的事情。他们在中国的封建末世，建立起一个统一中华的帝国清王朝，并且在政治、经济和文化上面，异常艰难同时又是奇迹般地，展现了这个东方封建帝国最后一轮辉煌。可以说，没有厚重的道德能量，满族是不可能突破道道险阻完成其历史作为的。只可惜的是，历史界、思想界对这一点，还没有作过比较充分的研究。

老舍出生于清末的八旗社会，世世代代积淀生成的满族传统伦理观念，势必会留给他以确切的精神烙印。这一章，想要将本书已有的讨论进一步深入，以期更加清晰地辨认作为文化人和文学家的老舍，其带有民族个性特征的精神世界。

## 一

舒舍予，字老舍，现年四十岁，面黄无须，生于北平，三岁失怙，可谓无父，志学之年，帝王不存，可谓无君，无父无君，特别孝爱老母。幼读三百篇，不求甚解。继学师范，遂奠教书匠之基，及壮，糊口四方，教书为业。甚难发财，每购奖券，以得末奖为荣，示甘为寒贱也。二十七岁，发愤著书，科学哲学无所终，故写小说，博大家一笑，没什么了不得。三十四岁结婚，今已有一男一女，均狡猾可喜。书无所不读，全无所获，并不着急，教书做事，均甚认真，往往吃亏，也不后悔。再活四十年，也许能有点出息。

这是老舍1938年，在年届“不惑”之时，用其特有的“老舍笔法”，为自己写下的简短“自传”[①]。在看上去略显幽默顽皮的笔墨下面，展现的，恰是他那遍阅坎坷人生况味而难得示人的胸中块垒。共和国建立之前的老舍，从不肯在普通读者跟前随便提及自己非同常人的民族出身，甚至于连生身父亲曾是一名清末战死于“庚子之乱”战场的八旗士兵——这一对他来说是非常重要的事件——都不大愿意轻易提及。而这份“自传”，却不能不被看做是在那段时间里，他同时触及了这样两件旧事的罕见叙述——虽然这种叙述，多少有些“似不经意”和“闪烁其词”。“生于北平，三岁失怙，可谓无父”，无形中，他有保留地披露了自己身为八旗为国捐躯将士子弟的点滴讯息；而“志学之年，帝王不存，可谓无君”，则证实了最后的（清朝的）帝制解体，是发生在个人的读书求学阶段——也就是他尚未成人的少年时期。这两样终于在“不惑之年”被诉诸笔端的事件，其实，对他的人生都不是无关轻重的：父亲的战死教他的童年雪上加霜，他不仅失去了一位至亲，家人的生计也由此几近崩溃；至于清廷的覆亡，对于无数被捆绑在八旗制度底下的满族家庭乃至全体满族成员来说，更可谓沧海桑田般的大变故，它虽然令旗族广众就此有了人身自由，却又引发了满民族在随后较长时间跌入到更其悲苦的深渊。一己之家的遭逢和整个满洲民族的际遇，借助于这寥寥数语，便得以委婉的表露，让人们今天重读时不免要感慨作者的心间凄苦！从这则“自传”的开头几句，我们再次触摸到了老舍那长期闭锁着的民族心理，“无君”且“无父”的两种处境，均来自于旗族社会的跌宕变迁，外民族的人们不大可能像本民族成员那样，去深入体验和反复咀嚼这类民族变故带给他们的后果。关于老舍民族心理的形成与走势，本书前面已经有所探讨，这里容不赘述。笔者引述老舍“自传”，所关注者，在于老舍表露的

① 老舍：《小型的复活》，《老舍文集》第14卷，第110页，人民文学出版社1989年版。

一种观念，即他于“无君无父”境况中道德理念的依归。照短文字面上的含义，似乎可以读出作者笔底暗含的一层意思：如若一直“有君有父”，则出循“君”旨、入遵“父”命，便是理所当然和不能改变的——这其实刚好是封建时代八旗制度下面一个寻常满人的伦理型范与行为准则。老舍身为旗族后人，深知道，自己假如不是在童年承受了“刘善人”义举而去念了书，假如不是“大清朝”在自己少年时期就退出历史舞台，个人的人生便依然别无选择，便会跟本民族的无数先辈和父兄在生活轨迹上一模一样。然而，时代变异了，一个“无父无君”的时代降临了，作为民国年间挣脱了八旗制度的满人，老舍不必再走前人的老路。按照世间习见的意念，老舍此处所谓的“无君无父”，是取了一语双关的含义，撇开老舍本人真的“无君无父”之外，“无君无父”此语在传统中国文化语境里尚有另一重指向，乃是“无法无天”或者“揭竿而起”。民国初期的中国社会，也正是这么一个“乱世英雄起四方”，笼统排斥一切既有制度文化及精神信条的局面。而“躬逢其盛”的老舍呢，看来却并不愿跟随这样的世风走，他的选择是——既然面临“无父无君”情状，便要在家中“特别孝爱老母”！而且，他坚持不做“发财”走红运的非非之想，即便是辛苦操劳“糊口四方”，也总是“甘为寒贱”，以至于“……全无所获，并不着急，教书做事，均甚认真，往往吃亏，也不后悔”。

笔者以为，老舍的这篇“自传”，颇能体现当时他所葆有的满人道德观。

自古以来，满族人的传统理念，异常崇尚纯朴、忠义、豪爽、正派的品性①。在满人来说，广受遵循的行为准则一直是，

---

① 有论者谈到：“满族是个淳朴、质直、好客的民族。原在东北时，千里行程不裹粮，客至食宿，无必酬谢，毫无计较。这种优良的民族风气，入关之后，虽然渐有变化，但具有较高文化素养的八旗子弟，在继承先民优秀品质的基础上，形成一些新的道德品质。他们无论为官为民，皆刚正耿直，不徇私情，谢绝馈送，不行请托，不走私门，憎斥贪官，拾金不昧，慷慨解囊。……无疑这种高贵品质，对于满族作为统治民族，取信于民，团结各族人民，培养良好社会风气，维护大清王朝的长期统治起了重大作用。”(滕绍箴:《清代八旗子弟》,第168页,中国华侨出版公司1989年版)

人生在世只要不是在战场上面对敌人，待人就总要有利他精神，处世则须讲究宽厚隐忍。加之世代受到八旗制度的辖制，旗族族众还愈来愈养成了上下有别、长幼有序、服从号令、重视纪律、遵守秩序、乐于礼让、不怕吃亏的种种性格特征。此外，为世间普遍关注的“旗人多礼”与“满族家庭特别讲究尊祖敬老”①……也都是跟这些民族伦理观念相联系着的。从小便生活在满人中间，旗族的习性势必影响到老舍。家中既然已经“无父”，他便自然地将全部情感用来“孝爱老母”。世间根除了主宰其命运的封建王朝和八旗制度，他却依旧没有产生个人的“机会”来了的念头，没有萌生趁着乱世火中取栗的心思，他不肯逐蹈时尚，在“自由”、“反叛”的旗号下去试图变换一下个人在社会上的功利位置，他甘愿继续本本分分、踏踏实实地做老实人，甘愿“教书做事，均甚认真，往往吃亏，也不后悔”。——就是这么一篇短文，只有二百多字，写作者也许未必有意要诉诸读者太多的什么，而我们却有可能辨析出作者心灵的宣示。

---

① 满人敬重长辈的习俗，来自久远的历史传统。在苦寒艰险的自然环境下人们不但要生存下来，还要保证种的延续，是很难的；尤其是时常出现各个部族间的刀兵拼杀，对人们一代代的存留承继说来，更是个严重的考验。氏族的先人为了保存本氏族的血胤下传，都曾有过重大贡献。满人们的敬重长辈意识始由此生。我们从满族各个氏族普遍珍存的“家谱”中可以感知这一点，每个氏族的“谱书”，都将自己祖上或在自然祸患下或在部族征战时为了保存“本支血脉”有过大作为的先人奉为“始祖”（“始祖”在满族人的心中享受着“神”的地位，他们的先民信奉萨满教，而萨满教所持的是自然崇拜、图腾崇拜和祖先崇拜观念）。因而可以说满族传统的尊祖敬老习尚，发源于人们的朴素唯物观。也能够由此看出满人的敬重先辈与长者，与中原民族带有封建烙印的“孝悌观”二者的差异：满族尊祖敬老是出于对先人历史作为的肯定与顶礼，而中原民族“孝悌观”却是无条件地强调“父为子纲”、“子为父隐”，甚至于“父教子亡子不敢不亡”——这种“孝悌观”与封建“忠君观”如出一辙，“忠君观”坚持的是“君为臣纲”、“臣为君隐”和“君教臣死臣不敢不死”。满族入关之后其敬重长辈的精神传统，曾在一定程度上与汉族的“孝道”意识相融会，也是事实。但是在民族心理的深处，满人的敬老意念与汉族还是不甚雷同。即如老舍，他对老母亲的敬重，显然不单单出于一般的“孝道”，而是对母亲在万般危难之下救一家人于水火的基本事实的认定和崇敬。

20世纪初期的中国，排山倒海般的狂涛巨浪席卷域内，政治巨变，社会摇曳，文化动荡，人们的观念每时每刻地产生异化，时代也在这样的情况下向前推进。就政治而言，封建帝制退出历史，民主共和成为人心所向，资产阶级政权体系开始创建；就经济而言，“士农工商”的旧式模式失势，带有资本主义性质的私营工商经济活动合法化；在文化上，封建的禁欲主义、蒙昧主义规范被丢弃，代之以渐趋彰显的资产阶级享乐主义倾向；而社会性的伦理观念亦出现裂变，个人主义、自由主义的思潮抬头，意欲取代封建体制下束缚人们手脚的“纲常礼法”……这一过程中社会状况异常复杂，但就总的情势来判断，在这个古老的国度，人的价值却有史以来首次被明确地展示出来。

然而当时的老舍，一个与这个天地翻覆的新世纪（20世纪）几近同龄的年轻人，却在此种形势底下表现出了很是冷静的心态，他不曾积极拥抱那个大时代的变迁。如果说帝制坍塌之际他尚属少年，没有表露个人的政治倾向也还情有可原，那么到五四运动爆发时，他已是北京城中一个获得个性人格的青年文化人了，却照样仅仅是个不动声色的“旁观者”，就有些让今天的我们感到费解和扫兴。其实，从上面所援引的老舍自述看，直到已经步入“不惑之年”，20世纪30年代晚期，老舍仍旧还是那么一意笃信着他的“教书做事，均甚认真，往往吃亏，也不后悔”的人生信条，这也益发地教人觉出他在人文价值观念上面有其超乎一般的守常持衡。

这在当时，是一种典型的满人式的守常持衡。

也许可以这样说，20世纪前期，一般满族人对社会现实的感受，与其他的国人是不大相似的。他们借助于辛亥鼎革，从多年来严苛的封建专制和八旗体制下挣脱出来，本来是难得的好事与幸事，可是，正像笔者在前面一章里面所述及的，在他们眼前接续出现的竟是旗族群众迅即跌进从生计到名誉的双重噩梦，这就不能不让他们的社会判断和情感取向拐了一个陡弯儿。“大清国不一定好啊，可是到了民国，我挨了饿！”[1]这样的悖反逻辑折磨着他们，教他们难以看到社会较之先前所现出的本质进步。加上帝制的专权乍一退出人们的生活，道德失范伦理无绪的恼人场景到处闪现，比较习惯于旧秩序旧规范的满族人，便更是满腹的牢骚，他们的耳畔回荡着“自由”、“民主”的鼓吹，眼前见到的却是军阀、政客等新贵“暴发户”们的伪善狡诈、横征暴敛。他们想不通了：“一到民国来，宅门里可有了自由，只要有钱，你爱穿什么，吃什么，戴什么，都可以，没人敢管你。所以，为争自由，得拼命的搂钱；搂钱也自由，因为民国没有御史。”[2]

满人崇尚淳朴与正直，有清一代该民族上上下下都以此为骄傲。远在努尔哈赤和皇太极时期，忠直廉洁与舍生忘我便是最受人们敬仰与效法的个人品行；至康、雍、乾三朝，君主们对旗下官兵道德上的规范也很严格，他们最为忧虑者，乃是八旗子弟在与外界接近的过程中因沾染上不良习气而迷失了本性。康熙帝和雍正帝都颇重视在满洲旗人内部选取人才的标准必须是以德为先。乾隆帝甚至颁布御旨，凡满洲人有行为及道德不堪者当一律革出旗籍。清代满族以一个人数寡少的民族而打天下坐天下，心理深处隐藏着岌岌然如履薄冰的警惕，他们须在人前不断调整和修正自己的形象，其中尤其是自己的道德形象一定要经得起世间评说，对得起万民瞩目[3]。

---

① 老舍：《茶馆》,《老舍文集》第 11 卷,第 383 页,人民文学出版社 1987 年版。

② 老舍：《我这一辈子》，《老舍文集》第 9 卷，第 106-107 页，人民文学出版社 1986 年版。

③ 此处有一例，似可得见清初满人的道德状态以及他们十分顾忌世间负面反应的心理。“国初有骁将阿里玛者，能自握其发足悬于地，又能举盛京实胜寺之石狮，重逾千斤。战功甚巨。入京后所为多不法。章皇帝预置于法，恐其难制。有巴图鲁占者，其勇亚于阿，因命其擒之。占至阿邸，故与之语，猝握其指。阿怒，以手拂占，掷于庭外数十武。因数之曰：‘汝何等人，乃敢与吾斗勇邪！’占以上命告，阿笑曰：‘好男儿安惜死为？何须用绐计也！’因受缚，坐车中赴市曹。至宣武门，阿曰：‘死则死耳，余满洲人，终不使汉儿见之，诛于门内可也。’因以足絓城门瓮洞间，车不能行。行刑者从其语。阿延颈受戮，其颈脉如铁，刀不能下。阿自命占以佩刀割其筋，然后伏法。亦一奇男子也！”（昭梿：《啸亭杂录》，第 234-235 页，中华书局 1980 年版）

历史学界认为，清朝的君主们就自我修身的优良程度来看，在历朝历代中间都是数得着的。

清代的八旗满洲营房里，人们日常谈论较多的是旗人们生生死死的故事，为国捐躯的事在他们那里世代不绝、家家皆有，人们议论这些简直就如说起一日三餐那么寻常[①]。这些长期以达观心态面对生死考验的人，活在世上也都要求自己活得“硬朗”、“有骨气”，其长辈勉励后人最常用的两个字，就是“要强”。传统的满人眼里顶容不得的就是“一肚子坏水儿”和“假模假式”的人，为人处世的忠诚与纯正，往往被看做是一个人的至高荣耀。久而久之，满族人恪守道德气节便在世间有了影响，外人衡量一个人“像不像满人”、“是不是满人”，有的甚至就直接去看他的品行端正与否，或者有没有足够的道德尊严。

自尊，就其本体意义来讲，主要涉及的是伦理道德层面的自持。满族的传统理念即格外看重人生在世的自尊度——也就是无论处于盛世还是处于乱世都应有的道德自我规范。众多满族人不但通过自觉的德行养成来表达对一己名誉的看护，同时也以个人的操守来支撑对于本民族声誉的守望。满族传统中长久坚持的道德主义风尚，在某些场合的确显得不是那么合乎时宜，有时置身世俗，还免不了被批评为道德的泛化或严厉化倾向。局外人们早已习惯每每褒贬满人过分地“好面子”，其实所谓“好面子”未必尽是坏事情，“好面子”的人才有可能经得起睽睽众目的监督；揶揄他人“好面子”，在某些场合也许是一些有意放弃道德自控的人，对道德顽强守护者的嘲弄与编排。

---

① 金启孮：《北京郊区的满族》（内蒙古大学出版社 1989 年版）中写道：20 世纪初年作者在京郊“火器营”亲戚家居住时，“我听到的他们聊天的内容，多半是某家某人在什么时候战死的，又是某家某官在什么地方阵亡的，某家在什么地方作外任官时合家殉难的。在谈这些事情的时候，他们面上绝没有畏惧抱怨的神色和感情，而是觉得这是很光荣的事。这是直到那时营房中满族从上到下同样的思想。现在回想起来，我觉得他们这种品质不但可贵而且是很少见的。”

随着驻守中原年深日久以及其间许多时期属于和平年代，八旗满洲族众出现了精神蜕化征候。一方面，满人进入中原后受到汉族“礼教”熏陶，将自身原本具备珍贵价值的传统无节制地仪礼化，膨胀为令人不胜其烦的“礼数”，显然不妙；另一方面，在八旗全民皆兵制度下受到兵饷“恩养”的旗人们，也慢慢练会了享受生活艺术，他们在并不阔绰的状况下想方设法，把生活打点得“精彩”起来——会吃会喝会玩会乐，在本来有限的甚至是可怜的条件下找寻到无尽的人生情趣。这也肯定消磨了这个粗犷民族宝贵的尚武精神和奋斗意识，不能不引来一些指摘和抨击①。可是，需要注意的是，即便是在非议满族最为激烈的时期，由纯粹道德层面上来否定满族的议论，也是不多见的。

民国初期满族女性组成的经济自助团体

“享用生活，本身并无关乎道德的善恶。”② 这个判断无疑是正确的。姑且不去说满洲旗人们在享用生活中随时有所发现及创造，在吃、喝、玩、乐

① 对满人这类问题的批评是正常的。不过，后来因为有清末民初将满族倍加丑化的过程，这项指控被信意放大，坐享其成、游手好闲、玩物丧志、荒嬉堕落……都被说成了清代满族的劣根，而且一任此种说法长期延续。读者以至可以在2004年版的工具书《现代汉语规范词典》（主编李行健，外语教学与研究出版社、语文出版社联合出版）第15页，读到对“八旗子弟”条目的如是诠释：“八旗成员的后代，泛指贪图享受、无所事事的贵族后代。”较早注意到这类诠释的，是当代日本老舍研究专家仓桥幸彦教授，他的论文《旗人老舍：他的自尊与内疚》（载《世纪之初读老舍》，人民文学出版社2007年版）中，征引了1988年版《现代汉语大词典》（第二卷）第19页对“八旗子弟”条目的释文：“享有特权而完全没有本领的名门子弟”。中国读者许多年来对类似的伤害一个少数民族的诠释，有些“见怪不怪”了。

② 赵园：《北京：城与人》，第131页，上海人民出版社1991年版。

等文化上也曾给后人留下了不少真玩艺儿（本书后面会有所阐述）；即使就这些人享用生活本身而言，也该是无可厚非的。他们是些活生生的生命，是时刻准备去疆场搏命的兵勇，在八旗制度下没有人身自由，用所得的微薄兵饷而非不义之财来享用生活，也就没有什么不可以的。他们在有条件的时候享用生活，是以不损害他人为尺度的[①]；失去享用生活的起码条件，他们亦做得到无怨无艾[②]。这才是他们天然的道德状态。

任何道德规范都是有着时代属性的，满人的道德也是如此。这里可以指出的是，老舍既然出身于此种道德范畴，他最初作为一个独立的人走进社会的时候，就免不了要按照自己习惯的或者说能够给他的心灵带来宁静的道德方式面对生活。这也正是一个年轻人能够在乱世做到“全无所获，并不着急，教书做事，均甚认真，往往吃亏，也不后悔”的答案所在。

---

① 老舍《正红旗下》写道：“赊欠已成了一种制度。卖烧饼的、卖炭的、倒水的都在我们的，和许多人家的门垛子上画上白道道，五道儿一组，颇像鸡爪子。我们先吃先用，钱粮到手，按照鸡爪子多少还钱。……我大姐婆家门外，这种图案最为丰富。……大姐夫说的好：反正钱粮下来就还钱，一点不丢人！”即是典型例证，金启孮曾就此发出议论：“最奇怪的是这种小贩记账的方法，不是记在纸上或本子上，而是用白灰或黄色砖瓦片写在赊账人家的墙上。等清了账，他替（你）擦得干干净净，再欠再记。收账时，欠账者和小贩双方即按墙上一笔一笔加起来，归总，还清。现在人一定要问，欠账人要偷偷把账擦下去几笔，怎么办？那时绝对没有这种事，双方都守信用。可见淳朴古风尚存。”（《北京郊区的满族》，第43页，内蒙古大学出版社1989年版）

② 刘晓春《北京人什么样?》书中说到：“过去我们家有个邻居，也是旗人，比我父母大一辈，我叫他李爷爷。打从我记事开始，就知道他每天只有一件事儿，就是坐着。他不养鸟不玩儿鸽子不讲究吃喝，极和蔼，极平静，对我来说极慈祥，然而就是不干任何一件事，完全彻底地不干。他和他的老伴儿的唯一的生活来源就是他的女儿每月给的一点不多的钱，因此连到胡同口儿买一分钱韭菜花儿、一分钱辣椒糊、一分钱酱豆腐的讲究都谈不上，甚至喝豆汁儿就着切得极细的咸菜丝这一典型的习惯也没有。那时候家家在院子里吃饭，但他从来不；那时候街坊之间多多少少有些来往，他也从不与任何人来往。可是听街坊说，他原来是个典型的公子哥儿，曾经什么都爱好过，甚至还会做诗！最后他默默地死了，整个大院甚至没有任何人表示过哀伤。”（《北京人什么样?》，学苑出版社2003年版）

## 二

文学家老舍通过其等身般厚重的作品，持续执守着伦理精神，显示出对国民道德衍变的关注。这一点，恐怕在“五四”以来的所有文学大家那里，都很难找寻出另一位可以与之相比拟者。笔者作如是说，绝没有想把老舍定位到一个旧式“道德家”坐标点上的意图。他的道德观念的起点带有明朗的满族古典伦理色彩，这既有值得尊重的地方，也存在着一定的保守性质，是可以认定的[①]。不过，他却不是个固守旧有道德元点的人。20世纪的中国不乏大动荡场景，在摸索建立新时代伦理的路上，老舍不知疲倦地走着，既有执著也有迷失，既有教训也有收获。这条路他走得相当艰辛，有的时候甚而就是踽踽独行，他却没有顾及，“也不后悔”。他苦心孤诣地寻觅新的民族道德型范，最初的引燃点，还是少年时期满族式的精神养成。自幼看重伦理情怀、注意道德修养的人，是不大容易在生命的某个时期轻易叛离这种习性的。

老舍在早期自我人格塑型的时期，除了有母亲那样给他生命教育的人生教师外，还有两个满族人对他影响较大，他们是后来出家做了和尚的“宗月大师”刘寿绵和基督教宗教职业者宝广林。在这二人的影响下，老舍要牺牲自我为民众做事情的情感达到了宗教的热度。因刘寿绵“以佛心引领我向善”，老舍不单入学读书后来成了文化人，更体会到了“帮助别人”的“乐趣与意义”，明白了人生在世可以做到“居心与言行是与佛相近似的”[②]。

---

① 吴小美、古世仓《老舍个性气质论》一文谈到：“如果将自由、平等、博爱视作世界性的现代民主三大支柱，而且五四新文化运动又是以高扬民主与科学旗帜作为解决中国社会问题和文化问题的主要取向，根本性的追求也是自由。如陈独秀提出的，自由是‘吾人最后觉悟之最后觉悟’。而在老舍的观念（特别是前期）中，自由恰恰是一个被道德取代了的范畴。遗憾在这里产生了——对社会变动中秩序丧失的过分忧虑，使他以传统的伦理道德眼光来看待自由带来的传统人格破产，以至淡化甚至没有进行更深入的思索。”（《文学评论》1999年第1期）

② 老舍:《宗月大师》,《老舍文集》第14卷,第162页,人民文学出版社1989年版。

老舍是个自幼未曾得到过太多社会温暖，而对黑暗现实有着切肤体验、对公平世道充满憧憬的贫苦人，亟欲通过奋斗来使不公正社会变得更合理、更平等。他“艰苦挣扎，谢绝各方面的引诱”①，与龌龊势力划开界限，近乎固执地保持心灵的高尚和洁净；是所处社会范畴局限了他的视野，他的道德规范又制约着他不可能成为激进的思想家，他只能够在左近的生活圈子中被动发现可以引导自己实践的思想模式。刘寿绵的乐善好施，曾经让他很受激励，认识到在浊世间做个好人的价值。不过，刘寿绵没有一套使他这个年轻人在社会大变革中足以认同的思想体系，也是事实。他在持续精神探索的路上，又遇上了基督教的传播者宝广林。宝广林，北京满族人，20世纪前期由英国伦敦大学神学院毕业归来，是一位进步的、爱国的基督教神职人员。他比老舍略大几岁，当时在京城的基督教徒中已是有影响的牧师。老舍对同为满人的宝氏之言行尤其关注，宝广林在了解了他的人生和人品后，也用心引导他，向他传播有关基督教的观念。宝广林所宣扬的基督教思想，有些让老舍特别感兴趣的地方，他不仅倡导自由、平等、博爱的基督教大同主义精神，还强调“破除国家种族之畛域”，达到不同民族之间的平等、团结与和睦。他说：“是基督之光明所被，足以使撒人与犹太人之积怨，如冰雪之见日，立即消释，而同登灵界焉。”②在民国初期饱受歧视之苦的满族人，都期冀能够见到各民族相安共荣、人人平等相待的局面。宝广林体会同胞们

对老舍人生有影响的宗月和尚

① 罗常培：《我与老舍》，载昆明《扫荡报》副刊1944年4月19日。

② 见《生命》月刊，第3卷第4期，北京基督教青年会证道团主办，1922年12月。

的心愿，着重提出反对民族歧视、民族压迫的民族民主思想，搅动了青年老舍的灵魂。

1922年上半年的某个时间，老舍在基督教缸瓦市教堂正式领受洗礼，成了基督教徒。此后不久，老舍在刚接任教职的天津南开中学作过一次讲演，其中谈到：

> 我愿将“双十”解释作两个十字架。为了民主政治，为了国民的共同福利，我们每个人须负起两个十字架——耶稣只负起一个：为破坏、铲除旧的恶习，积弊，与像大烟瘾那样的文化，我们须预备牺牲，负起一架十字架。同时，因为创造新的社会与文化，我们也须准备牺牲，再负起一架十字架。①

老舍用“负起两个十字架”作比喻，阐述了自己愿意面对社会文化而担起“破”与“立”双重道义责任的理念。此刻的老舍，已认识到传统的旧文化中包含着“像大烟瘾那样的”恶习和积弊，须在破坏铲除旧文化的同时，去“创造新的社会与文化”。尽管他没有说明所论“旧文化”和“新文化”的详细内容涵盖，人们也能想见，在倾向于道德关注的老舍这里，社会伦理价值观念的能动扬弃，一定会是其中的应有含义。

入教之际，老舍重新郑重地启用了此前为自己所取的表字“舍予”，他把姓氏“舒”字一分为二，表达了为大众可以舍弃自我的信念。基督耶稣的献身精神，使他乐于成为一个彻底的利他主义者。从此，舒舍予的表字陪伴了他终生。

老舍正式登上文坛，是自20世纪20年代中后期在英国教习汉语时写下三部长篇小说开始的②。由老舍的这些前期创作，人

① 老舍：《双十》，《老舍文集》第14卷，第265页，人民文学出版社1989年版。

② 这三部长篇分别是1926年发表的《老张的哲学》、1927年发表的《赵子曰》和1929年发表的《二马》。尽管在去英国前，他曾经零星发表过少量的诗歌和短篇小说，但那些“习作”往往不受重视。

们可以读出作者的道德针砭，窥视到这位满族出身的年轻作家离开国内时候的精神站位。

在最早写出的《老张的哲学》和《赵子曰》中，出场人物多涂抹着道德脸谱。尽管老舍在有关的创作谈里，说过“我恨坏人，可是坏人也有好处”①，这两部小说还是对道德败坏的恶人做了毫不容情的嘲弄和鞭挞。《老张的哲学》中的老张是罪恶的渊薮，故事中几乎一切悲惨结果，都和他为了填充一己的欲壑有关。同一作品中的报馆主任蓝小山以及《赵子曰》中的大学生欧阳天风，则是些更其无耻的、天良丧尽的家伙。值得注意的是，老舍最初两部长篇所抨击的这几个极恶之人，若查一下来路，都是有其特指的。

有些论者曾认为老张是腐朽封建阶级的余孽，并不准确。20世纪初，中国社会的阶级关系较之先前要复杂得多，在地主阶级势力继续顽固存在、积蓄久远的封建意识照旧阴魂不散的情形下，新生资产者在社会夹缝中的踊动与发迹也处处可见，老张便是应运而生的产儿。他有点儿“国学”根底，给人以“正统的十八世纪的中国文化”的幻相，骨子里却早已熏染上了资产阶级的思维理念——“老张的哲学是‘钱本位而三位一体’的”。他经商、当兵、办学堂全都是为了钱。像所有资产者在最初进行原始积累那样，他凭着压倒一切的金钱拜物观，从事肮脏卑鄙、泯灭人性的财富聚敛活动。只用传统的封建文化毒害来解释老张，显然讲不通。他的行为，寸步不离既定“哲学”：“要不是为折债，谁肯花几百元钱买个姑娘？‘以人易钱’不过是经济上的通融。”一个宁可饿着自个儿的肚子也舍不得吃顿饱饭的悭吝人，只有在放债索不回时，才会出此“下策”。作者写足了老张的可恶，同时又说：“他却是一位循着经济原则走的，他的头脑确是科学

---

① 老舍：《我怎样写〈老张的哲学〉》，《老舍文集》，第166页，人民文学出版社1990年版。

的。他的勇敢是稳稳当当的有经济上的落脚点……”老张的这种“经济原则”和封建社会的经济原则已经分道扬镳。虽然读者还寻不到老张作为一个资产者典型而活动的内容，他的意识可是距离资本家们不算太远。“果然他有十个银行，八个交易所，五个煤矿，你再看看他！可怜，老张没有那么好的基础！‘资本厚则恶气豪’是不是一句恰对的评语，我不敢说，我只可怜老张的失败是经济的窘迫！”老张是集“假道学先生”、市井无赖和新生资产者于一身的社会怪胎。虽然20世纪初期，这类人物在中国社会的阶级分野中还未占有决定性的分量，我们仍然相信，这种描写是来自于年轻作家亲历的现实。作者之所以对中国社会这类人物的孳生有如此真切的洞察，跟他特别的民族身份相关。他来自于旧式的京旗贫民营垒，是个由传统道德文化环境中走过来的旗人子弟，当然地，会对世道大变异中“钱本位”法则的淫威和“钱本位”人物的暴发，有着本能的敏感、厌恶与蔑视。这是不言而喻的。

蓝小山呢，却没有老张那么多的老派“迷彩”，此人欺哄青年、伪造新闻、坑蒙钱财、玩弄女性……浑身散发着买办资产阶级的恶少气味。他的出场是颇具内涵的。“老张与蓝小山的哲学不同，所以他们对女子的态度也不同。老张买女子和买估衣一样，又要货好又要便宜；穿着不合适可以再卖出去。小山是除了自己祖母以外，是女人就可以下手，如其有机可乘！”“玩耍腻了一个，再去谄媚别个”，“于是你得新弃旧，新的向你笑，旧的向你哭，反正他们的哭笑是自作自受！”作者一针见血：“小山所有的是二十世纪的西洋文明。”

欧阳天风，一个风度翩翩的流氓恶少，有着比蓝小山更为典型的资产阶级卑劣灵魂。他淫荡成性，始乱终弃，贩卖人口，落井下石。他居心叵测地怂恿同学们罢课胡闹，殴打校长和教师，自己却轻溜溜地逃脱干系。他的做人法则：“钱就是名，名就是钱！卖国贼的名声不好哇，心里舒服呢，有钱！中国不要他，他上外国去，中国女子不嫁他，他娶红毛老婆！名，钱，作官，便是伟人‘三位一体’的宗教！”有恩于他的张教授，是他实施罪恶计划的障碍，他竟丧心病狂地要借封建军阀的屠刀来暗杀自己的恩人。

了解老舍作品特点的人会注意到，他是个留意于方方面面写作机巧的文学家。例如，在他的创作中，常常赋予笔下较重要的人物某个有一定含义的姓氏。蓝小山的姓氏就是这样，“蓝”姓在中国北方居民尤其是“老北京儿”中间是极罕见的，冠此姓氏者一般均为南人。作品没有点明蓝小山的来历，却给了他这么个“蓝”姓，加之书里描绘他“留着日本式的小胡子”和“长长的头发，直披到项部”[①]，读者便猜得出他的经历乃至政治背景，可能是个民国初期由南方北上的“新派”人物，日本留学生。至于欧阳天风的复姓“欧阳”，同样为南方人所专有，小说中甚至已经点出了他先前是个上海人[②]。

由这些或许不难看出，20 世纪 20 年代初登文坛的老舍，偏爱着旧日京师古典色彩伦理精神，对于南来的西洋式殖民文化嘴脸及其道德行径格外地不屑。再将蓝小山、欧阳天风等辈与老张这个北方土壤中刚刚露头的新生资产者放到一起，老舍那时所极度反感的“时髦”资产者为所欲为、享乐无度的道德行径，便可一目了然。

在起初写作三部长篇的时候，老舍对旧日北京城中“自己人”的道德表现，也不乏揭示，但是，这种揭示却另有分寸。《老张的哲学》里面的赵姑母，这个老北京儿市民阶层的小人物，其道德形象被刻画得很成功。老张要纳赵姑母的亲侄女李静作小妾。李静父母双亡，赵姑母曾给侄女以全部的母爱。可是，这位

① 老舍：《老张的哲学》，《老舍文集》第 1 卷，第 122 页，人民文学出版社 1980 年版。

②《赵子曰》中有这样一句：“欧阳天风到北京的时候，谭叫天早已死了！谭叫天到上海的时候，欧阳天风还不懂什么叫听戏！”（《老舍文集》第 1 卷，第 323–324 页，人民文学出版社 1980 年版）

"真对于李氏祖宗负责任"的"好妇人",却毫不犹豫地破坏了侄女自主的恋爱,满怀"好心"地将李静送去做老张小妾。她的一定之规是:"我们小的时候,父母怎样管束我们来着?父母许咱们自己定亲吗?""我爱我侄女和亲生的女儿一样,我就不能看着她信意把自己毁了!"后来老张纳妾的事被阻止,原本像慈母似的赵姑母竟跟亲侄女一刀两断,"她不能理李静,李静是个没廉耻的女孩子,临嫁逃走的!"孤立无助的李静最终走向了绝路。赵姑母的选择,是出于封建时代千古不变的伦理观念。她辛苦操持侄女的终身大事,却无异于把孩子推进灭顶之灾。老舍把赵姑母称作"中国好妇人",这说明,他在写这部长篇处女作的时候很清楚,世上会有恶鬼老张之流制造的罪孽,而其罪孽的兑现,则须靠着这一群又一群、一代又一代的"好人"们的"道德作为"才能完成。小说中说得深刻:"世上不怕有蓝脸的恶鬼,只怕有黄脸的傻好人,因为他们能,也甘心,作恶鬼的奴仆,听恶鬼的指使,不自觉的给恶鬼扩充势力。社会永远不会清明,并不是因为恶鬼的作祟,是那些傻好人醉生梦死的瞎捣乱。恶鬼可以用刀用枪去驱逐,而傻好人是不露形迹的在树根底下钻窟窿的。"①

有了对赵姑母这一人物的道德塑造,读者便能从老舍这出手不凡的长篇处女作中得见进一步的伦理文化意义。挖掘和审视包括封建传统道德在内的"国民性",这一与五四新文化运动紧密相扣的内在题旨借以获得了彰显。作品指出:"把她(指赵姑母,——引者注)放在普通中国妇人里,叫你无从分别那是她,那是别人。你可以用普通中国妇人的一切形容她,或者也可以用她代表她们。"②这是关注于伦理观察的年轻作家入木三分的判断,有点儿令人不寒而栗:赵姑母这一滴"海水"标示着的,正

① 老舍:《老张的哲学》,《老舍文集》第1卷,第131,人民文学出版社1980年版。

② 老舍:《老张的哲学》,《老舍文集》第1卷,第58页,人民文学出版社1980年版。

是中国人传统道德观这片汪洋的“含盐浓度”。中国存在着一个庞大的超静态的市民阶层，他们待人处事通常是最讲“道德”的，而这种“道德”却在很大程度上代表了落后的国民性。老舍欲秉承五四运动所倡导的精神启蒙传统,来介入民族的道德重建，于此初见端倪。

《二马》的主旨，是比较中西国民不同的民族性格，中间也存有一些对“自己人”道德类型的摹写。书中的“老马”，“是一点也不含糊的‘老民族’里的一个‘老’分子。”他生长在北京这个古国“首善之区”，从心灵到做派都堪称传统的体现者。命运教他在年近半百时到英国这个工商资本主义发达的国家来经商，对他来说“真像个摸不清的梦”。他看到哥哥留给他的店里一把中国产的小磁壶的定价，大惑不解：“合多少中国钱？六十来块！冤人的事，六十来块买个茶壶！在东安市场花一块二毛钱买把，准比这个大!”处理日常琐事，他也仁义当先而毫无经济头脑，“每礼拜给房钱的时候，一手把账条往兜里一塞，一手交钱，永远没问过一个字。”老马还好虚礼，“自要人家一说中国人好，他非请人家吃饭不可；人家再一夸他的饭好，得，非请第二回不可。”他还固守中国式的长幼尊卑观念，把二十多岁的儿子当小孩看，动辄便以“我是你爸爸，你要晓得”相威胁。老马身上，虽集中了中国“老民族”的“老分子”多种弊病，倒还是一位让人牵挂与怜悯的同胞。他的善良、大方、和气，富有正义感，都使人体会到那中国式的古朴伦理精神特有的魅力。老马就其伦理道德上看，跟《老张的哲学》中的老张、《赵子曰》中的欧阳天风之流的恶人，终归有着天壤之别。而在这里，老舍又往人物姓氏上打了点儿埋伏，教他的主人公姓“马”。我们知道，老舍本人的血管里，就流淌着“马”氏的血，他的母亲和曾祖母都姓“马”。读者有理由揣测，作者创意时有着某种不欲明言的初衷，想暗自反省一下满族自身精神传统的利与弊（比较熟悉满族社会历史精神文化的人，都能从这位老马身上找到旧时旗人的影像）。不过，作者迫于某种考虑，只能在小说里做了一点儿处理，说老马“他是广州人，自幼生在北京。他永远告诉人他是北京人……”——这里所说的某种考虑，就是须有意回避当时世间还相当敏感的满族话题。老舍知道，让老马“永远告诉人他是北京人”就足够了，因为北京文化和旗族文化，二者早已纠缠不清了。

老舍青年时代写于伦敦的三部长篇，正是他初入文坛时期的心理轨迹。我们可以从中发现，他二十几岁“信马由缰”写东西的时候，心里最厌恶的和最关切的是什么。国民伦理价值观念，从此时起，直到其晚年搁笔止，一向是他关注、守望、检视、构建的重要精神内容。

不过，日后的他，已然再不会像年轻时节那么负气，把些个顶丑陋的品行都搁到南方人身上。比如1933年写《离婚》，作品中又出现一个年轻的恶棍——小赵。跟蓝小山、欧阳天风二人类似的，是小赵的无聊无耻和流氓成性，而不尽一致的，则是在小赵身上，显露着的是浓重的京派恶少印记。老舍已不是像写蓝小山和欧阳天风那样，故意用“蓝”和“欧阳”这样比较典型的南方姓氏来暗示道德泯灭的丑类非北平原产，掩饰自己对故土文化的一味偏袒；他开始正视北平传统伦理土壤上，以及在这种土壤与官僚政治相结合的环境下，同样可以滋生的精神毒瘤[①]。

自此，老舍作品中络绎不绝地走出来诸多的良知残缺者形象。这些形象犹如一面面镜子，照见了躲藏在各处黑暗角落里的可憎嘴脸。从《柳家大院》里“混着洋事”的老王到《且说屋里》的官僚买办包善卿，从《新时代的旧悲剧》里的陈老先生到

① 小赵的赵姓，在中国北方很多见，尤其是满洲人改用汉字姓之后，原来占本民族人口比例较高的“伊尔根觉罗”一姓，也改为姓赵。老舍的三姐夫就姓赵。满洲旧姓“伊尔根觉罗”，若直译为汉语，是“民众之姓”的意思，亦含有满人“最常见之姓氏”的寓意。

《阳光》中的丈夫，从《柳屯儿的》女恶霸到《善人》里的女“慈善家”，从《牺牲》中的洋博士到《大悲寺外》的坏小子，从《蜕》中的洗桂秋到《火葬》里的王举人，从《残雾》中的洗局长到《四世同堂》里面的大赤包、冠晓荷、蓝东阳、祁瑞丰……作者毫不容情，将这些人物的阴暗与可耻刻画得入木三分。如果我们大致地把这些家伙的丑行归归类，就可以发现他们的肮脏灵魂不外乎两大类，一是贪婪者的损人利己，二是伪善者的欺世盗名。本章前面有过介绍：传统的满人眼里顶容不得的就是“一肚子坏水儿”和“假模假式”的人，看来老舍倾其笔力所做的道德批判，其实还是出于坚持民族传统的思维定式。只是，在社会有所发展的现实下面，老舍注意到，那些在人前高挂“道德”幌子却在背地里干尽假、恶、丑勾当的情形，是越来越多起来。他在《歪毛儿》中，借白仁禄之口道出的一席话，再清楚不过地表达了对伪善世道的基本估量：“有时候一个人正和你讲道德仁义，你能看见他的眼中有张活的春画正在动。那嘴，露着牙喷粪的时节单要笑一笑！越是上等人越可恶。没受过教育的好些，也可恶，可是可恶得明显一些：上等人会遮掩。假如我没有这么一对眼，生命岂不是个大骗局！”作家知道，要挽救民族的道德危机，首先必须在善良的人们面前，将所有这类五光十色的遮羞布撕碎，让伪“道德”无以藏身。

老舍曾经不懈地发掘和鞭笞着弥散于国民身上的道德痈疽。比较前人的作品，他不但更准确地描摹了民国年间在“民主”、“自由”的幌子底下，一些世间“漂亮人物”背地里所存有的超出常人想象的虚假、伪善，也明明白白地揭示了种种天良泯灭者一旦“适逢”国家危难时刻，其不齿行径有可能达到的令人发指的程度。这应当说是老舍的一个贡献。

## 三

世风日下，浊浪排空，是老舍年届半百之前面对的基本社会情状，也是他时时须要求自己保持警惕的原因[①]。身为一介瘦小体弱的书生，老舍的骨头毕竟是硬的。在龌龊的世俗下面，他与身边的满族朋友们以"独立不倚"、"自食其力"相勉励[②]，做到了"威武不能屈，富贵不能淫"，一以贯之地守护着高贵的人格和洁净的操守。

1920年，年仅21岁的老舍因担任小学校长工作优异，被擢升为郊外北区劝学员。这是个"优缺"。论待遇，每月薪水达到一百几十元，远远超出做小学校长时的40元月薪，比起小学教师的25元月薪、学校工友的6元月薪，劝学员的收入叫人极为羡慕。然而一心想要凭良心跟道义做事情的他，遭到了官场人们的冷遇和排斥。老舍痛苦不堪，毅然辞了职，重新做起收入微薄的普通教员。混迹于尸位素餐、市侩气十足的学务局、劝学所，精神过于痛苦，这个职位固然能获得高薪，可是，从来就把人群分成善、恶两大类的满人老舍，却本能地认为，饱食终日、敷衍塞责，便是罪恶，他没法容忍。老舍对于重新回到贫苦阶层感到舒心，比起在尊优之下颓废堕落和遭人耻笑，自食其力不但光彩得多，也大有利于个人修身。这个道理，在刚进入社会大环境不久的老舍心里，是天经地义的。尽管在当时的社会普遍思维里，这是不容易得到认同的。

老舍人生中道德光华为外界充分感受的另一种情况，是在艰

① 老舍说过："直到我年过二十，我还是没有看透了自己，到底我能作些什么。我可能作个'混蛋'，东抓一把，西抓一把，混个肚儿圆。我既那么穷，又没有专门的知识与技能，再加上腐烂的社会的诱惑是那么多，是，我确是可以永远随波逐流的鬼混下去。"（《老舍全集》第14卷，第473页，人民文学出版社1999年版）

② 1959年，老舍在《悼念罗常培先生》的文章里，谈到他们这些正派的满族文化人当年彼此的精神支撑："我们俩为什么老说得来，不管相隔多远，老彼此惦念呢？我想首先是我俩在作人上有相同之点，我们都耻于巴结人，又不怕自己吃点亏。这样，在那污浊的旧社会里，就能够独立不倚，不至被恶势力拉去作走狗。我们愿意自食其力，哪怕清苦一些。……志同道合，所以我们老说得来。"（《老舍文集》第14卷，第360页，人民文学出版社1989年版）

抗战爆发之前的老舍

难时世之下。这里让人们首先想到的是抗战时期，那是长长的八年时间，而不是稍纵即逝的一时一事。他那热诚、真挚、人缘特别好而且肯于为社会奉献自我的精神范型，抗战初期获得了文艺界左中右各派信任上的众望所归，大家把他推举为中华全国文艺界抗敌协会的最高负责人“总务组长”，觉得他的道德文章都很经得起检验，请他出马担任这项工作，才会有利于抗敌文艺界的大团结。老舍感戴于大家的信任，写有一份《入会誓词》，以赤子般的心肠述说：“我是文艺界的一名小卒，十几年来日日操劳在书桌上与小凳之间，笔是枪，把热血撒在纸上。可以自傲的地方，只是我的勤苦；小卒心中没有大将的韬略，可是小卒该作的一切，我确是作到了。以前如是，现在如是，希望将来也如是。在我入墓的那一天，我愿有人赠我一块短碑，刻上：文艺界尽责的小卒，睡在这里。”他下定决心，要用“小卒”般的忘我精神一往无前，即便是为了抗敌文艺工作以身殉之，也绝不懊悔。由于他的勤恳精神和出色实绩，从抗战爆发的第二年起，他在中华文艺界抗敌协会总负责人的位置上连选连任，直到抗战胜利。一向以作家、教授形象为社会瞩目的老舍，其高度的正义感、使命感和献身精神，如同火山迸发般地表现出来。老舍在抗战时期，吃了多少苦，受了多少累，担了多少不是，创建了多少功绩，和他一同坚持抗敌文艺活动的文艺家们心里都有数。1944 年 4 月，文化界发起包括“老舍先生创作生活廿年”纪念会在内的各种纪念活动。大诗家郭沫若在一首诗歌中，情真意切地唱道：“我爱舒夫子，文章一代宗。交游肝胆露，富贵马牛风。脱俗非关隐，逃名岂为穷！国家恒至上，德业善持中……”①对他的道义风范评价极高。茅盾撰文《光辉工作二十年的老舍先生》，指出：“如果没有老舍先生的任劳任怨，这一件大事——抗战的文艺界的大团结，恐怕是不能那样顺利迅速地完成，而且恐怕也不能艰难困苦地支撑到今天了。这不是我个人的私言，也是文艺界同人的公论。”②大家的评价发自肺腑，证实了以老舍为运作中心的中华抗战文坛，人们肝胆相照，而老舍极具吸引力的人格，是促成这种精诚团结的强有力的黏合剂。老舍向中华全民抗战输送了巨大心血，却没有丝毫私心，从未期待在胜利的那一天会换回什么个人权益。以他的愿望，“文协”既是抗敌协会，理当以抗战始以抗战终。1945年抗战一经宣告胜利，他便想宣告“文协”解散，也好重回书桌旁继续文学创作。他感到，身为国民在国家危亡关头该尽的一份社会义务，自己已然尽到了。

若将老舍的人生和创作两相比照，会有所感触：他在作品中歌赞的精神品质，往往也正是他个人在现实生活中间坚持的。这些精神品质，通常能传送出来满族传统观念的特殊讯息。

从《老张的哲学》里面的洋车夫赵四，《赵子曰》中的大学生李景纯，《猫城记》中的志士大鹰，《黑白李》中的哥哥黑李，《大悲寺外》中的黄学监，《老字号》中的钱掌柜和徒弟辛德治，《一筒炮台烟》中的大学讲师阚进—，到《四世同堂》里面的教员祁瑞宣、诗人钱默吟、平民李四爷，再到《茶馆》里面的旗人常四爷……老舍笔下写出来的善良人物总该数以百计，他们在各自精神层面上体现着的民族传统伦理价值，都是叫人不能忘怀的。

这些不同人物的言行作为，反映了在老舍心目中“善良”与“道德”的涵义。在日常生活中，赵四的古道热肠，李景纯的固

① 诗题为《民国三十三年春奉贺舍予兄创作廿周年》，原载昆明《扫荡报》1944年4月16日。

② 原载重庆《新华日报》1944年4月17日“新华副刊”。

抱一诚，黄学监的仁恕为怀，钱掌柜和辛德治的诚信无欺，阚进一的重视节操，祁瑞宣的洁身自爱，常四爷的淳朴刚毅，等等，都是老舍所推崇的人格面目。而赶上了人生的非常时期或者社会的危急关头，老舍则高声呼吁人们，去学做李景纯、大鹰、丁二、黑李、钱默吟、祁瑞全们，浑身侠肝义胆，愤然舍己济世……

前半生的老舍，在政治上选择了无党无派。这一选择，既是辛亥之后民国年间满族下层社会之处境使然，也由老舍满族文化人"独立不倚"的社会站位所促成。而无党无派的道德主义倾向，又束缚了他的思想，使他在对待社会矛盾与斗争的问题上，也走了一条"无党无派"的路径，传统样式的单打独斗即义侠作为，便成了老舍笔下开出的一剂又一剂的救世药方。我们知道，在许多丧失社会公正的历史局面下，下层百姓所企盼的"救星"其实只有两种，一是"清官"，二是"侠客"，在连清官也无法找到的时期，人们也就不能不殷切地呼唤那些除暴安良的侠客们问世。

在满族的旧日精神传统当中，古典的"侠义"习尚曾经备受推崇。侠客及其侠义精神，在汉民族的古代缘起很早。满族人入关之后，便把本民族长期存在的执义尚武的追求，与中原民族已经日渐衰落的"侠义"习尚结合起来，形成了自己新的"游侠"传统。据自幼生长在京城的资深满学家金启孮证实："清初以至清末，京旗满族下层社会中有一种逞强好胜的游侠……关于这种人的记载绝少。一是他们只凌强而不欺弱，一般人对他们没有什么恶感。二是他们多在八旗人居住的内城活动，很少去外城，在他们身上没有什么民族矛盾的辫子可抓。三是他们偶然触犯了有权有势的人，但没有'大逆不道'的证据，也不值得记入《实录》或者《事例》，因此多默默无闻。"[①]不过，满人的尚"侠"之风，在我们今天所能读到的满族作家创作的作品中间，还是相当多的。例如清中期和邦额的短篇文言小说《三官保》（收入小

① 金启孮：《北京城区的满族》，第8页，辽宁民族出版社1998年版。

说集《夜谭随录》)、清晚期文康的长篇白话小说《儿女英雄传》(又名《侠女奇缘》)、清晚期石玉昆的长篇评话小说《三侠五义》[①]、清末民初剑胆的短篇小说《妓中侠》[②]、民国年间王度庐的中篇小说《风尘四杰》以及他的"悲剧侠情"长篇小说系列[③]，都留下了这个民族好侠、尚侠、慕侠、效侠的心理印记[④]。老舍是一位20世纪中国新文学的创作者，我们却会多少有点儿意外地，在他的作品里头能读出许多表现"侠义"思想及举动的内容（尽管这些作品对"侠义"人物的把握并不都是肯定的)，其内在的答案也在于此[⑤]。

---

① 石玉昆，又名文光楼主，字振之，约1810–1871年间在世，满洲人，籍贯天津。咸丰同治年间著名子弟书及评书艺人，早年在礼王府内书房当差，伺候礼亲王昭梿。昭梿雅好诗书，结交文士，石玉昆耳濡目染，颇受影响。中年时，为内书房领班、王府包衣，曾经奉命为王府太福晋讲说《封神榜》、《西游记》、《鼎峙春秋》等评书作品。为更新书目，他采撷故书传闻，编写成《龙图公案》(即《三侠五义》)一书供奉。《三侠五义》在中国说书史、小说史上有过较大影响。有研究者指出："侠义小说发展到了清代，愈来愈带上浓厚的民间文学色彩，高雅的文人趣味逐渐退出主流，取而代之的是流行审美眼光和大众文化精神，侠义与公案合流，《三侠五义》横空出世成为此类型的代表作。"（胡彦、陈青：《理想的承载——浅析〈三侠五义〉所构建的侠义世界》，《浙江树人大学学报》第4卷第3期，2004年5月）

② 徐剑胆，本名徐济，笔名剑胆，清末民初北京旗族报人小说家，发表有《妓中侠》、《王来保》、《阔太监》、《文字狱》、《白狼》、《文艳王》、《刘二爷》、《玉碎珠沉记》、《石宝龟》、《自由潮》、《血金刀》、《如是观》等短篇小说多种。其生卒年待考，现仅知至20世纪30年代仍在世并发表作品。

③ 王度庐（1909–1977)，原名葆祥，字霄羽，出身北京满族贫民家庭。早期创作言情小说，有《琼楼春情》、《落絮飘香》、《冷剑凄芳》、《翠陌归人》、《朝露相恩》、《海上红霞》、《朱门绮梦》等。30年代中期改写悲剧侠情小说。其该系列小说多达16部，包括《鹤惊昆仑》、《宝剑金钗》、《剑气珠光》、《卧虎藏龙》、《铁骑银瓶》、《宝刀飞》、《风雨双龙剑》、《洛阳豪客》、《新血滴子》、《燕市侠伶》、《春秋戟》、《紫凤镖》、《绣带银镖》、《紫电青霜》、《金刚玉宝剑》、《龙虎铁连环》等。

④ 就连《红楼梦》中柳湘莲怒惩薛蟠，也可以看做是这类例证。

⑤ 老舍的作品除了有不少地方涉及具有侠义精神的人物和情节之外，他甚至还有过创作反映武侠题材长篇小说的计划。他证实说："《断魂枪》也是如此。它本是我所要写的'二拳师'中的一小块。'二拳师'是个——假如能写出来——武侠小说。我久想写它，可是谁知道写出来是什么样呢?"（《我怎样写短篇小说》，《老舍文集》，第198页，人民文学出版社1990年版）

## 四

始终关注和思索民族伦理建设的老舍，在自己随后的创作中日益显现出现代启蒙主义的文学宗旨，而随着启蒙主义文学思想的树立与巩固，他在发掘国民性方面的创作实践愈来愈走向纵深。我们在研究老舍民族伦理观探索实践的时候，感到特别有价值的，还在于作家对满族自身道德衍变的痛下针砭①。

《骆驼祥子》男主人公的道德变异是很值得深思的。了解京旗历史文化的人们，都会大致了解，祥子尽管“来自乡间”，却带着旗人青年的性格特征②。

---

① 老舍在坚持启蒙主义文学实践上的贡献是多方面的和巨大的。关于这一主题的专门讨论拟在本书的随后进行。这里只就其中的满族伦理观念问题展开有限的议论。

② 祥子出身于满族,可由以下事项得到支持：一、祥子的名字：由在作品里一出现，“他就是‘祥子’，仿佛根本就没有个姓”，而且，“有姓无姓，他自己也并不在乎”。这种情况在汉人中很少见也很难思议，而从清代中后期直到民国早期，在陆续改用汉字姓的旗人中间，却是司空见惯的。先前满洲人各自的满语姓氏就不轻易示人，常常只有家族内部的人才知道，满姓改作汉字姓之后，许多人家仍保持对外示名不示姓。那时北京市井风俗，对旗人男性常以其两个字名字的前一个字作为代称，对方年轻或者身份较低，则称之为“×（即两字名的前一个字）子”，而对方年长或者身份较高则称之为“×爷”。二、祥子的语言。他不好说话，但每一开口却总是一口“京片子”，而不是京外或者京郊农民的言谈和腔调，这证实他在语言文化的归属上跟故都内的老住户本具有一致性。三、是祥子喜洁好义讲礼貌的性格。堕落前他特别的好干净，不管是在车厂子还是到宅门儿里，总是眼勤手勤地主动打扫各处，“而忘了车夫并不兼管打杂”，这种“洁癖”式的穷人在任何地方的农民中都不易见到，而在旗族中却多得很。祥子起先待人处世古道侠肠，肯于掏钱给冻馁将死的老车夫祖孙买包子，摔坏了曹先生的车立即想到该赔人家，都体现比常见的小农或者小市民更近于古典的精神特点。还有，初来城里，他“最忌讳随便骂街”，这也不是农民的特点，只有传统的旗人才顶不习惯张口就骂人。四、是祥子的茕茕孑立的处境。他一直“就没有知己的朋友，所以才有苦无处去诉”。在民国初年的故都生活中，恐怕也只有旗人才这般遭冷遇。然而，一个突出的障碍在于，祥子 18 岁以前不是城里人，他“生长在乡间”，这似乎又难以解释他何以可能是旗人。其实，有清一代的京旗满族并不都驻扎在京师城里，在城外乡间驻扎的，还有“外三营”——火器营、健锐营、圆明园。其中的健锐营，就驻扎在京西香山脚下。外三营的旗兵及其家小因世居郊外，与城内市井习气阻断，直至清末民初仍较少受荒嬉怠惰之风的侵蚀，保持了纯朴、倔强

小说开篇时的祥子与结束时的祥子，灵魂判若两人。最后那个在精神上一败涂地的祥子，是被他所处的社会环境推搡着、挤压着，走到了道德与心灵总崩溃的地步。初到北平城里拉车的祥子，“确乎有点像一棵树，坚壮，沉默，而又有生气”，他不吃烟，不喝酒，不赌钱，不容自己沾染上一丁点儿“不要强”的恶习，而“觉得用力拉车去挣口饭吃，是天下最有骨气的事”。那时他的身与心，都是健康的。第一次丢掉苦熬挣来的新车，“祥子落了泪！他不但恨那些兵，而且恨世上的一切了。”他从乱兵营盘里逃脱，顺手牵回 3 匹骆驼，是他纯净心灵的第一次玷污。他的车是用血汗换的，骆驼却不是，祥子头一回由个人的劳动所得之外，“和偷也差不远”地捞到些补偿。于是再回到城里他就变得“只看见钱……不管是和谁抢生意；他只管拉上买卖，不管别的，像一只饿疯的野兽。”产生敌视和报复整个社会的心理是他心灵下滑的头一步。继而到杨宅拉包月，

---

和勇武的性格。清廷垮台后，外三营的许多旗人就地改事农耕，他们缺少稼穑技能，加上军阀混战引起摧残，不少人只好丢掉土地投奔城里。祥子“失去了父母（他们会不会是死于战乱？——引者）与几亩薄田，十八岁的时候便跑到城里来”，与这一历史现象正相吻合。这种分析如果成立，那么获得相互证实的还有两点：其一，祥子自小在京西旗人居住地长大，才对该方向上的地名及走行路线特别熟悉，为从被掳去的地方跑回城，“一闭眼，他就有了个地图”。其二，他虽生长在乡间，对在那里居留并从事农业却不感兴趣；他把古城北平当成“他的唯一的朋友”；进城后被抓到远郊，仍“渴想”着这座“没有父母兄弟，没有本家亲戚”的故都，认定“全个城都是他的家”。每逢在城里困厄到了极点，也总是提醒自己：“再分能在北平，还是在北平！”以至“他不能走，他愿死在这儿”。可见祥子从心理和文化上讲是绝对属于这座古城的。他如不是旗人，是难有这份归属感的。关于祥子极可能是满人的文献支持是很多的，文史专家邓云乡证实：“北洋军阀混战时，由农村流浪到北京城的人很多，拉洋车谋生只是其中一部分，更多的则是沦为城市贫民，这里面清代的旧旗人占大多数。因为清代八旗子弟，即不能种田、经商，不能随便离京四十里定居，只能做官、当兵。如果家境贫寒，无官可做，无兵可当的，为了谋生，便入了一个行业，就是当车把式赶轿车，这在清末的小说中都描写过。辛亥后，又没了钱粮，骡拉轿车也少了，这些人便只好去拉洋车。”（邓云乡：《燕京乡土记》，第 340 页，上海文化出版社 1985 年版）

祥子见识了杨先生及二位太太与仆人张妈间“雄壮”的对骂，使他这个“最忌讳随便骂街”的人，懂得了什么才是城市里人跟人的“礼尚往来”。随后，既老且丑的虎妞趁祥子从杨宅辞事心里不痛快，诱他成奸，“把他由乡下带来的那点儿清凉劲儿毁尽了”，使他“心里也仿佛多了一个黑点儿，永远不能再洗去”。祥子一方面悔恨自己“成了个偷娘们的人”，“仿佛是碰在蛛网上的一个小虫，想挣扎已来不及了”，另一方面又萌生着仍然“很愿试试的大胆与迷惑”。他原来持有的淳朴的伦理道德观，于此日见蚀落。到曹先生家拉包月，受到善待，教他正在下滑的心灵得到了一度的扶救。不想曹先生家遭到侦探滋扰，祥子也被讹去了再次攒下的买车钱。这回，祥子动了将曹家东西捎走几件来偿还的念头。这么想，跟前次丢了新车却牵回骆驼，是一种逻辑的顺势推进，他已不再拥有从前实打实的憨厚。祥子到底无力摆脱虎妞铺就的“绝户网”，虎妞以怀上他的孩子为借口逼他成婚。他被领进了令他生厌生畏的家庭，任由虎妞吸他的“精血”。祥子丢失了自由人的地位，丢失了健壮的体魄，也丢失了独立的人格，他的道德精神受到了毁灭性的轰击，再也见不得人了。后来，他拉车被暴雨激病元气大伤，虎妞也死了。他只好到夏宅拉包月，又被暗娼出身的夏太太引诱，还把性病传给他。原先极要强极顾脸面的祥子，这会儿却把平日最觉得可耻的事情，“打着哈哈似的泄露给大家”。生活的丑恶教他看轻了羞耻。他从此吸烟、喝酒、偷懒、打架、撒无赖。当他得知一直暗恋着的小福子寻了短见，就更加放任作践自己，甚而堕落到为了利己而出卖人命骗来金钱。小说最后，作家慨然写下：

体面的，要强的，好梦想的，利己的，个人的，健壮的，伟大的，祥子，不知陪着人家送了多少回殡，不知道何时何地会埋起他自己来，埋起这堕落的，自私的，不幸的，社会病胎里的产儿，个人主义的末路鬼！[1]

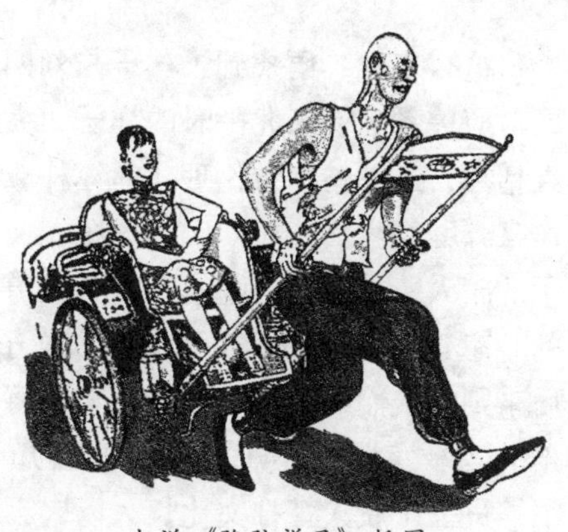

小说《骆驼祥子》插图

祥子的悲剧是双重的：第一重悲剧是与贫穷作战，他败得很惨；而第二重悲剧则是与自己灵魂深处逐渐滋生蔓延的卑微丑陋品质作战，他败得更惨。两重悲剧，不只是叫他那个人奋斗的梦想化作了泡影，还把他的人性瓦解殆尽。祥子初来城里的时候已有18岁，如果他真的是在小农意识占绝对地位的农民中间长大，应该对都市社会种种不良的精神现象有一定的心理承受力。但是祥子缺乏这种承受力，他单纯得叫人感叹、叫人揪心。假使祥子刚到北平来的时候，就能比较地世故一些，油滑一些，也许后来的许多故事都不易发生。

再来对作品中的“刘四—虎妞”和“二强子—小福子”两家做些族属方面的分析。刘四，据小说中介绍，“年轻的时候他当过库兵”，那时该是清末，管钱粮仓库的库兵只能是旗人；虎妞是他的女儿，也出不了旗人圈儿，她那豪横、爽利的性情也是旗人女性常有的样子[2]；二强子，从名字上看又是个没有姓氏而且在名后缀个“子”字的旗人，其行为也有旗人特征：“在他醉了的时候，他一点情理不讲。在他清醒的时候，他顶爱体面。因为爱体面，他往往摆起臭架子，事事都有个谱儿”；而其女小福子被军人骗婚而后抛弃，在民国前期也是生活无着的旗族年轻女子典型的遭遇[3]。

---

① 老舍:《骆驼祥子》,《老舍文集》第3卷,第228页,人民文学出版社1982年版。

② 吴小美、魏韶华合著的《老舍的小说世界与东西方文化》一书中，曾提出过这个看法，参见该书第190页，兰州大学出版社1992年版。

③ 参见金启孮：《北京郊区的满族》,第78–79页,内蒙古大学出版社1989年版。

这么来看，便找到了祥子与刘四、虎妞、二强子们在精神上的对应关系。初来北平时的祥子，大致是代表着原初的本色的旗人精神，这种精神重伦理、尚淳朴，葆有创造型的心态，愿以劳作来开辟新生活；而刘四、虎妞、二强子们则代表着彻底市俗化了的旗人精神，它的基本特点是轻道德、贱创造，以没落消费型的心态建立扭曲的人生价值观。祥子最初是跟他们格格不入的，后来则为他们的价值观念所俘获，将心灵的洁净变为肮脏，将品格的淳厚变为“精明”。祥子短暂几年间完成的心灵蜕化，恰好浓缩进去了旗人精神文化长久以来不断由本元类型向市俗类型演进的大趋势。尽管祥子已有过18年相当纯正的心灵模塑，一旦面对强大的异己精神力量，遇到海啸般的市俗文化裹挟，也只能一筹莫展地败下阵来。由此，可见出老舍对弥漫于都市底层的蛮悍的市俗精神力量的估计与忧虑。

《骆驼祥子》提供的思考，发端于作家对满族自身道德情状的观察，却不只停留于满族的道德文化变异，它具备了普遍的社会文化意义。任何现存的民族都经历过精神上的纯真时期，也都难免要面对继起的心灵走失阶段。忧思于此便是一种成熟。老舍的非凡之处在于能够洞察自己民族丝丝缕缕的文化蜕变，将它清晰地投影于古国多民族的精神文化之屏，教来自任何方位的民族都能从中观摩到自我的昨天、今天和明天。作家从历史的特殊性出发，通过文学书写，触及了大千民族历史的一般规律，从而扩充了作品的现实主义精神含量。

老舍对于满洲民族独特类型的道德观念，沉思颇夥。另外一个突出的例子，是他在1941年创作的话剧剧本《面子问题》。剧作描写的是战时陪都政府里一个小官吏佟景铭秘书，他为了在官场上及生活里维护个人的“面子”，所闹出来的令人啼笑皆非的故事。

这是一部寻绎满人精神缺陷的轻喜剧。之所以产生这样的认识，首先仍然是从话剧主人公佟景铭的姓氏获得的启发。中国的佟姓，多分布在北方，近代以来的汉族人冠此姓者极少，而满族人姓佟的却很多，它是由满族旧姓中间的“佟佳”氏演变而来的[①]。自清初以来，在京城满人那里，所谓“满族八大姓”的另外一种说法，就是把“佟、关、马、索、齐、富、南、郎”，看作满族内部冠用率最集中的八个姓氏[②]。老舍是对满族市俗文化有丰沛修养者，他晓得“佟”姓因处于“满族八大姓”之首而具有的民族指代意义。老舍为他作品中的人物所冠姓氏时常暗含用意，《面子问题》中的佟景铭，恰是这类现象的又一实证。

佟景铭，不但有个满人的典型姓氏，话剧里面，对他须臾不愿割舍了自身做人原则——一切为了维护个人“面子”——所做的令人惊讶的描绘，也尤其能够切中一些满族人的性格要害。

旧时的满人大多讲体面，重尊严，尚荣誉，护名声，在他们一生所依附的伦理形态中，看得很要紧的，往往是荣辱观。这种特别受到重视的荣辱观，在不同满人中的体现是有差别的，有些人注重的是大气节，而另一些人则把它无谓地贯穿到所有琐事缛节里头。《面子问题》里的佟秘书，即属于后者，他的可笑与可悲在于无视历史已发展到中华全民奋起抗战的非常时期，不是把国家民族的尊严放在前头，仍旧斤斤计较于个人的脸面是否有光彩：工友用一只手递给他信，他会感到丢了尊严而动肝火；比他身份低的医生，为他看病来晚了一会儿，他觉得受了侮辱而发火；他最难以容忍的，是“作了二十多年官”，总在秘书职位上，

---

① 可参见田海英著《认祖归宗——中国百家姓寻根》（花城出版社 1993 年版），该书中在对“佟”姓姓源的解说中指出：佟姓是“历史上的女真族，即后来的满族姓氏，也有‘在旗’的汉人用此姓。据《满洲氏族通谱》所载：原姓佟佳氏，世居东北木虫江；元明之际，称为佟佳江或佟家江，在辽宁省境内，是鸭绿江支流之一。传说其先祖始于十六国时的北燕。据《北燕录》所载，有辽东佟万，以文章知名。史传‘佟’字始于宋金时期，金国为女真所建，至满洲又称后金。”

② 参见金启孮《满族的哈喇（hala）和冠姓》，载《爱新觉罗氏三代满学论集》，第 190 页，远方出版社 1996 年版。此说与本书前面所介绍的“满族八大姓”有些差异。

会被人瞧不起，对人们每项言谈都疑神疑鬼乱猜测。人活在世上丧失自尊心和廉耻感，当然是糟糕的事，可是像佟秘书似的置民族的尊严于脑后，只顾修饰个人毛羽以求炫目世间，也是不足取的。中国的传统历来有提倡讲“面子”的成分，那种提倡牵涉到伦理，有时却也在讲面子背后伴随某些功利目的，人们夸耀“面子”有时是为了用它来换取利益，在利益与“面子”抵触的时刻，让“面子”服从利益则被看做是天经地义的。《面子问题》中的于建峰科长，“深知面子的重要，但决不为面子所牺牲”；方心正夫妇“努力保持面子”，也是为在美妙光晕下骗得不属于自己的东西。然而，佟景铭式的（也可以说某些满人式的）“面子”观，与于建峰和方心正夫妇的“面子”观大相径庭，他不拿身份地位作筹码换取实利，口口声声“我是世家出身，决不能作买卖”。他那份不掺杂经济目的的自尊心，到故事结尾表现到了极致：获悉自己被免职，此公不是担忧本人及一家老小的生活会怎样，而是觉得“没有了名声，什么也没有了”，就只能自杀了；他甚至“理智”地跟医生讨论怎样自杀“才会更体面一些？”作者以这样的生命特例教人们看到，同胞中一些人的好“面子”、尚虚荣，已经到了何等失控状态。人的自尊意识一旦“熟化”（异化）到了此种无聊、无奈和无意义的状态，便真的成了人生和时代的赘疣！

剧作《面子问题》虽问世于抗战时期，却不是一出抗战宣传剧。它很像是老舍经过长久构思的小说腹稿，抗战时期受到新的条件催发，而终以话剧形式问世。所谓新条件，不仅是确有佟景铭们弃国家尊严、顾一己“面子”的现象，就连老舍个人，也对“面子问题”有了新的体验。此时的老舍弃置了战前大学教授、名作家的身份，在民族战争的大时代，甘当一名普通的文艺宣传员，写了许多最通俗不过的曲艺小段子，甚至在大庭广众面前，演出“不登大雅”的双簧、相声，不免引起人们的好奇和议论，他个人自幼建立起来的自尊心也可能受到挑战。但是，他从国家、民族大义出发，斗败了无谓的“面子”观，理解了什么才是人的更具价值的尊严和体面。他懂得，缘起于道德修身的自尊自爱，假如在离开了社会大义的方向滑行，便有可能丢失道德伦理的精神核心。他写《面子问题》就是对人生无价值的虚荣，一次果断地反拨和离叛。自然，作者讽刺佟景铭时的心情与嘲弄《残雾》里面的洗局长的心情，不可同日而语，所以老舍愿意把《面子问题》写成一出“喜剧”，而不是一出“闹剧”[①]。老舍对同胞们久已养成的精神疾患，即使是体现在国难期间的“死要面子活受罪”吧，也还是采取着半是数落、半是调侃的比较宽容的态度，当中仍然存有一份规箴的温热。

在苦苦寻求中华民族道德重建方式的过程当中，老舍通过他的许许多多作品，为我们留下了各式各样的道德启示录。他推崇什么，肯定什么，批判什么，抨击什么，都在其著作里被勾画得相当充分。

在这里，短篇小说《黑白李》，也许是一篇特别需要加以品味的作品。作品里有两位在伦理文化性格上处在两极对应地位上的人物形象，他们是一母所生、长相酷似的哥哥黑李和弟弟白李。与前面所谈到的一些人物塑造上略有不同的是，在作家笔下，这二者都不是纯负面角色，他们代表着同处于老舍所在时代两种不同的道德风尚，“黑李要是‘古人’，白李是现代的”。黑李为人颇具君子风，凡事总想着弟弟让着弟弟，生怕弟弟跟他闹分家，会使自己对不起死去的先人，遇上弟弟和他爱着同一个姑娘，也能理智地主动退让，反而引起了弟弟和姑娘都不满；白李则是个敢说敢做的青年，对谁也没有客气话，为了投身自己选定的人生志向，要和哥哥“一刀两断，各自奔前程”。后来，为了给人力车夫们讨生计，白李去组织打砸刚问世的电车，被当局的

① 老舍：《闲话我的七个话剧》，《老舍文集》第15卷，第213页，人民文学出版社1990年版。

侦探跟踪。黑李知晓后，改扮成白李，替弟弟慨然赴死，白李得以逃脱追捕，继续从事着“砸地狱门”的事业。作家对传统文化德行和新型文化精神的精到捕捉及对衬描摹是真切可感的。小说里，王五是长期给李家拉车的车夫，他对黑李（二爷）、白李（四爷）都有贴近的感受，提起黑李，他说：“二爷是个好人，不错；可究竟是个主人。多好的主人也是主人，不能肩膀齐为兄弟。他待我真不错，比如说吧，这老热天儿，我拉二爷出去，他总设法在半道上耽搁会儿，什么买包洋火呀，什么看看书摊呀，为什么？为是叫我歇歇，喘喘气，要不，怎说他是好主人呢。”王五觉得白李与黑李大不相同：“他们哥俩的劲儿——心里的劲儿——不一样。二爷吧，一看天热就多叫我歇会儿，四爷就不管这一套，多么热的天也得拉着他飞跑。可是四爷和我聊起来的时候，他就说，凭什么人应当拉着人呢？他是为我们拉车的——天下的拉车的都算在一块儿——抱不平。二爷对‘我’不错，可想不到大家伙儿。所以你看，二爷来的小，四爷来的大。四爷不管我的腿，可是管我的心……”王五的结论是：“二爷待我不错，四爷呢，简直是我的朋友。”他这些话，无疑的是融入了老舍对两种人物性格表征、两种伦理现象的探寻和把握：传统派的美德归结为面对下层民瘼产生真诚的悲悯体恤，却也仅限于此，他们在道德上是完善的，却没有也不可能对改造旧秩序做出什么；而激进派呢，志在捣毁不公正的社会且付诸行动，是应该赞赏的，但是他们在全盘否定旧秩序的同时也连带着趟倒了传统的道德标尺（就像白李在多热的天里也照样叫车夫拉上他飞跑那样），又不可能在短时间内重新确立起新的伦理规范，这就不能不引起人们诧异和忧虑。当时，满族作家老舍的社会位置和思想感情，大抵还属于黑李的群体，但是也可以看出，他已经对传统道义精神中的落伍因素开始失望，而对新型的时代风格则既有诚恳的憧憬也有些许的微词。老舍曾这样评价笔下人物黑李的死：“我到底看明白了，黑李该死，而且那么死最上算。”[①]他的话抑或带有这样的含义：传统美德有必要为新生伦理价值的出现和成长让位、铺路。

老舍知道，时代总是在变化，人类总是在前行，旧的观念总要为新的观念所替代。不过，从本性上来说，他跟满族以及中华民族传统的伦理道德到底是有着那么深的渊源关联，他也许比我们身边的许多人都更懂得传统美德对于一个人、一个社会意味着什么。因而他才在自己那么多的作品中发出那么多那么强烈的道德呼唤。这虽然常常被看做不合时宜，以至受到冷遇或者挖苦，但是，它的价值却迟迟早早会被人们认清，会被人们相当理性地重新捡拾回来[②]。

## 五

再回到老舍自身。

1949 年人民共和国建立后，一向在政治上很是游离的老舍，再难继续恪守“独立不倚”的处世规范；而与大众共进退的情感又督促着他，成了积极描绘社会变迁的文艺界“劳动模范”。老舍的性格谦和、本分，他被安排到了惹眼的社会地位上，也没有忘乎所以，更不曾想过借助一时的成就去折换耀目的政治资本。

由共和国初建到老舍辞世的 17 年，文艺领域“批判”、“斗争”绵亘不绝。他不得不参加文艺界所有的政治斗争。在批判会上，老舍须“痛斥”批判对象，表达“与党和人民一致”的立场。他的形象被时代异化了。他根本就没有阶级斗争思维，连“斗争”气质也不具备，更不要说在批判的对象里还有些是他的

① 老舍：《老舍选集·自序》，《老舍文集》第 16 卷，第 223 页，人民文学出版社 1991 年版。

② 老舍研究专家樊骏在《认识老舍》一文中指出：“他所留恋珍惜的旧派人物的那些道德品质，尽管在很长时期里普遍为大家所忽略轻视，甚至遭到嘲弄唾弃，而失落于历史的尘埃中；却不正是近年来为不少人热切地呼唤寻找的，被肯定为有价值的传统美德吗？”（《文学评论》1996 年第 5 期）

晚年老舍

挚友。但是，他还是“步步紧跟”了较长时间。在参与政治斗争的过程中，老舍将自己的灵魂徘徊暗藏人后。别人怎样“批”，他也如法炮制，有时包括遭到他严厉抨击的对象，也感到“他的批判是言不由衷的，他的内心是痛苦的”[①]。

20 世纪 50 年代的多数时间，国家整体发展还是蒸蒸向上的，它使老舍对现实、对未来存有期待。他反感政策上的“左”倾失误，却不曾将其作为大问题去看。他对党和政府没有留着二心。从人文定位上讲，无党无派的老舍，是个受到过传统文化深重影响的知识分子，一旦认准新中国的天地比从前更加宽阔和洁净，他就投出了信任票，并矫正过去盲目回避政治的做人方式。旧时代，他与丑陋社会难以见容，只能选择“穷则独善其身”的处世模式；然而，共和国却接纳了他，他在对这个新政权抱有好感的前提下，也便自然走向了“达则兼济天下”的人生之路。既然“士为知己者死”是他心目中的一种美德，投桃报李，做个新社会的优秀“客卿”，也是很可想象的。出于这种自我角色认定，老舍采取了不与高层的重大决策相抵触，而只在具体的工作实施中坦呈已见的态度。

1958 年，他的人生密友罗常培去世。老舍发表了《悼念罗常培先生》，第一句话，就是催人泪涌的“与君长别日，悲忆少年时……”老舍剖析了罗常培以及他自己当年的处世风格：“莘田所重视的独立不倚的精神，在旧社会里有一定的好处。它使我们

① 参见《老舍创作讨论会》一文中吴祖光的发言，载《北京文学》1986 年第 10 期。

不至于利欲熏心，去趟浑水。可是它也有毛病，即孤高自赏，轻视政治。莘田的这个缺点也正是我的缺点。我们因不关心政治，便只知道恨恶反动势力，而看不明白革命运动。我们武断地以为二者既都是搞政治，就都不清高。在革命时代，我们犯了错误——只有些爱国心，而不认识革命道路。细想起来，我们的独立不倚不过是独善其身，但求无过而已。我们的四面不靠，来自黑白不完全分明。我们总想远远离开黑暗势力，而躲不开，可又不敢亲近革命，直到革命成功，我们才明白救了我们的是革命，而不是我们自己的独立不倚！”在亡友的灵前，老舍无疑是真诚的。他对独立不倚政治态度的否定，反映了他此刻的心情。不过，老舍对昔日独立不倚、洁身自重人生态度的否认，似乎又是过于偏颇了。气节、操守、尊严、风骨，无论什么时候，都该属于我们民族的优秀文化人；独善其身，不趟浑水，是人的优长，而不是罪愆。

老舍想将自己长久形成的独善其身人生修养一概地批判和丢弃掉，既是不可能的，也是不现实的。共和国并不是社会发展的至美圣境，国家基础还是当初的那个基础，中国人也还是当初的那些中国人，社会制度的变异，不可能一下子就教有价值的人生取向黯然失色。老舍来自于独善其身的做人途径，他从来没有帮派背景可以依赖，即便在共和国建立初期老舍获得“人民艺术家”殊荣后，他也照样需要面对文艺界各种“圈子”的冷漠与排斥。“散兵”的苦恼，只有他自己明了。既是“散兵”，当然依旧需要“独善其身”。

20世纪60年代前期，“大抓阶级斗争”终于演变成为中国社会锁定一切领域的总主题。正在忘情写作《正红旗下》的老舍，被横暴地夺下了手中的那管笔，他才算把事情彻底看明白了。……1966年8月，“文化大革命”席卷而至。在遭受到红卫兵一番凌辱虐待之后，老舍毅然决然地选择了自杀。

老舍的死是复杂原因造成的结果。抛开各种外因不说，我们在观察"文革"乍起为数不多的率先自杀者时，注意到，他们几乎都有一种刚烈的性格。这也恰是老舍的个性。他的性情，外圆而内方，外柔而内刚，尤其是在社会大义受到野蛮挑衅的时刻，他总是毫无二话，挺身而出。这已为他一生中的无数事件所证实。

比刚烈稍深一层的，则是带有强烈伦理色彩的气节。老舍一生，不但用作品、文章，反复阐述了他的气节观，还一再用落地铿锵的行动，为这些阐述做出强有力的注释和佐证。1937 年抗战爆发，他只身离鲁南下，即出于维护气节的根本性考量。他说："战时的消息越来越坏，我怕城市会忽然的被敌人包围住，而我作了俘虏。死亡事小，假若我被他捉去而被逼着作汉奸，怎么办呢？这点恐惧，日夜在我心中盘旋。是的，我在济南，没有财产，没有银钱，敌人进来，我也许受不了多大的损失。但是，一个读书人最珍贵的东西是他的一点气节。我不能等待敌人进来，把我的那点珍宝劫夺了去。我必须赶紧出走。"[①]老舍毅然离开温暖的小家庭出走，保全了他所珍视的气节，并且从此成了名标史册的伟大爱国者。1945 年抗战胜利后，老舍说："我们除了一条命与一支笔，还有什么呢？……我们的命与笔就是我们的资本，这资本的利息只是贫困，苦难，疾病；可是它是投资于正义，而那些不利的利息也就完成了我们的气节。""谁知道这点气节有多大用处呢？但是，为了我们自己，为了民族的正气，我们宁贫死，病死，或被杀，也不能轻易地丢失了它。在过去的八年中，我们把死看成生，把侵略者与威胁利诱都看成仇敌，就是为了那点气节。我们似乎很愚傻。但是世界上最良最善的事差不多都是傻人干出来的啊！"[②]老舍式的气节观，具有浓烈的传统道义气

① 老舍：《八方风雨》，《老舍文集》第 14 卷，第 229–230 页，人民文学出版社 1989 年版。

② 老舍：《痴人》，《老舍文集》第 14 卷，第 277 页，人民文学出版社 1989 年版。

息，他坚信，一个人是活着还是死掉，都在其次，只要三寸气在，用来“投资于正义”的气节，就断不可丢弃，气节没了，生和死就都会变得一文不值。

老舍极看重在人生重要关头体现出的气节，也同样极为看重人在生存全过程中必须拥有的尊严。作为满族的后代，在他自幼形成的思维习性中，总是把人的尊严放在压倒别项的位置上去寻求、去固守。设若我们还能记得幼小的老舍被刘寿绵大叔拉着小手去入学的情形，大概不会忘了，那时他的稚嫩心灵，就已把人的体面看得超乎一般了①。早年间，从母亲身上，从京城旗族下层社会的文化传习中，他接受了太多的尊贱、荣辱教育，自尊、自强、自砥、自爱的精神气质，早已输流在他周身的每根脉管里，成了他的生命中不可或缺的组成部分。旅居欧美时期，西方现代民族伸张个性、为人的尊严提供合法空间的社会习尚，又进一步推进了他自我尊严意识的展开。旧时代，人世间善恶分明，壁垒清晰，老舍为了维护个人与大众相一致的立场和感情，采取了绝不趋炎附势的人生准则与姿态，他独立不倚，信守一诚，洁身自重，为自己赢得了作为一个人的高度尊严。进入晚年之后，社会总的局面出现了极大变化，往日他在情感、立场上所一贯贴近的劳动群众，一跃而被称作“新中国的主人”，他为了找到和他们一样的心里感觉，从一定的意义上说，是相当主动地放弃了个人的尊严要求，心悦诚服地去接近、靠拢和追随给了劳动人民以“翻身地位”的国家政权。他不惜放下名人身份，唯愿跟进于时政的需要，将自我的许多思想见解默默按下不表，而着力攀缘

① 老舍到了该去读书的年龄，家里依旧一贫如洗，是慈善家刘大叔行义举送他进了学堂。当刘大叔牵着他的小手去学堂的时候，他觉得，自己正“像一条不体面的小狗似的，随着这位阔人去上学”。（《宗月大师》，《老舍文集》第14卷，第160页，人民文学出版社1989年版）可见，老舍关于人活着首先还是得顾全“体面”的想法，是在读书之前就从母亲那儿得到了充分灌输的。小小年纪，就有了这样的心理，不能不让人多少有些吃惊，也不能不让人由此而想象他的人生。

"活到老，改造到老"的思想境界，岂料，境界并未提升，他已发现，生命的纯洁度和尊严感遭到了预想不到的污染和践踏。不仅在世人面前他倍感难堪，静夜扪心，他也会为自己将人生有价值的东西丢失得太多而暗自叹息！老舍学的是教育，初一进入社会工作时也是办教育的人，他后来即使是渐渐离开了教职工作，还是坚持郑重其事地向国民灌输着启蒙主义的人文理想，依然是在做着广义上的社会教育工作。对一位教育工作者来说，一点儿"师道尊严"也不许拥有，是他很难承受的现实。老舍不是个孤傲迷狂之人，可是，有了半百年纪以后，他蓦然发现自己愈来愈需要在许多场合藏起真我，曲意迎合，依着别人的眼色，来不断修正个人的公众形象，这种扭曲人性的等而下人生况味，无疑是太叫他感到斯文扫地、尊严扫地了。更不待说身为作家，他的自由选择写作题材的起码权利也被掠夺殆尽，那不仅是件伤心的事情，也叫他同样觉得是丢掉了人的尊严！二十几岁、血气方刚的青年老舍，曾因混迹于蝇营狗苟的"衙门"里，自感有失节操和尊严，而义无反顾地辞去了待遇优厚的"劝学员"职位；晚年的他，仍未蜕去那初时的脾性，为了维护建立在人类良知基础上面的尊严，他愿意找回当年的"义无反顾"，找回渐已失落的属于人的那份尊贵，也为自己毕生探索民族道德价值的实践，写下了最后的同时也是最为完美的一笔。

老舍的生与死，是一部互为表里的大书。他通过一死，找回了久违的尊严和恬静，步入了人类文化的纵深与永恒。他，应当是快慰的。人的生命，终有一了。老舍，以其高度自觉的方式，截断了本来可以继续维持下去的生命。这一行为，为死者自我，最终铸就了文化战士和人类良知的圣洁形象。

冰心先生在怀想老舍的时候，写下过如下文字：

老舍，您是地道的北京旗人，我只能称呼您"您"。您是我们在重庆期间最亲密的朋友；您是我们的朋友中，最受孩子们欢迎的“舒伯伯”；您是文藻把孩子从您身边拽开，和他一同吃几口闷酒，一同发牢骚的惟一的朋友；您是一九五一年我从日本回国时，和丁玲一同介绍我参加中国作家协会的人。您逝世的消息，是我的大女儿吴冰从兰州大学写信到“牛棚”里告诉我的，她说：“娘，你知道么？舒伯伯逝世了！”我想说，“您安息吧。”但您不会安息。您永远是激荡于天地间的一股正气！

# 第四章

# 故土难离，相知不弃
# ——老舍的京旗及北京情结

从打有了作家老舍，人们就在不停地议论他与北京这座城市的关系。一经涉及“老舍与北京”这个话题，差不多是熟悉得连老少妇孺各界人等都能说上一说①的。

的确，老舍和北京，业已形成了一种二元互构的关系，北京创造了京籍京味儿的作家老舍，老舍又创造了大千完备的“文学北京”，北京以它丰厚的人文土壤培植了老舍的艺术辉煌，老舍又用他的如椽之笔模塑并且阐释出来了北京的城市精魂。老舍跟北京是彼此依存着的，水乳相溶着的②。

不过，也许老舍与北京这个话题至今仍然还没有为研究者们谈透。或者也可以说，随着历史的推进、社会的变迁和文化的伸展，“老舍与北京”的题目是很难彻底做完的。

## 一

北京是中国的首都，也是中华文明的首要渊薮和首善之区。

---

① 一个近期的事例，2006年北京市高考语文作文试题是《北京的符号》，其提示中即说明：“许多城市都有能代表其文化特征并具有传承价值的事物，这些事物可以称作该城市的符号。故宫、四合院是北京的符号；天桥的杂耍、胡同小贩的吆喝是北京的符号；琉璃厂的书画、老舍的作品是北京的符号；王府井商业街、中关村科技园是北京的符号……对此，请以‘北京的符号’为题，写一篇文章，谈谈你的感受或看法。”而据报道，当年一名考生，就是以“北京的符号——老舍与北京”为题书写，而获得满分，力拔头筹。

② 赵园在她的《北京：城与人》中指出：“北京属于幸运者，它为自己找到了老舍。同样幸运的是，老舍也听到了这大城的召唤，那是北京以其文化魅力对于一个敏于感应的心灵的召唤。从此，北京之于他成为审美创造中经常性的刺激，引发冲动的驱力，灵感的不竭之源。”(赵园:《北京:城与人》,第11页，上海人民出版社1991年版)

作为中华古国北半部核心性的都会城市，北京是历史上各民族不同质地文化互相折冲、会融的一处重要焦点。北京城自古扼守于长城东段之要冲，南眺中州腹地且多向通达于华东、华中、华南，西指晋、陕、宁、青、甘而遥抵西域并南挽川、藏，北毗蒙古高原之大漠，东去白山黑水之广垠，其得天独厚的地理位置，使之从久远以来，就肩负着中原农耕文化圈与塞外渔猎、游牧文化圈等数重民族文化彼此交流、汇通的过渡带的责任。

北京这座城市起源于商代后期。早期治所蓟城在秦汉时期已是边地重镇，对朔方多民族的交往发挥着不可替代的作用[①]。北京对于国家全局影响较著的建都过程，应从契丹人主政的辽代会同元年（938年）计起，当时北京称燕京，作为辽朝陪都之一（南京）始为中国北方的文化与教育中心。在女真人临政的金朝灭辽之后，贞元元年（1153年）迁都燕京，随后易名金中都，自此便以北中国政治和文化核心的面目出现于世间。蒙古人的元朝在灭金之后，亦于至元元年（1264年）定都此处，更名大都，使之一举成为当时世界上最强大帝国的政治、文化与商贸中心。明初，成祖朱棣在永乐四年（1406年）由南京迁都北京，将之改称京师，明代虽说是汉族皇帝当权，朝野上下以及京师内外的少数民族成分却比重颇大，多民族文化的交流仍在有效地持续。至于清顺治元年（1644年）满洲八旗军入关后将其政权定鼎于北京，更教这座城市再度成为国内东西南北不同方向上的民族频繁往来会通的核心场域。可见，北京从来就是一座有着包容多民族文化胸襟的城市。

清朝在北京（其正式名称也是“京师”）建都近三个世纪，其间，这里成了满洲民族首要的聚居地。为了进取中原，满族统治者曾将东北地区的八旗人口倾巢驱使进关，原在东北的满族人

① 另有记载，蓟城的边贸市场到了西汉时期，已有汉人、匈奴人和挹娄人互通交易。

入关者几乎占本民族的十之八九。

早在努尔哈赤、皇太极两代创业时，满洲人就存有与明王朝一决高下进而取明代之的意图；不过还没有一旦取得成功后是否定鼎北京的计议。他们的继承人摄政王多尔衮于1644年率清军入关后不久，满洲上层曾就建都何处问题（更准确地说是在日后把自己政权的立足点与着眼点放在怎样的一个局面上面的问题），展开了一场争论。保守的宗室权贵们提出还是凯旋盛京（清入关前在东北地区的首都，即今天的沈阳）为宜，而作为大政治家和大战略家的多尔衮则力排众议，做出了将清政权的中心彻底迁移至北京，进而继承明朝道统，以北京为京师，建立大一统的广阔的中华大帝国的最终决策①。

旧京西直门

为开拓与巩固清帝国，京师被辟为满民族的大本营，在京城实行了旗、民分城居住之策。在三个八旗被严格地部署驻守于京师内城（即正阳门、宣武门、阜成门、西直门、德胜门、安定

① 历史学家定宜庄博士就此评价说：“这一举动，是满族发展史上至为关键的一步，北京从此成为满族政治、经济以及一切文化活动的中心。满族的主体，包括满洲贵族、官僚以及八旗官兵中的半数，成为北京城的主要居民。北京为满族的发展提供了前所未有的广阔舞台，使这个民族得到了充分施展的天地，而带着一个新兴民族的勃勃生机进入北京的满族，也为这个古老的城市注入了活力，满族的语言、文化、生活方式给与北京的深刻影响，至今仍然随处可见。”（见定宜庄《北京满族志稿》，未刊稿）

门、东直门、朝阳门、崇文门及其城墙所连接形成的“内城”，大致相当于后来的东城、西城两区）四方八隅的同时，旗人以外的所有民人[①]，均被搬迁往京师南城（即正阳门、崇文门、广渠门、左安门、永定门、右安门、广安门、宣武门及其城墙所连接形成的“外城”，大致相当于后来的崇文、宣武两区）居住[②]。清代的旗民分住政策，曾被有的人说成是统治者推行的一项“暴政”，“其实当时搬迁时每间房给银四两，按时价不少。搬的期限是一年。凡是住衙门内和看守仓库的都不搬，寺庙也不搬。”[③]另外，按军民分治来管理城市也是北方民族政权的通例，民族史学家证实，辽、金、元三代大致就是这样，所以可以说它并非清朝首创，不过是继承了先前少数民族政权管理城市的传统方式。

清廷在都城实行旗、民分城居住的措施，有个逐渐推行的过程。“顺治元年五月，清军进驻北京之后，圈占京城的东、西、中、北城为营地，以安置从关外大批进京的八旗劲旅，并下令凡有房屋被旗人圈占或与旗人共居者，可以免交三年赋税。此后，随着八旗兵丁的家属大批地、陆续地迁入北京，与城内民人共居，一则安置不下，一则也引起治安、管理等诸多问题，而更为重要的是，清朝统治者需将京城作为‘居重驭轻’以统治全国的

① 在清代，“民人”是与旗人相对应的称呼，指的是除旗人而外的所有人和所有民族。这里所指的京城民人包括汉、回等民族的官、民、商贾各色人等。

② 《八旗通志》载：“自顺治元年，世祖章皇帝定鼎燕京，分为八旗，拱卫皇居：镶黄（旗）居安定门内，正黄（旗）居德胜门内，并在北方；正白（旗）居东直门内，镶白（旗）居朝阳门内，并在东方；正红（旗）居西直门内，镶红（旗）居阜成门内，并在西方；正蓝（旗）居崇文门内，镶蓝（旗）居宣武门内，并在南方。盖八旗方位相胜之义，以之行师，则整齐纪律；以之建国，则巩固屏藩，成振古以来所未有者也。”另外，1959年辽宁省少数民族社会历史调查组发表《北京满族调查报告》，其中写道：“当时确定各旗分驻各地的原则，据张润普、金受申等先生介绍，是由于五行相生相克而制定的。东方属木，金克木，金为白色，故为正白旗、镶白旗驻在东城；西方属金，火克金，火为红色，故正红旗、镶红旗驻在西城；其他各旗也都在这个原则下分配了防地。”

③ 金启孮：《北京城区的满族》，第5页，辽宁民族出版社1998年版。

军事中心，于是在顺治五年（1648 年），多尔衮下谕，说京城内每当发生截杀抢夺的案件，满、汉双方总是互相推诿，这样下去，何时才得安宁，这都是因满、汉官民掺居杂处所致，如果将满、汉官兵分城居住，将是一劳永逸的事。于是，京城的汉官和商民人等，就一概被迁移到了南部的外城。”①

严整的旗、民内外城分而居之的布局，大约贯彻了百多年，至清中叶才略微模糊起来，因为旗人们没法不吃不喝、不去找商人购物，旗人贵族更不能戒除观览世风、看戏娱乐的瘾，他们须跟外民族打交道。“同时由于清廷笼络汉族上层人士，常将内城高级住房赏给汉族高级官员，因之内城也渐有汉人杂居其间。”②渐渐，原来住在外城的民人重新搬进内城的多了一些；内城的王公贵族也有到外城去辟地设府的；再后来，受“八旗生计”的挟迫，部分贫苦旗人典出了城里的居舍，离开起初的本旗指定居住地，向着附近可资容身处所搬迁。虽然有了此类变化，八旗在内城的基本居住区划，却直到亡清之际无大变化。在京师的八旗区划内分设着八旗都统衙门，不但掌管着京城旗人的事务，还把分散在全国的驻防旗人统辖起来。原则上说，遍布全国的八旗驻防旗兵，都是从京师这个“老家”派出去的，在清前期的历次战争中，如果将士们战死于外地，遗骸尚须送回京师“奉安”。后来，这一办法才逐步改变。将八旗核心与精锐成分安置于京师之内，是与清初最高统治者将本民族中心由东北地区移到北京，并且向四方八面实施有效管制与开拓的整体部署相一致的。

清朝从定都北京到政权瓦解将近 270 年，整个过程满洲高层及大量旗人持续定居在北京，久而久之，他们便跟这座城建立起了浓浓的“不解之缘”。世居京师二百几十年的旗人们，对祖国东北白山黑水之间的“发祥地”，记忆日渐朦胧，只在为了满足

① 定宜庄：《北京满族志稿》，未刊稿。

② 石继昌：《旗汉风俗内外城》，见同一作者《春明旧事》一书内第 124 页，北京出版社 1996 年版。

忆旧情感时才提一提祖籍“长白”的说法。一代代的旗族人们，将北京作为家乡来爱戴，“京师即故乡”观念在他们中间根深蒂固。历经了十多代人的繁衍生息，他们已然成了北京城里的命定的“子民”与“土著”。这正像雍正皇帝所说过的那样：“驻防不过出差之所，京师乃其乡土。”①

清季，八旗制度不单把世代的旗人整肃圈定在当兵吃粮饷的唯一生计轨道里，禁止他们从事当兵而外的全部职业，不许他们做工、务农、经商，同时还有一项严格规定，即不论何种情况下所有的旗人未经许可，都不可擅自离开本旗的驻防之区域。有违反此规定而走出原驻地 40 华里者，便将以“逃旗法”定罪惩处，妻小家产全部充公，本人也会被流放到北方苦寒地区去服徭役。在京师八旗驻防的区域里面，一代又一代旗人的后代还得是旗人，他们从婴儿降生，八旗衙门就记去了名姓，统治者用少得可怜的“铁杆庄稼”（即所谓“旱涝保收”的钱粮），买走了他们的终身自由。不管你的日子过得怎样惨，也不许擅离驻地，不许染指经济活动。多一文钱没处挣，多一步路不让走，除非有了战事，你须开赴前线拼上性命去杀敌，平常的岁月里，人要像鸟儿似的被关在笼子里一辈子。当时，即使就是身为“天潢贵胄”的王爷贝勒们，也活得并不十分痛快，他们虽无冻馁之忧，却也没有随意离京出游外埠的权利，任凭有多少财富，却没有起码的人身自由。这类苛刻的硬性规定,不知限制了多少活泼的生命,制造出多少生命的悲剧,然而,反过来讲,它也使得世代聚居于京师当中的旗族人们一门心思地发展着自己与这座古城的亲近关系。在二三百年间，他们跟北京城共繁共荣，既用自身的民俗和心态改造着这座古城，又享受着这座古城能够带给他们的全部的生存气息、快乐与荣耀。

1911 年辛亥革命舆论中有“驱逐鞑虏，恢复中华”的宣传，姑且不说旗族群体本来即是中华一部分，也不说这场革命功成后

① 参见《清世宗实录》卷 121，雍正十年七月乙酉。

是否还有人记得该把这批人"驱逐"出北京城，事实是，在这座城市里早已落地生根的大量都市化旗人们，已经没有一切可能再像元朝落败后的蒙古人那样返回自己的塞外故土了。即使存有这样的迁徙条件，京城里的众多旗人们也是割舍不掉与这座城市的那份情缘了。辛亥年间清廷逊位，在旗族心理上引起的波动，是可想而知的；不过人们未必了解的是，1928 年，民国政府颁发政令，定南京为首都，改北京为"北平特别市"，这居然让以旧日旗族为代表的"老北京儿"们又一次大感失落，因为，至此他们都由"首善之区"的居民进而跌落成了"故都的遗民"。可见他们对这座城市的情感，是怎样的强烈。

"落草"[①]于北京城的满族作家老舍，天然地继承和拥有了这份京旗固有的地缘情感观。迄今我们还没有得到任何资料，能证实老舍祖上哪一辈儿的旗兵有过奉命外出作战及办差的经历，所以按照一般推测，他们的家族极有可能是打清初"从龙入关"之日起，就属于驻守京师的八旗军旅之"正红旗"麾下，而没有再迁出迁进。他的晚年杰作《正红旗下》的书名，按照当初旗族的传统语境来寻绎，也似乎在表露着自己的生命与老年间的"正红旗"相互间具有深刻渊源关系的意味[②]。

清代末年，老舍出生的时候，他家住在京师内城西北部的小羊圈胡同。这个胡同，由西四北大街往北走，过了护国寺街口，再往前的东边第一条胡同即是。这里距离西直门，只有三五里地。西直门历来是归正红旗护卫，正红旗的驻防地也就在其周近。看来，自进关之后，老舍的列祖列宗从来没有离开家族的这片"热土"太远。

---

① 满人的习惯说法，把婴儿降生叫做"落草"，是一种来源于古老习俗的说法；与后来通俗小说中所说造反上山"落草"不是一个含义。

② 过去旗人们彼此相见寒暄，当问及对方的身份，有一句问话就是："请问贵固山（'固山'是'旗'的意思，此话意为'您属于哪一旗'）？"回答的人则往往说"镶黄旗下"或者"正红旗下"，意思是"我是隶属于'镶黄旗'或者'正红旗'之下的。"

可是，查一查清代京城的八旗区划地图，人们又会多少有点儿意外地发现：小羊圈胡同偏偏已经游离于正红旗的居住区域之外，它属于正黄旗的范围。由此可以想见，老舍的父亲永寿，或者是永寿的前辈，也有过前文所说的那种某些旗人因故做短距离搬迁的经历。好在，他家并没有走远，也不可能走远，小羊圈胡同南面的护国寺街以南以及出了这条胡同西口的西四北大街以西，都是正红旗的地盘。也就是说，从他们家向南、向西，都只走出去几十米，便会进入正红旗原先的居住地。关切这一居住地的人们，在释去上述那点小小意外之后，会随后接触到感兴趣的另一点，就是：正黄旗，正是永寿的妻子、老舍的母亲——舒马氏娘家所隶属的那个旗份。

对这个坐标点的具体捕捉和审视，大概暗含着两点意义：

第一点，主要是象征性的：日后的老舍，从父亲那里继承来的，主要是姓氏与血脉，还有他那为了保卫国家、保卫京师英勇尽忠的高尚精神，这很重要。而老舍从母亲那里继承的，却不但有血脉，更包括着一生用之不竭的性情和品质以及绝不轻易改变的做人方式，这想必更为重要；

第二点，则应当说是可以在老舍毕生的多种成就中不难得到印证的，即他的呼吸、他的经历、他的气质、他的感情……都是从这里开始生成、放射与升华的，在这里，深扎着他的人生之根、人文之本。老舍作品的研究者已经注意到：“从分布上看，老舍作品中的北京地名大多集中于北京的西北角。西北角对老城来说是指阜成门——西四——西安门大街——景山——后门——鼓楼——北城根——德胜门——西直门——阜成门这么个范围。约占老北京的六分之一。城外则应包括阜成门以北，德胜门以西的西北郊外。老舍的故事大部分发生在这里。”[①]而由这个发现，

① 舒乙：《谈老舍著作与北京城》，载胡絜青、舒乙著《散记老舍》，第87页，北京十月文艺出版社1986年版。

应当引申出来如下的一种思考：这片作家一生写也写不倦的老城西北角，并非其他所在，刚好相当于是清末（也即老舍儿时）的正红旗驻地和正黄旗驻地，在这片浸润着父精母血的民族“热土”中，萌发出来的文化心理意识，对作家的一生，产生了何等深刻的潜在影响！如前文所言，清初八旗制度曾明文规定，“京旗”将士未经许可，不得私自离开本旗范围太远，违者当以逃旗治罪。或许，就是这种业已出局于历史的旗族旧制度的潜定义，却对清朝解体后若干年才问世的老舍作品，一直产生了某种说不清道不明的精神制约？——当笔者做出如是联想的时候，坦率地说，自己也感到了一阵心理的悸动……

述不完的家乡情，恋不够的故园土。京城旗族普遍具有的恋京情结，在老舍一辈子精神生活中聚合得是那么神完气足。每当读起他的作品，你总要被这浓烈的情感“气场”簇拥着，裹挟着，印象不能不至为深刻。1936 年，离开北平就职于济南市内山东大学的老舍，写了一篇只有他才写得出来的散文名篇《想北平》，文章不长，还不到 2000 字，所表达出来的情感，其真挚、深沉程度，却是异乎寻常的。作者没有泛泛地历数北平历史文化或者风光习俗的诸多可供思怀之处，从一落笔，便顽强地向着只属于他个人的情感深井中开凿：

我真爱北平，这个爱几乎是说而说不出的。我爱我的母亲，怎样爱，我说不出。在我想作一件事讨她老人家喜欢的时候，我独自微微的笑着；在我想到她的健康而不放心的时候，我欲落泪。言语是不够表现我的心情的，只有独自微笑或落泪才足以把内心揭露在外面一些来。我之爱北平也近乎这个。夸奖这个古城的某一点是容易的，可是那就把北平看得太小了。我所爱的北平不是枝枝节节的一些什么，而是整个儿与我的心灵相粘合的一段历史，一大块地方，多少风景名胜，从雨后什刹海的蜻蜓一直到我梦里玉泉山的塔影，都积凑到一块，每一个小的事件里有一个我，我的每一思念里有个北平，这只有说不出而已。

真愿成为诗人，把一切好听好看的字都浸在自己的心血里，像杜鹃似的啼出北平的俊伟。啊！我不是诗人！我将永远道不出我的爱，一种像由音乐与图画所引起的爱。这不但是辜负了北平，也对不住我自己，因为我的最初的知识与印象都来自北平，它是在我的血里，我的性格与脾气里有许多地方是这古城所赐给的。我不能爱上海与天津，因为我心里有个北平。可是我说不出来！①

“说而说不出”，是老舍意欲书写自己与北平之间那份情感时，一再强调的说法。本来很擅长表达的作家，提笔书写到这个题目，竟然喑哑失语，足见其动情之切和伤情之彻。北平（北京）对满族出身的文化人老舍来讲，实在不仅仅是一座废都古城，不仅仅是“枝枝节节”的忆资，他的祖先和他的同胞族众世代在此繁衍生息，他的旗兵生父在此倾尽碧血报效社稷，他的旗人生母在此含辛茹苦育他成人，京城往事的千头万绪，都是一生一世镌刻在他心间的，那座城是父亲般巍然屹立、母亲般宛然可感的热土挚园，是与他那为常人不易感受到的自我心灵“相粘合的一段历史”，无论游子老舍身在何处，只要是一提到它，便会勾起子规泣血样的心灵冲动。

## 二

满族文学家描画北京和这座城市的一切，是早就形成了的传统。从清初满族诗词作者刚刚摆脱向中原文坛蹒跚学步而自成一种文学路数的时候，纳兰性德、文昭等人就开始了对于京师驻地内旗人们生活场景的摹写。

① 老舍：《想北平》，《老舍文集》第14卷，第62页，人民文学出版社1989年版。

一半残阳下小楼，朱帘斜挂软金钩，倚栏万绪不能愁。　有个盈盈骑马过，薄妆浅黛亦风流，见人羞涩却回头。

——纳兰性德《浣溪沙》

鹭翎缯笠半垂肩，小袖轻衫马上便。偏坐锦鞍调紫鷂，腰间斜插桦皮鞭。

——文昭《见城中少年》

那时节，满人们在城市里的表现还葆有不少入关前的生存特征：“盈盈”少女当街驰马，虽带几分羞涩却不时回头瞩望，远不似汉家女儿那么恪守于深闺礼法；而满族“阿哥”的神情打扮，更是无一处不带有传统的蕴涵。这些小型制作还属于17世纪京师街头的传神即景，然其所开者，却是满族文学家世代不倦地接续状写北京及其旗族生活的滚滚长河。

曹雪芹、和邦额、奕绘、西林春（顾太清）、文康、鹤侣、得硕亭、松友梅、冷佛、儒丐，这些比老舍先期出现的前辈文人以及王度庐、金寄水、唐鲁孙、赵大年、叶广芩等问世于老舍其后的作者，个个都是书写北京的强将。他们都具有像老舍那样意蕴深致的北京情结，北京这座城市也同样慷慨地成就着他们各自的艺术[①]。

老舍是这条民族文学传统脉络的重要环节，是自清代到当代满族作家当中写北京的“圣手”。每当翻开他的著作，人们就会感到好似无意间推开了北京这座都城那一扇扇大大小小的门扉，与北京相关的大事小情林林总总都会不期而至，引你观览，令你

---

① 可以为满族人爱北京写北京作为相辅佐证的还有，清代以来的满族文史学者，留有大量有关这座城市的掌故类文献著作，例如昭梿的《啸亭杂录》、震钧的《天咫偶闻》、金受申的《北京通》、云游客（连阔如）的《江湖丛谈》、石继昌的《春明旧事》、爱新觉罗瀛生的《老北京与满族》等。

惊叹，发你顿悟，启你长思。

他一生写过多少遍北京城，写过多少和北京有关的人和事，还从没有精密的统计。“老舍一生写了十五部长篇小说。《大明湖》手稿被毁，可以不算，剩下十四部。还有两部，一叫《蜕》，一叫《正红旗下》，没有写完，都勉强算作半部，总共留下十二部完整的和两部未完的长篇小说，共二百五十万字。它们之中有五部半是以北京为地理背景的，即《老张的哲学》、《四世同堂》、《赵子曰》、《离婚》、《骆驼祥子》和《正红旗下》。这五部半小说总共一百五十万字，占老舍全部长篇小说字数的百分之六十。”“在老舍的中短篇小说中，由于篇幅关系，对地理环境往往不太用笔，不像长篇小说那么详尽细致，可是读者一看就知道，有不少篇的故事也是发生在北京的。”[①]我们还知道，共和国建立后，话剧创作渐渐成了他的主业，这十几年间（不算先前抗战时期），他一共完成的话剧作品有 14 部之多，其中除了《西望长安》和《神拳》两部的故事时而发生在北京时而发生在外地而外，其他的，也都是以北京为故事发生地。

此外还应当注意到的是，老舍这位写北京的“圣手”，由 1926 年公开发表处女作长篇小说《老张的哲学》起，至 1966 年终止一切创作活动离开人世止，共计 40 年，他真正居住在北京城里写作品的时间，其实也就只有 1949 年底由美国回到祖国以后的那不到 17 年。换句话说，他的大量写北京故事的作品，都并不是在北京这里写出来的：《老张的哲学》和《二马》创作于伦敦，《离婚》脱稿于济南，《月牙儿》、《骆驼祥子》和《我这一辈子》问世于青岛，《四世同堂》命笔在重庆而竣工于美国……这说明，老舍对北京这座城市的记忆，早已是刻骨铭心！1924 年他乘船西去欧罗巴，时年仅只 25 岁，而真正重新长期定

① 舒乙：《谈老舍著作与北京城》，载胡絜青、舒乙著《散记老舍》，第 81 页，北京十月文艺出版社 1986 年版。

居北京城，是在25年后的1949年，也就是说，在几乎四分之一个世纪里面，创作出那样多的描写北京作品的作家，竟是纯粹在“吃”早年间对北京城记忆与体验的“老本”。这种早年间的记忆与体验所聚集的“能量”究竟有多大，着实难以揣想。

任何杰出作家都做不到所出手的作品部部皆精，老舍也一样。检视一下他的毕生著作，最为脍炙人口的，要数《离婚》、《骆驼祥子》、《月牙儿》、《我这一辈子》、《四世同堂》、《龙须沟》、《茶馆》和《正红旗下》，它们体现着老舍创作艺术的最高水准。而这八部作品竟无一例外地都是在写北京故事。而同样由他写出的事件并不发生在北京的作品，可与这八部相媲美的，反倒罕见[①]。

旧京街头即景

“北平是我的老家，一想起这两个字就立刻有几百尺‘故都景象’在心中开映。”[②]“在抗战前，我已写过八部长篇和几十个短篇，虽然我在天津、济南、青岛和南洋都住过相当的时期，可是这一百几十万字中十之七八是描写北平。我生在北平，那里的人、事、风景、味道，和卖酸梅汤、杏仁茶的吆喝的声音，我全熟悉。一闭眼我的北平就完整的，像一张彩色鲜明的图画浮立在我的心中。我敢放胆的描画它。它是一条清

① 依笔者看来，《二马》和《断魂枪》等也可列为作家的上乘之作，不过前者的故事发生限制在域外（并且也极大地借助了作者对北京人精神世界的体验），而后者（以及还有一些很不错的短篇）则因篇幅和技巧的关系而无须点出故事发生地。

② 老舍：《我怎样写〈离婚〉》，《老舍文集》第15卷，第191页，人民文学出版社1990年版。

溪，我每一探手，就摸上条活泼泼的鱼儿来。济南和青岛也都与我有三四年的友谊，可是我始终不敢替它们说话，因为怕对不起它们。”[①] 以上，是老舍分别在 20 世纪 30 年代和 40 年代说过的两段话。众所知晓，他不是个喜好自我赞美的人，可是一旦提到自己对故都北平的了解和刻画这一创作强势，却免不了要吐露出几分温情与豪情。

老舍写北平（北京），获得的是全方位的成功。这座城的几乎一切[②]，他都能够熟稔于胸，绘写裕如。

早在写作《老张的哲学》时候，老舍长于描写北平风光景物和民俗事象的特点就有确切展示。净业湖（即今积水潭）的景色，是老舍由童年时代起就非常喜爱的，且看小说第 9 章中的一段摹写：

西边一湾绿水，缓缓地从净业湖向东流来，两岸青石上几个赤足的小孩子，低着头，持着长细的竹竿钓那水里的小麦穗鱼。桥东一片荷塘，岸际围着青青的芦苇。几只白鹭，静静地立在绿荷丛中，幽静而残忍的，等候着劫夺来往的小鱼。北岸上一片绿瓦高阁，清摄政王的府邸，依旧存着天潢贵胄的尊严气象。一阵阵的南风，吹着岸上的垂柳，池中的绿盖，摇成一片不可分析的绿浪，香柔柔的震荡着诗意。

这段景物速写，动静相衬，远近互托，主要描写的是故都平民孩童的玩耍情趣，可是没有忘记为静业湖的大背景上，涂抹出巍峨的摄政王府邸的尊严，由白鹭立在绿荷丛中“幽静而残忍的，等

① 老舍：《三年写作自述》，《老舍文集》第 15 卷，第 430 页，人民文学出版社 1990 年版。

② 这里之所以用“几乎”二字，是因为严格地讲，老舍对该城历代高层的生存及思想状况知道得毕竟还是有限，他的笔基本上写的都是小“衙门”以下的市井庶民生活，勾勒的也是下层百姓目力所及的风土民俗。

候着劫夺来往的小鱼”，恰到好处地点染着故都等级森严社会所负载的“诗意”。这部作品刚发表不久的20年代末，文学大家朱自清教授即指出过：“写景是老舍先生的拿手戏，差不多都好。”[①]我们知道，老舍观察和绘写北京景物，是浸润着他青少年时代的情感积蓄的。

老舍写出起初一两部长篇小说的时候，并没有得到文坛巨擘鲁迅的充分注意，不过，后者还是通过他的言谈，表达了自己对前者创作“地方色彩颇浓厚”的评价[②]，实际上这也是对老舍写北平天赋的首肯。

北平的天气，也是作家从小就有感受的。当他游历过中外一些其他地域之后，对故乡的气候就更有了深层的心得，写起来也就更加逼真。《四世同堂》中一段对冬日里北平狂风的描述，是这样的：

刮了一夜的狂风。那几乎不是风，而是要一下子便把地面的一切扫净了的灾患。天在日落的时候已经变得很厚很低很黄，一阵阵深黄色的“沙云”在上面流动，发出使人颤抖的冷气。日落了，昏黄的天空变成黑的，很黑，黑得可怕。高处的路灯像矮了好些，灯光在颤抖。上面的沙云由流动变为飞驰，天空发出了响声，像一群疾行的鬼打着胡哨。树枝儿开始摆动。远处的车声与叫卖声忽然地来到，又忽然地走开。星露出一两个来，又忽然地藏起去。一切静寂。忽然地，门、窗、树木，一齐响起来，风由上面，由侧面，由下面，带着将被杀的猪的狂叫，带着黄沙黑土与鸡毛破纸，扫袭着空中与地上。灯灭了，窗户打开，墙在颤，一切都混乱，动摇，天要落下来，地要翻上去。人的心都缩紧，

① 朱自清：《〈老张的哲学〉与〈赵子曰〉》，载于《朱自清文集》（二），北京开明书店1953年版。

② 罗常培：《我与老舍》，昆明《扫荡报》副刊1944年4月19日。

盆水立刻浮了一层冰。北平仿佛失去了坚厚的城墙，而与荒沙大漠打成了一片。世界上只有飞沙与寒气的狂舞，人失去控制自然的力量，连猛犬也不敢叫一声。①

这便是在全世界都出了名的北平冬日狂风，它相当于今天所谓的“沙尘暴”，旧时差不多年年造访北平城，其来势实为世所罕见，暴虐恣肆，凌驾一切，仅通过作家的此等摹写，读者也都少不了会身临其境，倍感可怖。老舍在他另外一部小说里头，说过一句煞是俏皮的话语：“北平除了风没有硬东西。”②那话是在对比反省北平的柔韧文化时候说的，中肯且精辟。要说起来，北平老市民们的性情中也的确存着些处乱不惊的态度，你想，年年岁岁让这样的狂风飞沙“扫袭”着的人们，胸臆间是不是总会落下些隐忍的心绪呢？

旗族在这个城市里生息了许多代，他们在原有文化积淀之上，接受了旧京的各式习俗，也运用自己的那把文化“筛子”筛选并改造了旧京的各式习俗。到了清代晚期，这座古都当中的巨细民俗，除个别事项外，绝大多数的，早已经分也分不清哪种是纯汉式的，哪种又是纯满式的了。在这方面，尤其突出的是京城岁时习尚。老舍笔底的京城岁时习尚，比比皆是，简直不胜枚举。试举一端，看看他们的阴历年吧：“元旦的光景与除夕截然不同：除夕，街上挤满了人；元旦，铺户都上着扳子，门前堆着昨夜燃放的爆竹纸皮，全城都在休息。”“男人们在午前就出动，到亲戚家、朋友家去拜年。女人们在家里接待客人。同时，城里城外有许多寺院开放，任人游览，小贩们在庙外摆摊，卖茶、食品，和各种玩具。北城外的大钟寺，西城外的白云观，南城的火

① 老舍：《四世同堂》，《老舍文集》第5卷，第258页，人民文学出版社1983年版。

② 老舍：《离婚》，《老舍文集》第2卷，第210页，人民文学出版社1981年版。

神庙（厂甸）是最有名的。可是，开庙最初的两三天，并不十分热闹。因为人们还忙着彼此贺年，无暇及此。到了初五六，庙会开始风光起来，小孩们特别热心去逛，为的是到城外看看野景，可以骑毛驴，还能买到那些新年特有的玩具。白云观外的广场上有赛轿车赛马的；在老年间，据说还有赛骆驼的。这些比赛并不争取谁第一谁第二，而是在观众面前表演骡马与骑者的美好姿态和技能。”[①] 中国人的传统春节，也许是最易打通不同族群情感交流渠道的时光，也是最会把处在不同阶层、不同环境、不同遭遇、不同心情中的都市人群拉进共同的暖融融气氛的日子，从昔日的京师，而后来的北平，而再后来的北京，厂甸、大钟寺、白云观……曾经叠印下多少代人们的新正祈福和荡漾笑靥。这种场景不只是老舍写过，老舍也不止一次地写过，但是，他还是要乐此不疲地用那质朴而烘热的笔触去展现，他和他的读者获得的，都是重新强化了的民族文化记忆。

北京满族的特殊民俗情景，却不是寻常人可以写得来的。它是老舍的绝活儿。晚年里没能卒篇的《正红旗下》，一再地被文学家、民俗学家、社会学家指称为“清末旗族社会的百科全书”，其相应价值是独一无二和不容置换的。这部作品，宛如一道描绘19世纪末北京满人社会生活的艺术画廊，具有真切的历史再现力，作者几乎是完全依赖于对那一时代那一社会群体的风习描画，便得以在世相百态的精雕细刻间，映衬出时代嬗交关头旗族以至于整个中国社会的风云际遇。

在故事发生的清代末年，满族社会最严重的问题之一即是“八旗生计”问题。老舍的书，是从当时京城旗人住户门垛子上的“鸡爪子”符号写起的。因为有定期的钱粮作保证，旗族社会“赊欠已成了一种制度。卖烧饼的、卖炭的、倒水的都在我们的，

---

① 老舍：《北京的春节》，《老舍文集》第14卷，第318页，人民文学出版社1989年版。

和许多人家的门上画上白道道，五道儿一组，颇像鸡爪子。我们先吃先用，钱粮到手，按照鸡爪子多少还钱”，这表明，穷苦而又本分的旗兵们，命中注定一辈子只能当兵保国，他们家道再惨，也无他法可想，只能依靠有“铁杆庄稼”这一点点指望，拆东墙补西墙地勉强度日。

“赊欠已成了一种制度”，却又不光是对穷旗人而言，那些军衔高些、钱粮多些的旗人家也靠赊欠过日子，比如一家仅四口人其中就有一名佐领、一名骁骑校的“大姐公公家”，门垛子上的“鸡爪子”图案最丰富，这就耐人寻味了。“大姐婆婆”是子爵之女、佐领之妻，骁骑校之母，她的几十套服饰循环出入当铺，当此赎彼，倾其所有吃喝玩乐，就为过个花天酒地的“肥年”，敢把房契也押出去。他们的逻辑是：家有铁杆庄稼，欠了日子欠不了钱，“不赊东西，白作旗人！”大胆赊账在他们简直是个荣誉，这旗族另类的“习俗”也就可想而知了。

赊欠在旗人生活中愈演愈烈，还有个缘故，是因为他们无论贫富，都得活得讲究。像“我”这么个穷旗兵的儿子，“洗三”、“办满月”都须竭力应酬，在这种“艺术的表演竞赛大会”上一切须合礼数，“必须知道谁是二姥姥的姑舅妹妹的干儿子的表姐，好来与谁的小姨子的公公的盟兄弟的寡嫂，作极细致的分析比较，使他们的位置各得其所，心服口服”。至于阔绰些的旗人，更是把生活艺术化到无以复加的地步，除了成天沉溺在唱戏、养蛐蛐和“满天飞元宝”（书中说“大姐夫”养一群珍贵的鸽子，“每只鸽子都值那么一二两银子”）上，还要效法汉人，于人名之外再起上个“十分风雅”的号。像这些旗人的畸形生活状态，民族的前景显然不妙。

老舍为写出当时旗族群体的真实精神状况，不但勾画了困苦的旗人和颓废的旗人，还浓墨重彩地彰显了他们中间第三类人的面貌。一个由旧基地中走出来的新人形象——福海二哥，是作者着意推出的一个可爱的新型劳动者。他是一名旗兵，出身于旗人中层将领之家，而“惊人之笔在这里：他是个油漆匠！”他不怕旗族社区人们的讥诮鄙视，拜师学了一手油漆彩画的好技艺。在“大清”皇朝像个“残灯末庙”的年月，京城里的旗人能够审时度势，在八旗制度之外再重新设计一条生路的，着实不多。老舍对这个人物的成功塑造，是这部作品中的最大亮点。

小说以“我”的降生牵引出“八旗生计”主线，随后的叙述，也大多沿着这条风习铺衍的路子走，既扫描出“良辰吉日”街头的惨景，“在这儿或那儿，也有饿死的、冻死的，和被杀死的”，又说到除夕夜的花炮声和压倒一切的债主叩门声相混杂，迫使穷苦人年关底下了却残生。尤其摄人心魄的是写“我”饥啼，与一整个社会的哀鸣交相震响，让读者在广袤的国土上感受遍及处处的凄楚。作家举重若轻，在娓娓道来的民俗世相一类的琐事中间，就把一幅幅偌大的历史画面，给浑然地拼接一处。难怪有论者判断：“老舍写于建国后的《正红旗下》，对于旗人社会的诸种制度、礼俗、家族关系，以及旗人与汉、回民族的关系，无不写及，几近于‘旗人风习大全’。”“《正红旗下》写旗人文化很满，大可补有关民俗学材料之不足。在老舍本人，这作品较之前此诸作也更有明确的‘展示文化’的意向和为此所需的从容心境。甚至不妨认为这小说的主人公即‘风习’。”①

老舍对北京以及旗族民俗的捡拾与再现，有着两个基本的着力点。一个是他较为注重重绘旧京习俗中间已经不为后人所知晓的内容②，另一点更为重要，他不是为了在作品中无目的地炫耀

---

① 赵园：《北京：城与人》，第30页，第211页，上海人民出版社1991年版。

② 人们常说，京城里头满人们的规矩特别。读读《正红旗下》的两段描写，就可感知一斑。第一段：“是呀，看看大姐吧！她在长辈面前，一站就是几个钟头，而且笑容始终不懈地摆在脸上。同时，她要眼观四路，看着每个茶碗，随时补充热茶；看着水烟袋与旱烟袋，及时地过去装烟，吹火纸捻儿。她的双手递送烟袋的姿态够多么美丽得体，她的嘴唇微动，一下儿就把火纸吹燃，有多么轻巧美观。这些，都得到老太太们（不包括她的婆婆）的赞叹，而谁也没注意她的腿经常浮肿着。”第二段：“母亲认为把大姑子伺候舒服了，不论自己吃多大的苦，也比把大姑子招翻了强得多。

自己的富学而去写习俗。他的习俗状写，总是带有文学材料的本质规定性，因而稍一泼洒，就能产生妙用。

市井民俗，毕竟只是老舍写北平的手段之一，他有时会借助于对这座城市世风民情的详备体察，不无用意地写出一点儿“拟民俗”，以增强艺术力量。再回来读一下《老张的哲学》当中的一小段，讲述到民国年间权势人物的淫威，书里写道：

> 北京的巡警是最服从民意的。只要你穿着大衫，拿出印着官衔的名片，就可以命令他们，丝毫不用顾忌警律上怎怎么么。假如你有势力，你可以打电话告诉警察厅什么时候你在街心拉屎，一点不错，准有警察替你净街。

这就是封建“官本位”体制下“首善之区”的运作法则，可笑，却又不是十分的可笑；它固非北平实有的民俗事态，却逼真于民俗事态，因为它太能反映北平城的某种本质特征了，我们也就能够认可，作家所写的这种既夸张又不很过分的“拟民俗”。

## 三

谈论老舍的京旗及北京情结，还要涉及一个相当重要的方面，就是他一生写也写不够的北京人其生活原型问题。

由辛亥到民国，京城旗族的生存境遇每况愈下。时值少年的老舍，是这场社会变迁的亲历者。他不仅亲眼目击了广大旗族下

---

姑母闹起脾气来是变化万端，神鬼难测的。假如她本是因茶凉而闹起来，闹着闹着就也许成为茶烫坏了她的舌头，而且把我们的全家，包括着大黄狗，都牵扯在内，都有意要烫她的嘴，使她没法吃东西，饿死！这个蓄意谋杀的案件至少要闹三四天！”满族入关后，既把自己先前的许多习俗保持下来，又向汉族学得了不少新的生活规范，小媳妇儿在婆家要处处守家法，累死累活，也得等熬成了婆婆才有地位。这与满人引进汉族传统的封建宗法观念有关系；而满人家里姑奶奶的地位特殊地高，以至像小说里“姑母”守寡后不但可以白住弟弟家的房子，还可以称王称霸，这倒是满族历史上一直尊敬族中已婚女性的习惯造成的。

层的凄苦悲凉，而且自己及自家的情况也并不比他们强多少。他本身就是京城里这一政治、经济超弱势群体的一分子，跟他贫困的亲友、同胞从来就结有命运攸关、休戚与共的因缘。老舍自幼贫寒，直到 19 岁师范毕业并获得教职之前，其缺吃少穿的窘迫生活，都与底层旗族贫民不相上下；有了工作以后，社会经济地位虽然较那些苦命的亲友们有所不同了，可是，他的牵念，他的目光，乃至他的情感，却从来没有离开过自幼唇齿相依的那个社会阶层。随着人生阅历的增长，他明白，自己只是一个难得的特例，在童年时代遇上了世间少有的慈善家刘寿绵，才根本改变了一生的命运，但是，包括许多亲戚朋友在内的绝大多数贫苦百姓，他们不可能碰上类似的幸运机遇。他没法不对众多与自己息息相关的满族同胞悲惨现状表达关注和伤感。此时，京城里大批大批的满人，为了活命，落荒四散，除少量进工厂矿山当了工人、下乡当了农民外，绝大多数都跌进了城市贫民的行列。旗族内有些艺术专长的“票友”只能“下海”从艺，而小小年纪便进入戏班学戏的也不少，“更多的满民还是经营小商小贩，充任学徒、伙计、记帐员，或者从事手工业，当车夫、电车夫、茶房、裁缝、木匠、瓦匠、地毯工，也有不少担任小学教师，还有为数相当多的当了警察。”①更可怜的，便是长期找不到职业的一群，他们到处流浪，敲小鼓收废品、沿街捡破烂儿、行乞、卖卜、缝穷、摆茶摊儿……还有不少女孩子堕入风尘，被送进“八大胡同”，甚至是更为黑暗的“三四等下处”。

20 世纪的 20 年代和 30 年代，是老舍决计大量反映北平贫民命运的铺垫阶段和成熟阶段。那时，国家内外矛盾激化，已将社会固有疾患引入膏肓，导致民众的贫困化愈演愈烈。都市赤贫人口持续猛增，一张张密不容脱的穷困巨网，将随时增多的“苦人们”驱赶到了饥馑寒号的死亡临界点。老舍魂萦梦系着贫苦同胞

① 定宜庄：《北京满族志稿》，未刊稿。

终年挣扎的惨相，如鲠在喉，不吐不快，深感有责任为他们伸张道义，要把他们对现实的愤懑与控诉，用文学形式宣泄出来。这一时期，正当中国左翼文学迅速崛起，以作品展现大众的苦难命运，成了一些激进派作者笔下习见的内容，此种创作势头的形成，也从客观上激发了从旗族悲苦命运中走来、原本就具备下层百姓情感心态的老舍，将个人的创作视线，日益聚拢到城市“苦人们”身上。在他起初创作于英国的长篇小说中，虽然也涉及了北京贫民生活的某些侧面，毕竟那种描写还是片断的和不充分的，30 年代他在山东，便要专心致志地写写这方面的题材了。只有通过这类创作，老舍才得以把最深切的同情，倾注到与其骨肉相连的、“一天到晚为嘴奔命”的人们中间。老舍熟知，故都北平的贫民们，永远需要耗尽全力换取起码的温饱，来维持存活，老舍理解这一点，也在他的作品中如实地描述主人公们的这种生存状态。

北平街头的洋车夫和“臭脚巡”（下层巡警）以及青楼妓女，是当时满族贫民最可怜和最典型的去处。老舍对他们的遭遇感同身受。《骆驼祥子》、《我这一辈子》和《月牙儿》三部出自老舍笔端的名著，曲尽了这三类苦命人的身世遭遇，其艺术上虽篇篇互异，思想主题和文学成就上面则无一不是达到了最高的造诣。

都市贫民是否可以依赖自己的奋发劳作，摆脱悲苦人生的控制和蹂躏，这在现代社会里，是个相当严肃的题目。《骆驼祥子》首先照准这一题目开掘。祥子进入北平之际，是个身强力壮、无亲无故、没有任何拖累的劳动者，他认定了“拉车是件最容易挣钱的事”，全身心地投入进去，以为只要诚实劳动、多挣少花，就能一步一个脚印地走向自立和富有，每过两三年添置一辆新车，并且“一辆，两辆……他也可以开车厂子了！”可是，他实打实的血汗付出，支撑的却是虚空的幻想，一遍接着一遍，不是车子被乱兵抢去，就是钱被侦探讹走，他弄不清为什么自己一向咬紧牙关拼命干，结果却是这样背运，他总是既凄苦又懵懂地发问：“凭什么？”“我招谁惹谁了?!”他决不会想得到自己所遇到的累累打击，都是客观社会对他的必然捉弄，起初遭到损害，他还顽强地要求个人从灾难中自拔，巴望着能以坚忍的努力最终挣脱命运的羁锁。其实，乱兵抢他的车，侦探讹他的钱，都不是偶然间发生在他身上的事件，而是受当时军阀混战和吏政黑暗的大局面所决定的常态事相，像他这样的城市底层小人物，本来就随时处在不公正社会的有效杀伤范围之内。讹祥子钱的孙侦探，一面做着坏事，一面还没忘了叫倒霉的祥子弄个明白，他告诉祥子："你谁也没招；就是碰在点子上了！人就是得胎里富，咱们都是底上的。什么也别再说了！"作家不但详描尽写祥子的惨痛，也围绕祥子带写出来与他相近的许多街头人力车夫以及与这些车夫相依度日的其他苦人们的不堪境况。祥子常遇到的那位老年车夫，家贫如洗，儿子当兵一去不返，儿媳又改嫁了，只能拖着老迈瘦弱的身体，由十一二岁的孙子小马帮扶着，每天上街拉车，寒冬季节挣不到钱，随时可能冻死户外。老者虽拉的是自己的车，时运却比祥子更不济，即使是不擅长思忖世事的祥子，也能从小马和他爷爷的身上看到了自己的过去与将来。"穷人的命，他似乎看明白了，是枣核儿两头尖，幼小的时候能不饿死，万幸；到老了能不饿死，很难。"

旧时代的警察，从政治归属上是维护尚存社会制度的工具，这决定了他们总的社会形象不好，民众往往不喜欢他们，甚至厌恶他们，是自然的。可是，不屑说，这支队伍里最下等的人员，全都必然出自贫寒阶层，他们中绝大多数人的"时运"也都是顶不济的。老舍肯于给这样的人立传，写出他们原本纯朴的人性在外界倾轧下产生的扭曲，写出他们为求温饱所承受的异样的痛苦艰辛。《我这一辈子》的主人公，就是在北平当了大半生"臭脚巡"的苦命人。这位老警察"幼年读过书"，少年时学过徒，有干裱糊匠的手艺，也打下了做事任劳任怨的底子，随着年头"大改良"，耍手艺的没了饭吃，加上妻子跟外人私奔，留下一对小儿女得靠他哺养，他差点被逼疯了。为了在街坊们跟前找回面子，他当了招募警。这种警察行当的人下人，白天黑夜，冬夏雨雪，都得巡街站岗，每月挣来的六块钱，刨去了伙食费和人情公议花销，净剩下来养活家小的也就是两块上下钱。“他委屈，可不敢报怨，他劳苦，可不敢偷闲，他知道自己在这里混不出什么，而不敢冒险搁下差事。这点差事扔了可惜，作着又没劲！”他紧缩吃食，不续娶，供儿子念书，可儿子大了还是逃不掉当巡警的命，他那十八九的女儿也门当户对地嫁给了巡警。他心里“堵上个大疙疸”：“一个人当巡警，子孙万代全得当巡警，仿佛掉在了巡警阵里似的。”快到50岁了，凭局长一句话，就把他们这些“有胡子”的巡警全“刷下来了”。随后他四处挣扎，待到小孙子刚出生，儿子又病死了，五十多岁的他只好回家，靠看守房子、给泥水匠当小工，给孙子换点粥吃。他“仿佛已摸到了死”。这位善良、本分的老巡警，几十年里没干过倚势欺人、坑蒙霸道的坏事，临终了，“眼前时常发黑……”

老舍愿为一切被不公正世道侮辱和损害的“小人物”鸣不平，越是那些为社会上的体面人们所轻视、蔑视的苦人儿，他越是勇于秉笔直书他们惨淡的命运和哀怨的心灵。《月牙儿》讲述了母女两代人为了活命而先后沦落“贱业”的故事。女主人公7岁死了父亲，家中能换点钱的什物典当一空，寡母拼命替人家洗补衣裳还是养不活自己和女儿，只好再嫁，没几年，丈夫又失踪了，母亲于是横下一条心，走向世间留给她的唯一活路：卖淫。这时候女儿已经小学毕业，如愿意跟妈妈在一起就得随她去卖淫，如果不愿意，就得去自谋生路，自尊而倔强的女儿走了自己的路，想要凭借吃苦耐劳逃出与母亲一样的命运。她做了一段抄写员，没多久即被辞退，一个“热心”的男青年乘虚而来，骗得她的好感并占有了她，她却发现男的是个有妇之夫。她悄悄离去，四处谋生糊口，应聘为饭馆女招待，她庆幸可以自食其力了，随即她就明白过来，要想干下去，非得给客人当玩物不可，她辞了职。事后她再没找到事由儿，饿到了极点，终于凭着最后一丝求生本能，想开了，不必“为谁负着什么道德责任”，因为“肚子饿是最大的真理”，她让自己的肉体“上了市”。在她痛苦万状地操起了母亲的暗娼“旧业”之后，已经老得不像样的母亲找到她，她用当年母亲养活她的办法养活起母亲来：在那样的世道底下，“女人的职业是世袭的，是专门的！”“什么母女不母女，什么体面不体面，钱是无情的。”

作家写故都北平的上面三种人，不是像某些出身于社会中上层的激进作家那样，习惯于居高临下，从道听途说得来的零散故事间寻创意，再参考一些政治教科书的观点，来确定人物的形象特征和命运走线。他对旧京旗族苦同胞的生存实况，有过多年不间断的近距离观察体认，既能免除无端的想象，予以准确而现实的把握，又能跳出一切不必要的选题禁区，写好那些寻常情况下很难进入作家视线的人物类型。

这里，有两则已被译介过来的民国初年西方社会学家所留下的资料：

北京城的常住人口有一百二十万，其中三分之一是满人，现在这四十万人中只有很少人尚有生计，也只有很少人能够体面地谋生。……在北平的九千名警察中，至少有六千名是满人。……然而穷旗人的最流行的职业是拉洋车，这个城市里有三万辆洋车，每辆洋车两个人拉（一个白天拉，一个晚上拉），因此有六千洋车夫，但这卖苦力的活不能再养活第三个人。……许多非常漂亮非常年轻的姑娘在妓院里卖身。天坛附近的天桥大多数的女艺人、说书人、算命打卦者都是满人。

不必去观看新闻栏目，任何人今天都可以看到出身高贵的满人在拉洋车，他们的妇女被人雇为女佣，最悲惨的是，他们的姑娘过着不名誉的生活，其目的只是为了自己的生存和家庭的生存，众所周知，北平城里至少有七千妓女，其中大部分是满族人。人们也知道，满族人家的妇女们化装或者蒙上头在夜里拉洋车。几乎每周都有人自杀，不是上吊就是投河。当地报纸上充斥着这样的新闻。[①]

既然民国之际存活于北平市井的旗族成员中间“盛产”了那样多的洋车夫，在老舍由幼至长的过程中，他身边便一定不乏其人。老舍跟他们在同一社会群体当中相处，抬头不见低头见，会比熟悉自我的手掌纹路更加熟悉他们的营生、活路、习气、秉性。《骆驼祥子》的创作活动，听上去好像是来自于一个极其偶然的契机：“‘山大’的一位朋友跟我闲谈，随便的谈到他在北平时曾用过一个车夫。这个车夫自己买了车，又卖掉，如此三起三落，到末了还是受穷。听了这几句简单的叙述，我当时就说：‘这颇可以写一篇小说。’紧接着，朋友又说：‘有一个车夫被军队抓了去，哪知道，转祸为福，他趁着军队移动之际，偷偷的牵回三匹骆驼回来。”[②]其实，朋友的话语不过是随手擦着的一根火柴，所点亮的，却是作家心中那早就蓄势待写的一整个洋车夫的生存世界。老舍把他脑海里积累的关于洋车夫的一切都翻腾上来，其间稍许着力的，倒是要思想一下那作为主人公的奔波街头的洋车夫，“连一阵风，一场雨，也给他的神经以无情的酷刑”的生命征候。“这么一想，我所听来的简单的故事便马上变成了一个社会那么大。我所要观察的不仅是车夫的一点点的浮现在衣冠上的、表现在言语与姿态上的那些小事情了。而是要由车夫的内心状态观察到地狱究竟是什么样子。”[③]

一部《骆驼祥子》，以旧京街头青年洋车夫祥子苦苦奋斗挣扎

---

① 以上对两种西方文献资料的引用，均转摘自［法］保尔·巴迪著、吴永平编译《小说家老舍》（长江文艺出版社 2005 年版），请参见该书第 302-303 页。

② 老舍：《我怎样写〈骆驼祥子〉》，《老舍文集》第 15 卷，第 205 页，人民文学出版社 1990 年版。

③ 老舍：《我怎样写〈骆驼祥子〉》，《老舍文集》第 15 卷，第 206 页，人民文学出版社 1990 年版。

终致彻底败落，并且他的精神也完全垮下来，而告结篇。在老舍同时期的作家中，人们很难发现第二位，能像他一样真正步入城市苦人们的心灵深处，去体会他们特有的情感波动，展现他们轻易不愿示人的瘢痕纵横的精神创伤。作品中俯拾皆是的心理刻画，清晰地说明，作家的思想情愫，早就达到了与作品中间人物心理的密切交织和互相透射。"妈妈的手起了层鳞，叫她给搓搓背顶解痒痒了。可是我不敢常劳动她，她的手是洗粗了的。她瘦，是被臭袜子熏的常不吃饭。"[①]这段《月牙儿》女主人公儿时的心理体验，就是老舍儿时切身记忆的翻版[②]，所以才来得如此精确和细腻；再翻开《我这一辈子》，我们为作家一再将老巡警的微妙心迹探摸得那么道地而感到惊异，你瞧，他在初作巡警之时，内心的隐隐痛楚在于：

我的嘴老不肯闲着，对什么事我都有一片说词，对什么人我都想很恰当地起个外号。我受了报应：第一件事，我丢了老婆，把我的嘴封起来一二年！第二件是我当了巡警。在我还没当上这个差事的时候，我管巡警叫作"马路行走"，"避风阁大学士"和"臭脚巡"。这些无非都是说巡警们的差事只是站马路，无事忙，跑臭脚。哼！我自己当上"臭脚巡"了！生命简直就是自己和自己开玩笑，一点不假！我自己打了自己的嘴巴，可并不因为我作了什么缺德的事；至多也不过爱多说几句玩笑话罢了。在这里，我认识了生命的严肃，连句玩笑话都说不得的！[③]

---

① 老舍：《月牙儿》，《老舍文集》第8卷，第267页，人民文学出版社1985年版。

② 1943年，老舍在《我的母亲》一文中，追忆自己童年时期的情景，说："为我们的衣食，母亲要给人家洗衣服，缝补或裁缝衣裳。在我的记忆中，她的手终年是鲜红微肿的。白天，她洗衣服，洗一两大绿瓦盆。她作事永远丝毫也不敷衍，就是屠户们送来的黑如铁的布袜，她也给洗得雪白。"

③ 老舍：《我这一辈子》，《老舍文集》第9卷，第83页，人民文学出版社1986年版。

而当上巡警没多久，他又产生了新的疑惑：

记得在哪儿看见过这么一句：食不饱，力不足。不管这句在原地方讲的是什么吧，反正拿来形容巡警是没有多大错儿的。最可怜，又可笑的是我们既吃不饱，还得挺着劲儿，站在街上得像个样子！要饭的花子有时不饿也得弯着腰，假充饿了三天三夜；反之，巡警却不饱也得鼓起肚子，假装刚吃完三大碗鸡丝面似的。花子装饿倒有点道理，我可就是想不出巡警假装酒足饭饱有什么道理来，我只觉得这真可笑。①

这些必须要经过切肤感受和反复捉摸才会有的生命体验，恐怕真该说是除了真的干过旧时巡警的人之外，很难为他人获取。作家老舍能够把它想得如此明细，写得这般扎实，决不是一句“想象力丰富”解释得了的。只有和被塑造人物间取得了休戚与共的心灵沟通，才能摘来这样富有心理刻写力度的语言。老舍说过的一段话，有助于人们对这一点的理解：“我自己是寒苦出身，所以对苦人有很深的同情。我的职业虽使我老在知识分子圈子里转，可是我的朋友并不都是教授和学者。打拳的，卖唱的，洋车夫，也是我的朋友。与苦人们来往，我并不只和他们坐坐茶馆，偷偷的把他们的动作与谈论用小本儿记下来。我没作过那样的事。反之，在我与他们来往的时候，我并没有‘处心积虑’的要观察什么的念头，而只是要交朋友。他们帮我的忙，我也帮他们的忙，他们来给我祝寿，我也去给他们贺喜，当他们生娃娃或娶媳妇的时节。这样，我理会了他们的心态，而不是仅仅知道他们的生活状况。”②老舍挑明了他跟苦人们固有的这层亲密无间的联系，余

① 老舍：《我这一辈子》，《老舍文集》第9卷，第87页，人民文学出版社1986年版。

② 老舍：《老舍选集·自序》，《老舍文集》第16卷，第220页，人民文学出版社1991年版。

下没有道破的，就是作家写故都贫民命运写得最成功的作品，其中主人公们的原型，常常就取自于和老舍最为熟近的本民族的亲友和同胞。这在我们了解了当初旗族历史命运以及老舍所处创作环境之后，也不过就只剩下一层稍捅即破的窗户纸了。

老舍的笔反复、经常地在写北平的旗族人物。明眼人可以捕捉到的相关线头还很多。在话剧《龙须沟》的故事里，有个顶引人注目的人物，几乎可以被称作是个不朽的艺术形象——程疯子。他有过一手漂亮的曲艺专长，还曾借此糊口，坑人的世道断了他的谋生之路，把他逼得神里神经的；他只能处处示弱，逆来顺受，但是，即便身居贫民窟，他还是身着长衫，自重自爱，与周围的穷苦人打气质上就两样；他乐于助人，对孩子忒好，为了不让小妞子掉泪，脱了大褂就用它换了小金鱼；他善良惯了，连蚂蚁也不踩，翻身之后，他叫从前作践过自己的狗子伸手给他看，说："你的也是人手，这我就放心了！"足见出他长期受屈含冤之后，对人性和人道的渴盼。程疯子在老舍笔下，是个十足的苦命人儿，是先前作品中未曾让人们窥到过的"这一个"，他的出现，多少带有一点耐人寻味的感觉。其实，他的原型也是当时故都中间常会被人们遇上的没落旗人。作者在剧本初稿的人物提示中，这样说起程疯子："原是有钱人，后因没落搬到龙须沟来"，算是透露了此人的身份端倪，至于著名演员于是之在扮演这个角色的时候，更是揣摩再三，终于在"把他定为旗人子弟"的创作基调拿稳了之后，才解开了"神秘不凡的程疯子"的身世之谜，"才算对程疯子有了比较系统的认识"①，更印证了这一人物形象的京旗满人特质。老舍把这样的特殊形象诉诸剧本，可说是匠心独运，换言之，作者这样地露了"绝活儿"，《龙须沟》的人物和故事，才真能出彩儿。老舍不隐瞒他对程疯子和同一剧目中洋车夫丁四的熟识程度，是来自早年间的切身体验，他说：

---

① 于是之：《我怎样演"程疯子"》，载《人民戏剧》1951年第3卷第1期。

"我写《龙须沟》如果从动笔写第一幕起，自然不长，要是从程疯子那件大褂，丁四那件短袄算起，那该是几十年了。"①

长篇巨构《四世同堂》中作为非主角儿出现的小文，那位清代侯爷的后裔，住在小羊圈胡同中的京剧名票，也很有些旗族文化来历。他"是中华民国元年元月元日降生在一座有花园亭榭的大宅之中的"，"假若他早生三二十年，他一定会承袭上一等侯爵，而坐着八人大轿去见皇帝的。"祖上荫庇使他拥有"像一个太子那么舒适"的童年，可是坐吃山空，用金子堆起来的时光已然"随风而逝"，如同做个梦似的，他变成连一块瓦都没有了的穷人。幸好，他聪颖过人，"什么游戏玩耍他都一看就成了专家"，早已练就的一身戏曲艺术专长救了他，他与妻子若霞一道，明里号称"票友"②，暗里却靠"拿黑杵"③维持生活。非同一般的血统，使他天生养成了有别于邻里的从容，"不即不离的保持住自己的身份"，既不巴结人，也肯于在别人遭难时倾囊相助。日寇进占了北平，他依然用声腔弦管排遣光阴，还是一脸令邻居们"又羡慕，又厌恶"的"不动声色"。结果，他们夫妇的安宁生活走到了头，一次堂会演出，喝醉酒的日本军官欲调戏若霞未遂，悍然开枪将若霞打死，小文再也不是那个从容的、不动声色的艺术家，他抡起木椅向禽兽们劈头砸去，砸出了凶手的脑浆！报了仇，"小文不能再动，几只手枪杵在他的身上，他笑了笑。他回头看了看若霞：'霞，死吧，没关系！'"他自己，也坦然地含笑赴死。个性浓烈、栩栩如生的小文形象在小说中着墨并不多，但这个形象在现代文坛上却属空谷足音。书中，作者曾就这

① 转引自濮思温《老舍先生和他的〈龙须沟〉》，载《戏剧艺术论丛》1980年第2期。

② 票友，是旧时对戏曲、曲艺界非职业演员的俗称。清代制度规定，旗人不许成为专业演员。相传，清廷曾向一部分八旗子弟发放"龙票"，以特准他们参加非营利性的演出活动，"票"字的这种含义由此而来。

③ 拿黑杵，人民文学出版社1983年版《老舍文集》第四卷（《四世同堂》第一部《惶惑》）第16页，有注释："旧社会的票友，私下接受的报酬称'黑杵'。"

个人物，有两句意味深长的提示："文侯爷（此处指小文本人，——引者注）不是旗人。但是，因为爵位的关系，他差不多自然而然的便承袭了旗人的那一部分文化。"是的，不论小文"在旗"与否，他可绝对是跟当时北平城若干旗族子弟毫无二致的"漂亮人物"。就说他和妻子本该"下海"[①]挣钱，却宁愿号称票友而拿黑杵来说，只有落魄而又极"要脸儿"的旗人后代，才有这个"劲儿"，面子，是他们生活中间头一桩大事。当小文第一次令人意外地走进祁家小院，不就缘于祁天佑为自尊而死，他由此受到了震动吗？小文最后的死，从心理上去分析，为尊严、为体面，仍然是占了相当比重的。

老舍在他的作品里面，每每以旧京旗族人物为生活原型和精神原型。笔者上面所触及的有关情况，多在于作家所写的令人同情或者令人尊重的形象。其实在现实下面，旗族社会的成员形形色色无所不包，这就给老舍毕生镂刻的故都文学人物长廊，输送了极大的丰富性与可能性。他的哪一部经典创作，不是建立在这样的优势之上呢。就拿《骆驼祥子》来说，祥子、虎妞、刘四爷、小福子、二强子……细加观察，人人都有自己的旗族社会文化"胎记"在身上。再说《四世同堂》，当中的祁家老者、天佑、瑞宣、韵梅、钱默吟、常二爷乃至冠晓荷、祁瑞丰等人，身上不都可以找出旗人或这种或那种、或浓或淡的影子来么。这部百万字的长篇小说，第一段就认定了："（祁）老人自幼长在北平，耳习目染的和旗人学了许多规矩礼路……"也是这个含义。近年来，更时有论者试探着指出，小说中的核心家庭——"祁（Qi）"家，其实就有"旗（Qi）人"之家的特指。这种猜想，也不敢就说它是空穴来风。仅以"四世同堂"观念来讲，传统的满人家族，不管是乡间的，还是都市的，把它当成"祥瑞之征兆"者，就远多于汉族。

① 下海，旧时戏曲、曲艺界的票友正式转为职业性的营利的演员，俗称"下海"。

在话剧《茶馆》的舞台上，从清代末年到民国晚期，“老北京儿”五行八作、三教九流的上百个人物熙来攘往，性情毕现，这其间除去常四爷跟松二爷，不屑讲，谁也不可能再分得清哪个姓“满”、哪个姓“汉”，可是，所有称道这出戏的读者和观众，却全都不会否认，剧作家如若不是出身于清末那个特出的民族、特出的阶层，即使他有再高的功力，也是没法儿写出那样的“不世之作”来的。

话剧《茶馆》手搞

> 我的确认识《茶馆》里的那些人，好像我给他们都批过“八字儿”与婚书，还知道他们的家谱。因此，他们在《茶馆》里那几十分钟所说的那几句话都是从生命与生活的根源流出来的。①

老舍这番饶有意味的披露，证实了他与《茶馆》里边的各色人物曾经有过的“零距离”。在作者的脑海中，那所有出没于“裕泰大茶馆”的人物形象，他们的心理、性格、言谈乃至于精神文化背景，无一不是可感可表、任触任取的。将旧日旧京的百态人物稔悉到这步田地，才可能在《茶馆》的创作中，如此逼真、传神地浮绘出整个社会的大千世相。

老舍晚年，在位于北京胡同中的“丹柿小院”，有时会出现一些奇特的客人，“他们大都是年逾花甲的老人，有的还领着个小孩。一见到老舍先生，他们就照旗人的规矩，打千作揖行

① 老舍：《戏剧语言——在话剧、歌剧创作座谈会上的讲话》，《老舍文集》第16卷，第76页，人民文学出版社1991年版。

礼，一边还大声吆喝道：‘给大哥请安！’老舍先生忙把他们扶起：‘别……别这样！现如今不兴这一套了。快坐下，咱哥俩好好聊聊。’”事后，老舍向遇上了这般场景的朋友解释：“这些都是几十年的老朋友了，当年有给行商当保镖的，有在天桥卖艺的，也有当过‘臭脚巡’（旧社会的巡警）的。你读过我的《我这一辈子》、《断魂枪》、《方珍珠》吗？他们就是作品中的模特儿啊！”①

1985年秋，老舍的朋友巴金，在一封信里写道：“老舍和北京关系深，贡献大，他多么爱北京人，而且把北京人写得多活，多可爱。”②

---

① 黄秋耘：《“不足为外人道也”》，载《中国青年报》1981年1月11日。

② 转引自舒乙选编《老舍讲北京》，第155页，北京出版社2005年版。

# 第五章

# 老舍赖以托足的满族文化艺术沃壤

老舍出身贫寒，“童年习冻饿”，勉强得以存活，特别是在父亲战死、寡母于万般劫难之下把连他在内的子女们拉扯成人的日子，亲友断不敢设想他后来能成为一位誉满中外的文学家和文化名人。进一步说，即或是随后有了刘寿绵的仗义行善，让他有幸挣脱了跟穷苦亲友同样的终生靠卖苦力糊口的宿命，他的咬牙要强，也不过教自己挣扎着念完师范学校而已，这并不高的中专学历，对于他在创作上脱颖而出，登临代表中华民族文学艺术的最高峰，也还是颇嫌不够。

倘若单从他的穷困家境和远不充足的学历来讲，老舍后来在文坛上纵横驰骋，“十八般武艺样样精通”，会着实令人费解。他能达到那么耀眼的成就，有点儿像个谜。

只有在我们认识了老舍所在民族——满族的历史文化总体积淀，并且理解了其成因之后，才可能探摸到这个谜底。

老舍出身贫寒这一点，对他后来取得艺术上的成功不无意义，就像笔者在前面提到的那样，它教老舍一辈子都带有对市井“苦人们”的眷顾之情，并且长于描绘他们的生存与心灵；然而，大而言之，饥寒出身却不能算是老舍的唯一人生背景。他身后的那个民族——满族，就精神文化而言，是异常丰厚与阔绰的。本书前面几章，已就满族文化的一些侧面及其对作家的影响做了介绍。这一章，将专门来谈谈老舍借以托足的满族文化艺术沃壤。读者将会感觉到，正是这片沃壤，给成长其上的文学骄子老舍，输送了取之不尽的营养源。

家庭经济境遇的贫苦和民族文化积淀的富有，此二者的并存，乃是老舍出身其间的相悖相辅的社会环境；而且，这看似有些矛盾冲突实则互补互益的两个方面，无疑，也是垫高并助推老舍日后迈向巨大成功的、缺一而不可的两方现实基石。

当然，老舍的勤奋和天赋，兼有他对以上两方基石卓然不群的借力，更是他把自我锤炼成为杰出作家的最根本的内因。

## 一

满族的历史跟文化，有别于汉族，亦有别于我们国内的其他少数民族。

世上所有民族在他们原初的童蒙时期，都经历过较长的无文字过程。因无文字，他们的民族文化也就不可能以书面文献的形式记录和保存。一代又一代的人们只好用口耳相传的原始的文化承袭方式来接续民族的精神血脉。这在他们的民族生存和传统维系中间，至重至要。一个民族群体对于世间万事万物的认知与记忆，他们对大千世界与自我族群的看法，他们的历史、现实、经济、生产等等方面的知识以及在文学艺术上面的一应积累，都须通过此种非文献的方式来保护和传播。

民族的无文字，不意味着无文学。一个族群无文字时期的文学，自然不会那么“纯净”，其中会含有不少非文学的“杂质”，但是，透过一个民族无文字阶段的口承文学，人们还是可以分辨和判断出该民族所蕴藏着的文化和文学的潜质。

满族的先民，有着绵远深厚的口承文化传统，有着厚积待发的文学艺术潜质。

在我国版图北部漫长的横亘地域（借用一个人们常打的比喻，说中国的地图像一只“大公鸡”，这里所指的，恰好就是从“鸡头”到“鸡尾”最为修长的绵延地带），自古以来就分布着阿尔泰语系[①]诸民族：其东段为满—通古斯语族；中段为蒙古语族；西段为突厥语族。文化人类学界注意到，我国北方的阿尔泰语系几乎所有的民族，无不富有地蕴藏着民间叙事作品。而对比于蒙古语族和突厥语族下属各族群盛行流传规模不等的英雄史诗这一文学性征，满—通古斯语族下属各族群，则以葆有众多长短不一的民间讲唱文学作品为文学性征。这二者的区别，假如从形式上说，史诗基本上都是韵文体，通篇作品要由演唱者“一唱到底”，而讲唱文学却是韵文体和散文体相结合，民间艺人表演时则是“边说边唱”；假如再从内容和主题上区别，史诗集中反映了从原始社会解体到奴隶社会早期人们对部落英雄的崇拜，而讲唱文学的内容与主题则较为宽泛，既涉及与英雄史诗相似的主题，也兼及表述人类早期的神话想象和后来部落及氏族内外的历历往事。

对民间流行的大部头的口承文学作品而言，要想牢记并且不断传播它，没有超常的记忆力是不成的。我们可以大致想象到，世代咏诵英雄史诗的民族，与世代传播讲唱文学的民族，在思维和艺术训练方面，是有所不同的。史诗演唱中，韵文体叙事的押韵方式以及配有程式化歌唱旋律的表演方式，都十分有助于对大部头作品的记忆。而“边说边唱”的讲唱文学，其大量的散文体讲述内容，则没有语言韵律和歌唱旋律的支持，记忆起来就要困难得多，讲唱文学的传播者于是就必须努力通过强化作品的故事性来达到强化自身记忆力的目的。久而久之，世代诵唱史诗的一些民族(例如蒙古族、维吾尔族以及西南地域的藏族)，即训练得格

① 民族学界根据不同民族所操语言的特征，将世界上的民族大致划分为13个语系，其中主要的七大语系分别是印欧语系、汉藏语系、阿尔泰语系、闪含语系、德拉维达语系、高加索语系、乌拉尔语系。我国多数民族分别隶属于汉藏语系下面的汉语族、藏缅语族、壮侗语族、苗瑶语族；少部分民族分别隶属于阿尔泰语系下面的蒙古语族、满-通古斯语族、突厥语族；此外有些民族属于其他语系，例如南方极少数的民族属南亚语系，台湾的原著民诸族属于南岛语系，而俄罗斯族和塔吉克族则属于印欧语系；一般的看法，将朝鲜族在语系划分上视为“待定”。

外富于诗歌创作能力和旋律感觉，世代传播讲唱文学的民族（例如满族），则更加擅长编创与欣赏情节异常生动的叙事性作品①。

满族的先民经历了许多个世纪的口承文化阶段。虽说自中原地区的先秦时代，就有了满族先民——东北亚地区肃慎古族群活动的记载，但这个民族的直系祖先却是直到16世纪末叶，才正式创制了本民族的文字——满文②。漫长的历史推进过程，该民族的先民都是以口承方式来传载自己的精神文化。他们的口承文化积累不可谓不厚重。

满族先民信奉萨满教，属年深日久。萨满教的万物有灵观念，便于激励人们的奇思异想。在满族先民的许多部落和氏族中间，所信奉的各种各样神祇煞为繁复，而且据说人们还总是以佑护本氏族的神祇比佑护他氏族的神祇更多而感到慰藉与骄傲。这又从另一角度推进了该民族民间口承文化的摇曳多姿。

白山黑水之间的广袤地带是满族故乡，那里地处北半球北温带向北寒带的过渡段，冬季极长，是我国境内最寒冷的地区之一。地广、人稀、物博，加之冬天的高寒与漫长，给人们养成“猫冬”（即冬季严寒时节足不出户、只在家中歇息）的习惯备下

长白山天池

① 直至今日，人们仍然可以看到，蒙古族、维吾尔族、藏族等世代传唱史诗的民族，民间诗人多，民间音乐优美，仍然是“诗的海洋、歌的海洋”；同样，像满族那样世代喜好讲唱文学的民族，民间故事家多，作家特别是小说家，涌现得也非常多。

② 金代的女真人曾经创制出自己的民族文字女真大字和女真小字，然而正像金朝被元朝推翻后绝大多数金代女真人留在中原随后为汉族所覆盖一样，金代的女真文字也未能流传下来为明代中后期新一波由东北地区崛起的女真人所拥有。

了条件。满族一辈又一辈在当地生活的先民，冬天里常常是整日半宿地围着老人，听他们“讲古”。所谓“讲古”，就包括讲述神话、传说和历史故事。“前人不讲古，后人失了谱。”老人们的“讲古”是民族传统交递承传的重要手段，听众愿意用虔诚的情感去聆听。

不过讲故事有时也会是另一番场景。东北满族乡村常把民间叙事作品叫做“瞎话儿”，大概因为多是冬闲时节所讲的故事而得名。讲“瞎话儿”，并不全都是在教育后代，它又是百姓们乐此不疲的民俗娱乐事项。有一段顺口溜这样说：“瞎话儿、瞎话儿，讲起来没把儿。东出一撇，西出一岔。三根羊毛，擀双毡袜。老头子穿八冬，老婆子又穿八夏！”可见“瞎话儿”作品有的也挺生动有趣儿，情节奇异引人入胜，听讲“瞎话儿”时候，人们的气氛会轻松欢快起来。

作为跟满族民间文学相关的口承文化，让人们尤其关注的有这样几部分：

其一，神话。萨满教“万物有灵”观念对产生丰富的神话作品起了重要作用。创世神话《天宫大战》，描述三位始祖女神阿布凯赫赫、巴那姆赫赫、卧勒多赫赫开天辟地并降伏恶魔耶鲁里的情形，故事跌宕起伏，色彩奇绝诡异，体现了原始艺术的超凡想象力。神话《女真定水》等，则展示了洪荒时代初民们与险恶大自然机敏周旋的智慧和气概。《尼山萨满》的神话，是一部在满—通古斯语民族中广为流传的叙事作品，在满族、锡伯族、鄂伦春族、鄂温克族民间均有大同小异的口头版本流行着。作品描述一位名叫尼山的女萨满（即萨满教的女性神职人员），为了救人性命而去阴间夺魂的过程。在一个山村里，富人巴尔都·巴彦50岁上才得到的儿子塞尔古岱·费扬古，15岁进山打猎时不幸死亡。巴尔都为了让爱子重生，去求救于尼山萨满。尼山在助手帮助下，穿戴神衣神帽，带上神器，便上路了。她们如风疾行，连闯三关，才在阴间从尼山萨满的舅舅那里，把小费扬古夺到手。

在返回的路上，她遇到了自己死去的丈夫，因为他已死多年骨肉早就腐朽，尼山萨满已经无法帮他还阳。随后，她们又路遇子孙娘娘，观看了地狱奉图城中各种恶鬼因生前作恶而遭受刑罚报应的情形。子孙娘娘让她回到人间把那些情形讲给大家听。尼山萨满回到巴尔都家，把其子的灵魂放还到死者的身上，经祷告作法，塞尔古岱·费扬古终于复活了。巴尔都很感激，以财产回赠尼山和她的助手。此后，塞尔古岱·费扬古一生多行善事，结果子孙满堂，均居高位。《尼山萨满》反映着历史上满族民间笃信萨满教、到处传颂萨满们积德禳灾善行的真实情况。

其二，“德布达理（debtelin）”之类的传统说唱文学。据文化人类学者发掘，东北亚地区的满—通古斯语诸民族，有着各自的说唱文学样式，例如赫哲族的“伊玛堪”、鄂伦春族的“摩苏昆”，都是该民族说唱文学的经典体裁。在满族民间流传的说唱文学样式“德布达理”（满语原意为“本子”），据认为与“伊玛堪”、“摩苏昆”是类似的说唱艺术形式。“德布达理”作品以散文讲述与韵文吟唱交替展现，由民间艺人边讲边唱，讲唱循环，讲的多是故事情节，唱的则主要是人物的心理活动。“德布德林”均为传统的满语创作，随着满族族众在晚近历史阶段较多地改操汉语，此类作品逐渐失传，迄今搜集到的“德布达理”均为残本，其中有流传于黑龙江流域的描绘青年男女爱情故事的《莉坤珠逃婚记》和流传于嫩江流域的叙述侠弟救姊故事的《空古鲁哈哈济》等。“德布达理”在传统的说唱文学中是最古老的样式，虽说“德布达理”样式的满语民间作品多已失传，但是上述两部作品的被采集，证实这种说唱艺术形式确系满族先民口承文化的历史宝藏。这类纯系民间创作的说唱文学“德布达理”，代表着满族先人在萨满神歌之外的又一种较为古朴的艺术形式：它既是叙事的，又是说唱结合的。就其形式来看，《尼山萨满》与“德布达理”类作品有些相似，也是说唱结合的口头作品，其中包含着较多的萨满神歌。

其三，民间“说部”。这是满族民间文学的特有样式之一，是一种由民间艺人创编并传讲的散文体长篇叙事文学，与中原市井间的说书艺术似可比拟。假如允许用一种带有形容性质的说法，我们自可以把它称为“民间口头长篇小说”。“说部”中每部作品篇幅都很长，须把整部大作品分成若干分部来逐次讲述。近年来搜集到的长篇说部作品，有《东海窝集传》、《红罗女三打契丹》、《比剑联姻》、《金兀术的传说》、《两世罕王传》、《东海沉冤录》和《黑水英雄传》等十几部，普遍具有情节震撼人心、人物个性鲜明、语言气势夺人的艺术魅力。因说部作品常以本民族历史上的事件和人物为题材，故多暗含历史传说性质。满族的民间“说部”，在中外民间文学中是一种较为特异的样式。它是散文体的长篇叙事性作品，与许多民族的散文体叙事性作品一般都规模较小的特点不同，它具有规模宏大的特征；而作为长篇大部头的叙事作品，它又与某些民族的这类作品多采用韵文体形式靠演唱来传播不同，它是由民间艺人靠讲述来传播的。这种方式跟中原地区流行的民间艺术“评书”表演样式相像。满族先民喜好听“讲古”是由来已久的。早在金代，进入中原的女真人就保持着这个嗜好。当时的文献《三朝北盟会编》里，曾记录着海陵王完颜亮的弟弟完颜充在听到“说话人”刘敏讲五代史的时候，反响强烈地“拍案厉声曰：‘有如是乎！’”此外，《金史》中也还有当时女真贵族宠爱汉族“说话人”的记载[①]。满族民间“说部”较多地被发掘、整理，进一步证实了这个民族的先民世代欣赏叙事性历史文学的癖好，也证实了在满族民间，许多年来即已拥有创编大批长篇大部头叙事文学口头作品的艺术生产能力。

这儿之所以把“神话”、“德布达理”类讲唱文学和“民间说部”作些特别的介绍，主要是考虑到这几类民间创作与日后满族民族文化传统变迁之间的关联，它们对后来满族文化的接续和

① 连《说岳》里面宋人王佐进入金营说服自幼成长在女真族中间的陆文龙回归宋营，也是利用了女真人都爱听“讲古”的习性。

发展，均产生了或显见或潜在的影响。口承文化，作为任何一个民族“前文明”时代的精神遗产，都必然地要对该民族后来的文明走向起到制约和诱导作用。尽管满族入关后的民族文化出现了显在的异变，人们依旧不难找到它在不同文明发展阶段自身演变的内在规律及走行轨迹。笔者在此处简要述及满族先民的口承文化，要说明的，并不是该民族民间文学的概貌，而是意在引导读者粗略地了解满族先民在口承文化时代的文化态势与文化拥有，以及该民族早期的艺术创作趋势。满族作为一个民族文化群体，源自于萨满教神话的奇思遐想，早已为它注入了挥洒浪漫的艺术基因；“德布达理”纯民族样式的载叙载歌，又为它的艺术追求添加了符合民众日常审美诉求的表达方式；至于多种长篇民间“说部”的存在，则凸现了这个民族在口承文化的拥有时期，就已经为未来的艺术远足积能蓄势。

自清代，到现代，再到当代，满族人打从有了自己的书面文学（包括他们用满文和汉文书写的文学）以后，其创作状态长期维持着罕见的强势，且满族的作家数量一直在国内少数民族中首屈一指。这不能不说与他们在口承文化发展阶段的各项积累和训练直接相关。至于说到老舍，其实只是该民族书面文学写作总格局当中一个突出的个例而已。

16 世纪末，由于建州女真部在政治军事上迅猛崛起的需要，发明书写文字被提上了该民族文化建设的日程。1599 年，努尔哈赤命额尔德尼、噶盖二人采取拼音文字的方式，参照蒙古文字拼写规则，正式创制了自己的民族文字；至 1632 年，根据三十多年文字运用实践中间的经验教训，皇太极又进一步指示达海，将额、噶二人创制的尚存一些缺陷的满文，改造、完善并定型[①]。

① 先前由额尔德尼、噶盖创制的满文，史称“无圈点满文”或者“老满文”，因此套拼写方案大致模仿蒙古文的书写规则，而在书写语音区别较为细致的满语时，暴露出一些缺点；后由达海在“老满文”方案之上做了若干加工改造，使之完全吻合了满语的记音拼写规律，这种最终定型的满文，即被称为“有圈点满文”或者“新满文”。

满文的创制定型，有力地推进了女真—满洲民族的发展。从有了满文之日起，一直到清代的中晚期，满文不仅被广泛运用于政治军事等重要领域，也对不同阶段的满族文化推进产生着明显的作用。文学中间的小说写作，在汉族文化传统观念下面，从来就是“不登大雅”的“稗官野史”一类的东西。而历史上早就有全民趋之若鹜地欣赏民间“说部”习尚的满族人，却天然地跟小说这种文学样式相亲近。入关以前，满族人自己还不会写作小说，就在刚刚创制了满文不久，把《三国演义》等汉文小说作品译成满文，如醉如痴地广泛传阅。入关后，一些还没有及时具备汉文阅读能力的满人，仍然是通过满文译本，来阅读中原地区原有的小说作品。据了解，清代用满文译著的汉族小说，就有《唐人小说》、《西游记》、《水浒传》、《封神演义》、《金瓶梅》、《聊斋志异》、《连城壁》、《八洞天》、《列国演义》、《好逑传》、《玉娇梨》等数十种之多。

先是通过满文译著，后来则通过直接阅读汉文原著，在汉族人还不怎么把小说当一回事情的时候，满人们却在向这个正统标准所界定的“等而下之”的文学体裁，投放着自己贪婪的目光。投放的结果，便是后来从清代，到现代、当代，满族小说家如几何数值般地翻倍激增，以及他们在此种领域内相当多的创作方向上，居然斗胆去跟自己的老师——汉族——的作家们，争一日之高下。

让我们重新回到清代。那是个满族文化出现大规模嬗变的历史时期。究其因由，则是外部环境的引导和内部氛围的挤压这样两个方向上的力量共同作用造成的。

满洲人入主中原的时刻，挟有自己的文化传统，其野性而粗粝的精神特征，还是十分彰显的。携带着这样的民族文化闯进关内的旗族，当时全部人口仅只几十万人，无法与已有数千万之众的汉族相提并论，就他们的文化发展水准来看，亦比中原滞后许多。苦于思索的满洲上层统治者，特别借鉴了辽、金、元等少数民族曾经在中原建立政权的经验教训，认识到，靠武力去夺取政权也许是容易的，而靠同样的手段，去长久地维持对于包括汉族在内的国内众多民族的民众实施有效统治的政权，则是不可能的。于是，以顺、康、雍、乾几代清朝早期帝王为代表的执政者，出于维护政权的迫切需要，不遗余力地向汉族传统尤其是儒家思想靠拢、学习。他们懂得这种学习对于新兴的清政权而言是性命攸关的，因而他们学习的态度与毅力也是足堪慨叹的。

福临（指顺治帝——引者注）是一位好学而明智的年轻君主，1651 年，他开始执掌朝政时，很难看懂向他呈递的奏折。由此他深感对汉文的无知。他以极大的决心和毅力攻读汉文，因而在短短几年内已经能够用汉文读、写，评定考卷，批阅公文。他对中国小说、戏剧和禅宗佛教文学的兴趣也不断增长，大约在 1659 年或 1660 年的时候，他成段地引用 1656 年刊行的金人瑞评点的《西厢记》……他对小说评论家金人瑞的评语是“才高而见僻”，足以显示他对汉文的理解力相当高深。一个日理万机的人能有如此成就是很不寻常的。[①]

还有康熙皇帝玄烨，自少年时代起时常彻夜攻读“坟”、“典”文献，即便是累得咳血也在所不惜。

他们的攻读终于奏效，经过不懈的努力，清代的主宰者登上了“无限风光”的儒学传统思想顶峰，完成了自我文化形象的调整与重塑，中原封建旧族中的绝大多数，因此开始心悦诚服地为他们原本并不喜欢的这个清政权效力了。

古今中外，任何一个民族都不会愿意主动地轻易地舍弃自身传之久远的文化传统。当顺、康、雍、乾等满洲领袖人物向汉族

---

① ［美］A.W.恒慕义主编：《清代名人传略》，中国人民大学清史研究所《清代名人传略》翻译组翻译，第 573 页，青海人民出版社 1995 年版。

文化思想的高峰戮力攀登的时刻，他们的心理肯定是极矛盾的。一方面，如若不把汉人传统的文化尤其是治国思想的精髓实实在在地学到手，已经到手的政治利益就完全可能付之东流；他们可是又不希望自己的满洲同胞也都效法其后，与他们一样地去学习和汲取别民族文化，那么做，显然会危害到自我民族文化的存在、承袭和延伸。正是鉴于这般考虑，包括上述各代帝王在内，清代的满族君主们几乎可以说从始至终三令五申地在强调对于本民族传统的固守，强调“国语骑射”等满族习尚长期持有对本民族在新环境下继续存在的根本意义。然而，跨进中原的历史性抉择本身，就意味着坠入并遨游于汉族文化汪洋大海的开端。博大精深、美轮美奂的汉族文明，对这个经济文化欠发达民族的成员们来说，不啻是一种“挡也挡不住的诱惑”。有清一代，“国语骑射”等满民族的非物质的和物质的文化，显见着一层层地脱落。时至清末，入关前的满族文化在汉族文化的步步诱导之下，业已出现了大幅度的转轨。幸好，满人并未一任汉族文化洪涛的彻底“灭顶”，他们的智慧和举世公认的创造性帮了他们一些忙，使他们在某些情况下大胆地向强大的汉族文化表达了自己的别样选择，他们的一些独特的价值取舍没有被历史所湮灭，在日后中华文化的构建中还发挥了独特的作用。

旗族自身的状态也对满族文化的演变产生着作用。诚如前述，清朝严酷的八旗制度把先后十数代的旗人们毫无例外地圈定在兵民一体的唯一人生模式当中，这不光因“八旗生计”问题的困扰造成了旗族下层的生存质量严重恶化，并且，旗人们在心灵上的憋闷抑郁也不难想见。贫寒难挨的普通旗人在没有战事的情况下，总是要被死死地钉在各自的驻防地域之内。就连上层的旗人，哪怕是贵为王爷贝勒，也照样活得不大自在，虽说他们可以锦衣玉食，养尊处优，却跟下层旗人一样短缺人身自由，因为清朝的制度规定，一律不设置在外地分封定居的宗室外藩王，故而这些人未获差遣，同样不能擅离京师，也只好在这座城池里当一辈子的富贵“囚徒”。浸泡在此种人生悲剧中，旗人们显然心绪不会舒展。为了姑且规避落寞人生的笼罩，他们不得不变换各种方式来调剂自己的生活和心理。一来二去，旗族出现了越来越明朗的追求艺术情趣的倾向，他们试图随处找寻心灵间哪怕是暂时的慰藉和平衡。在通过艺术调节生活上面，他们肯下工夫下力气，渐渐养成了一整个民族符合新的城市生活特点的艺术嗜好。起初，上层有闲子弟还模拟汉族士大夫阶层，多在琴棋书画等较为书斋式的领域里展露才华，而下层穷苦旗人则往往须到吹拉弹唱等习见的文娱形式里寄托时光。后来，贵族阶层在艺术生活方面的世俗化趋向，一天天的鲜明起来。全民族（特别是京师驻防旗人们）生活的“艺术化”倾向，几近脱缰野马，径自把这个原本饱含尚武精魂的民族，改造成了一个文化气息浓烈的群体。

至19世纪末20世纪初，也就是老舍刚刚来到这个世界上的时候，满族这场生活艺术化的“群众运动”方兴未艾，让生存其间的所有成员都无可逃脱。

## 二

虽然早在清初，中原诗坛的领袖人物王士祯，就曾因满洲诗人鄂貌图的率先出现，而提出过“满洲文学”的概念，且有清一代也可以读到诸多对满人创作探讨的记载，中国境内的满族文学概念还是在20世纪大半段时间里完全被遮蔽。以至于到该世纪的70年代末80年代初，学界在关注少数民族文学发掘与研究的氛围当中，重新提出研究“满族文学”的任务，竟有人茫然发问：“满族文学”是什么？它存在过么？

提出这样问题的人并不仅仅出于无知。满族、满族文化和满族文学艺术的客观存在，都曾在一个不短的时间段内，为人们一味地忽略与放逐。

满族文学岂止存在过，还应当说是中国境内最出色最具价值的族别文学之一。而今这样断言，在业经开拓并且熟化了数年的民族文学研究领域，已不会引来人们的诧异与疑问，因为满族文学的搜集、出版、评介和研究，早已高高地浮出于海平面。

但是，在基本上只顾恋汉族文化和文学发展的传统学术圈子里以及在较为普遍的汉文读者中间，关于满族文学起码的来龙去脉以及常识性的知识，依然所知不多。面对这样的无奈，笔者觉得，可能有必要在谈及老舍民族文化背景的当口儿，多说这么几句。

满族文学，是满洲民族名称出现后该民族口头文学与书面文学的总和。满族的书面文学，是随着满文的产生而产生的。最早的满族书面文学萌芽，体现在像《满文老档》这类满洲人早期的史书当中。后来，从入关之前直至清末，满人用满文创作文学作品的情况也还不绝如缕①；然而，由于后来的满族文学受到了汉族古典文学多方面的影响，有清一代的满族文学，其绝大多数作品均以汉语言来写作，采用了汉语文学的各种形式②。

据认为，清人诗集约7000种。而近年来的发掘研究证实，其中满族人的诗集就有600种以上③。这个在清代汉文诗坛上几

---

① 清代满人用满文写作的散文作品，虽数量较少，却也时有所见。例如清代前中期武默纳创作的《长白山寻根记》、增寿创作的《随军纪行》、图理琛创作的《异域录》以及乾隆皇帝弘历所写的《盛京赋》，还有清代中晚期“子弟书”中间的一些满文段子，都是明证。此外，清代满族作家用满文创作的另一类作品，是翻译小说，不同民族文种间的翻译工作均带有二度创作的艺术特点，满文译作也是如此（这方面大量的译作名称，前面已谈到过）。

② 这里有一个鉴别民族文学族属的习用原则，即在各民族文化相互交流的情况下，一民族的作家用他民族的语言文字进行创作，特别是小民族用大民族的语言文字进行创作，作品族属并不判给后者而要判给前者。因为文学中间所体现的民族的生活、习尚、心理乃至价值尺度、审美眼光，比较起所使用的语言文字来，都是更为关键的决定性因素。这就如同许多黑人用英文写的作品不能列入白人文学一样的道理。在这里，大民族或者文化先进民族的语言文字，已经不再是鉴别民族文学族属的首要尺度，而更多地体现出一种文学运载工具的职能。

③ 这一数字根据《八旗艺文编目》等记录统算。另，《熙朝雅颂集》收入清初至清中期旗族诗人诗作近万首，作者凡550人；《八旗文经》亦收入旗族文人文章650篇，作者也有550人。

近十分之一的作品创作量，足可说明在这一历史过程中满族文人之多及其写作能量之巨。在如此大规模的民族创作中间，艺术的良莠参差是不待言说的。不过，各个创作阶段上满人的优秀作品，也确实标志出了相当高的成就。

诗词是汉族文坛的核心写作形式，起初满人学习用汉文写作品，也是由诗词写作开始的。最早谙熟汉文诗歌创作体裁，并在中原诗坛上引来关注的满洲人，是鄂貌图和高塞。鄂貌图是清初中和殿学士兼礼部左侍郎，兼通满、汉文义，其《北海集》是满人最早用汉文创作的诗集，王士祯评价他“满洲文学之开，实自公始”。他于随军南征旅次写下的《秋思》诗如下：“树色苍苍滇海秋，归心每望凤凰楼。二毛镜里惊衰鬓，万里天边看敝裘。片片火萤摇客眼，轻轻沙燕过南州。飘蓬风露疲鞍马，回首盘江东北流。”高塞，是皇太极的第六子，顺治皇帝的庶兄。他长年远离尘世，在医巫闾山中闲居。王士祯说他：“性淡泊，如枯禅老衲。好读书，善弹琴，精曲理。常见仿云林小幅，笔墨淡远，摆脱畦径，虽士大夫无以逾也。”足见其精神及艺术之一斑。他的诗《秋怀》较鄂貌图作品更显恬淡：“终朝成兀坐，何处可招寻？极目辽天阔，幽怀秋水深。浮云窥往事，皎月对闲心。兴到一尊酒，沈酣据玉琴。”鄂貌图与高塞，作为满族文学史上最先登上汉文诗坛的作者，起步不俗，预示出有清一代满族作家文学在意境营造上的深致追求以及在汉文格律诗创作中的高标功力。那时他们毕竟刚从本民族的语言文化环境中走出来，创作中不可避免地，还依稀可辨临摹汉族文人作品的痕迹。

康熙朝，是满族书面文学形成整体创作态势，并且初步展现独特艺术追求的时期。纳兰性德、岳端、曹寅、博尔都、文昭等人都在国内文苑享有盛名。从诗词的题旨看，满族作家作品展示着本民族昂扬向上、意气风发的精神面貌，艺术风格上也多雄浑开阔、大气包举。康熙皇帝玄烨所作《松花江放船歌》颇可作为代表性作品：“松花江，江水清，夜来雨过春涛生。浪花叠锦绣

纳兰性德手迹

縠明，彩帆画鹢随风轻。箫韶小奏中流鸣，苍岩翠壁两岸横。浮云耀日何晶晶，乘流直下蛟龙惊。连樯接舰屯江城，貔貅健甲皆锐精。旌旄映水翻朱缨，我来观俗非问兵。松花江，江水清。浩浩瀚瀚中波行，云霞万里开澄泓。”在创作风格上，满族的诗人词人们充分地避短扬长，机敏地规避了汉族传统创作堆砌用典的旧模式，大胆地选取以俗白晓畅之语写绘率真性情和身边事相的方式，居然一时蔚成大观。纳兰性德状写军旅生涯的《长相思》词写道：“山一程，水一程。身向榆关那畔行，夜深千帐灯。风一更，雪一更。聒碎乡心梦不成，故园无此声。”他记录个人情感生活的词《菩萨蛮》更是情真意切：“问君何事轻离别？一年能几团圆月？杨柳乍如丝，故园春尽时。春归归不得，两桨松花隔。旧事逐寒潮，啼鹃恨未消。”国学大师王国维（《人间词话》）曾一语中的：“纳兰容若[①]以自然之眼观物，以自然之舌言情。此初入中原，未染汉人风气，故能真切如此。”正是纳兰性德由精神气质层面体现出的满人艺术追求，为清初的中原词坛吹进了清新的气息，也因而为满族的文学创作赢得了当时及后世经久不竭的激赏。与性德同时或稍后，其他几位满族诗人的作品也颇堪瞩目。例如岳端的诗歌（《葡萄》）清新别致极具想象：“曾闻诗胆大如天，请看狂生画亦然。乱点葡萄十数个，只求神似不求圆。”文昭诗作（《校猎行》）则独辟蹊径，运用平朴灵动的笔触来涂写市井间纯

① 纳兰性德（1655–1685），姓叶赫纳兰，本名成德，后为避太子讳而更名为性德，字容若，号楞伽山人。

真古朴的风土民俗："朔方健儿好驰骛，擒生日踏城南路。怒马当风势如飞，耳立蹄跻不肯驻。大箭强弓身手热，一时杀尽平原兔。穿心贯腋血纵横，锦鞍倒挂纷无数。君不见，独孤信，会猎归来日已暮，侧帽驰马人争慕。"

可以说，清初满族文学刚刚草创即由纳兰性德、岳端、文昭等文学家共同抉择选定的，以通俗晓畅的语言来摹写寻常人生当中真性情、平凡事的文学创作路子，经过随后两三个世纪满族文坛众多后来者的争相追随、不断光大，已渐成满族重要的文学风格，成了满族的一项文学传统。后来者继往开来，往往既是个中的受益人，又是该传统进一步的开进者。本书所聚焦加以观察的作家老舍，正是这众多受益人和开进者当中，极受世间青睐的一位代表。

至乾隆年间，满族的古典文学距离其初创还不到百年时间，却已现出自身的鼎盛局面。其间作家辈出，作品繁茂，风格纷呈，不单诞出了曹雪芹①和《红楼梦》，在各种样式和题材上均出

① 从《红楼梦》被公认为文学巨制以来，曹雪芹的族属就成了一桩长久争议的公案。人们经常可以听到认为曹雪芹是汉族人的意见，以曹雪芹与满族"没有血缘联系"为立论依据。这本身就是个错误。中外学界奉行的各种民族理论，在辨别民族成分时，都一致地排斥血统标准，而是由经济文化生活和心理素质等方面的异同作为综合识别尺度。曹氏家族的先人自明末归降后金起，到雪芹这一代，已依附满洲社会达六代百年之久，曹氏为后金—清政权的创建付出过重大牺牲，立过汗马功劳。他们与满洲主子的关系超乎一般的密切，雪芹曾祖曹玺之妻曹孙氏身为康熙皇帝乳母带着幼年康熙在紫禁城内居住数年，曹玺、曹寅、曹顒、曹頫等三代四人为康熙帝充当江南地区的"耳目"。曹家生活的各侧面皆与满族无异；在心理方面，直到雪芹父辈也一直是全力为满族统治集团效忠从而也得到自身利益，曹家的兴衰枯荣实则维系于满族最高统治者的喜怒。曹氏一家满化日久是个不争的事实。曹氏家族后遭政治倾轧，雪芹一生贫困潦倒，确跟权贵们有所离心，却不会因而变成了汉人。民族与阶级毕竟是两码事。清代宗室之内也有许多政治斗争的落败者，曹雪芹与他们的心理是相像的。将曹雪芹说成是汉族人的又一失误之处，是混淆了"满洲包衣旗人"与"汉军旗人"的概念。"包衣"在满语里有"家里的"、"家奴"等含义，多是在努尔哈赤起兵时因降顺或被俘而归入旗籍（即划分到后来的八旗满洲之内）并世代成为满洲统治者的家奴（小说《红楼梦》对此有很多相关描述）。满洲主子不但占有了他们的人身自由，

现了艺术珍品。作为一个民族在文学上步入成熟的标志，此时京师出现了规模性的满族作家创作群体，成员尽来自贵族或官宦世家，都有深厚的文学修养，中间不少人还有着由盛及衰、由尊转卑的家族史。相近的人生况味和相似的艺术嗜好把他们以文学为媒介勾连起来，从事相互呼应的文学创作和阅读。这些作家当中，既有永忠、永憲、书诚、敦敏、敦诚、墨香、弘晓、弘旿、永恩、永瑺等宗室子弟，也包括雪芹、庆兰、明义、和邦额、成桂、幻翁、兆勋等非宗室人士。这班人的写作，以诗歌为主，兼及了小说（含短篇文言小说、长篇白话小说与小说理论）和戏剧等门类。

被后世视为中国古典小说艺术巅峰的《红楼梦》，当时曾得到这个作家群体内部的极力推许。永忠在一组题为《因墨香得观〈红楼梦〉小说，吊雪芹三绝句》的诗中，这样写道：

---

还对这些家奴实施强有力的民族同化。曹氏家族就经过了这个过程。他们因彻底同化并对主子全身心地效力有功而发迹，成了满洲上三旗内务府的要员，享受到了“钟鸣鼎食”的富贵荣华，还被堂而皇之地收入《八旗满洲氏族通谱》，再谈不上有什么汉人的心理。“八旗汉军”的出现则与这类有汉人血统的“满洲包衣旗人”不同，那是临到清军入关之前才为军事需要而实行的新措施，比“满洲包衣旗人”的出现要晚许久。还有，满族从开始就是一个非单一血缘的民族共同体。其诞生之初，是以女真族为主体，兼收包括少量汉、蒙古、朝鲜等北方少数民族成分而形成。此乃满族史之基本常识。人们知道，纳兰性德究其血统也非女真直系而是蒙古后裔，而今天蒙古族却无人提出纳兰氏应该回归蒙古。况且清代大量“汉军旗人”也已“旗化”、“满化”了，后代坚持申报满族族籍的所在多多。曹雪芹，虽一生历尽磨难贫困，有着复杂的人生经历，却始终未离满族的生活圈子。只要了解有关曹雪芹的研究资料，再看看与他同时代的一些满族文学家，就会明了，这位伟大作家和他的不朽作品的问世决非偶然，他们彼此有着极为近似的家世、遭遇、情绪、志趣、习尚、心理，甚至在他们各自的笔下，还出现过类似的形象和内容。这些人的思想和艺术，为雪芹的创作提供了广阔的基础。而人们却未发现，雪芹生平还与哪些“旗人”而外的“民人”有过较多交往。故此，说曹雪芹是满族人是没有问题的。把《红楼梦》说成是满族对祖国文化和人类文化的奉献，也是不无道理的。当然，《红楼梦》博大精深，有中华文化百科全书的价值，把它视为包括满族在内的中华民族共有的伟大文明的结晶，也许更教当代文化人易于接受。其实，只要我们真正树立起“中华多民族文学史观”的正确理念，是不难理解上述结论的。

曹雪芹画像

传神文笔足千秋，
不是情人不泪流。
可恨同时不相识，
几回掩卷哭曹侯！

颦颦宝玉两情痴，
儿女闺房语笑私。
三寸柔毫能写尽，
欲呼才鬼一中之。

都来眼底复心头，辛苦才人用意搜。
混沌一时七窍凿，争教天不赋穷愁！

这三首诗，难能可贵的是，吟成于雪芹亡故未久，即已表达出同时代、同命运人们对曹氏思想功力、艺术才赋超乎一般的理解与刻骨铭心的惋惜，为直至当下的“红学”研究树立了一柱极其到位的批评标杆。究其来由，则身为康熙十四子允禵（即与雍正皇帝有过“夺嫡之争”者）之孙的永忠，具备着与《红楼梦》作者相近的身世、怀抱、情趣及造诣，是不可不指出来的。《红楼梦》在中华文学史上的崇高位置自不待言，它在满族作家文学流变过程中的承转作用也是醒目的，此作品强有力地化解了先前《三国演义》、《水浒》等既有长篇的宏大叙事模式，选用日常口语摹写日常生活，通俗、平易、晓白、流畅，处处体现满族书面文学这一日见突出的创作特征。也是在乾隆年间，京师满族作家群中另一位小说家和邦额，曾模仿《聊斋志异》，推出一部文言小说集《夜谭随录》，尽管是用文言写作，作者也没有丢弃满族书面文学业已逐步形成的选用日常口语摹写日常生活的艺术准则。试看下面一段选自短篇《三官保》中的文字："佟大言曰：'汝既称好汉，敢于明日清晨，在地坛后见我否?'保以手拊膺，双足并踊，自指其鼻曰：'我三官保，岂畏人者?无论何处，倘不如期往，永不为人于北京城矣!'"这是描写京城两个下层旗人街头斗嘴"叫字号"的场面，作者和邦额并没有叫文言写作束缚住手脚，那清中叶京城市井生活"京片子"的气息声口跃然纸上，显然可看做是后来"京味儿"文学的滥觞之一。读者接触到这样鲜活传神的文字，不免联想到，二百年后的老舍笔调，与和邦额此等书写，真是"何其相似乃尔"!

乾隆朝及其先前，满族书面文学的创作活动，还主要是局限在贵族阶层（包括破落贵族阶层）的圈子里。不过，其选用日常口语摹写日常生活的艺术路数，和通俗、平易、晓白、流畅的文风，已经为满族上层之"雅"文化与下层之"俗"文化的接轨，敷设了必备的桥涵。满族上层由清代贵胄世家子弟们打造的"雅"文化，本来就和下层旗人们嗜好的"俗"文化相去不远，二者间的距离之近，自不可与汉族"雅"、"俗"文化间的距离之遥相提并论。在汉族那里，"雅"的"雅"到了极致，即便学养极深的人士有时亦难以了然此中三昧，而汉族"俗"的有时又"俗"到了家，某些"大老粗"一辈子怕是连最浅显的民间故事都不能记背几篇。这跟汉族的文化过于依赖书面文献记载却普遍忽视了口承方式的传承直接有关。而说到满族，世代崇尚的民间叙事传统，不仅广泛地提升了下层大众的欣赏口味，也牵制了上层文化人，抑制他们偏离民族传统地去作文化"无限拔高"。乾隆间，和邦额与他的《夜谭随录》以及另一位贵族文学家庆兰（笔名"长白浩歌子"）与他的《萤窗异草》，可以标志出满人在文言创作中的"摸高纪录"，此后，除嘉道年间的麟庆还乐于以文言写散文外，满族的众多作家似乎再也没有动情于眺望那艰涩聱牙的文言文写作的漫漫征途。他们在韵文体与散文体写作中，都把写得平易、晓畅有生气，视为作品的生命线。实在说，对这些才告别满语环境不久的旗籍子弟来说，强迫他们以文言文去纵横挥洒并且大量引经据典的文学样态，简直就像是一座“危乎高哉”无从翻越的崇山。叫他们去追随汉族文人“吊书袋”，他们真的吊不来。这个民族的文学家只能另辟蹊径。这既是他们的无奈之举，也是他们的智慧之策。谁又曾想，到后来，他们的后代竟因此而大大获益。不屑说，那些获益者当中，最惹眼的，还看老舍。

也就是在乾隆时期，满族底层社会中的“俗文学”也在非常迅速地滋生蔓延。“子弟书”和“八角鼓”这两种与八旗下层官兵关系密切的曲艺样式，从一问世，即是旗族平民艺术家们的书面创作。

“子弟书”全称为“八旗子弟书”，是乾隆朝兴起的一种鼓曲艺术，因首创于以满族为主体的八旗子弟中间而得名。据说这种艺术由军中流行的神歌、俚曲衍成，最初多是出征将士们借现成曲调填上词来表达怀乡思归情感的小制作，渐渐传回北京，为那里的满族下层文化人所钟爱和改造，并长期坚持创作，形成了以固定曲式配唱各种叙事作品的样式。子弟书在草创阶段被视为市井闾巷里的“玩艺儿”，正统文坛难施正眼，故早期作者多已佚名，即便到了清后期子弟书艺术盛行之际，一些创制者也难确考。子弟书是通过演唱来娱人的艺术，表演时多以三弦伴奏，一唱到底。作品以七言句式为基准，加衬字时亦可一句多达十数字，每两句须协韵，每部作品只押北方通用“十三辙”中的一个韵。作品一般不太长，只有一两回，超过十回的作品不多见。涉及题材广泛，除取材于《三国演义》、《水浒传》、《西游记》、《金瓶梅》、《红楼梦》等精彩片断而外，还有一些描绘满族社会生活的段子。子弟书作品因大多出自有些文化修养的旗人文笔，遣词用韵讲究雅驯，行文叙事也收放裕如。在传统的汉文创作历来缺乏叙事诗歌的情况下，这种大批量问世的子弟书作品，实有弥补正统文学不足的价值和意义[①]。

清中后期，子弟书艺术发展很快，渐显出东韵、西韵的流派分野，二者分别成熟于京师东、西两个城区，东韵风格“沉雄阔大，慷慨激昂”[②]，以演述忠烈故事为主；西韵则多“尤缓而低，一韵纡萦良久”[③]，以表现爱情故事见长。后来，子弟书艺术由北京散布到关外盛京（今沈阳）等处，欣赏者也扩大到以旗人为主的各族市民阶层。同治年间，在盛京出现了韩小窗、奕赓、喜晓峰、春树斋、缪东霖、二凌居士等人组成的子弟书作家群，把创作推入高潮。从当时一段题为《石玉昆》的子弟书中可以知道，在子弟书演唱的名艺人登场时，书场内能“坐过千人”，另外还有“多人出入如蜂拥”[④]。

乾隆间投身子弟书写作的高手，知名者有满人罗松窗。这位“西韵”子弟书的代表性作家今尚有约10种作品存世。这里由他所创《出塞》中摘出几句，足见其凄清柔美的风格：“宫车掩泪空回首，猎马出关也断魂。今日还非胡地妾，昨宵已不是汉宫人。”

韩小窗，是道光至光绪间在世的子弟书写作圣手，也是子弟

① 汉族文学传统标榜“诗言志”，因此，总把诗歌当做言志抒情的载体，而绝少用诗歌来叙述历史事件或身边故事。我们看到，汉语诗歌史上，《木兰辞》、《孔雀东南飞》、《卖炭翁》、《长恨歌》等较罕见的一些作品，便是叙事诗仅有的例证。故文学史家郑振铎十分看重“子弟书”作为汉语韵文叙事作品，其填补史册空白的独特意义。当代国学大家启功对于“子弟书”也有很高的认定，他说：“唐诗、宋词、元曲、明传奇，在韵文方面，久已具有公认的评价，成为他们各自时代的一绝。有人谈起清代有哪一种作品可以与以上四种杰出的文艺相媲美？我的回答是‘子弟书’。”（启功：《创造性的新诗子弟书》，《文史》1983年11月第23期）可惜的是，今日的学界以及文学史家们，对于“子弟书”仍无用心研究。

② 郑振铎：《世界文库》第四册叙录。

③ 震钧：《天咫偶闻》卷7。

④ 直到20世纪前期，这股“子弟书热”才退去，再后来，其曲调也濒于失传。存世的子弟书曲目，据傅惜华《子弟书总目》载，有446种。其中重要的作品，在1994年出版的《清蒙古车王府藏子弟书》中尚能读到。长久以来深受听众喜欢的一些子弟书段子，则被移植到晚近的京韵大鼓、东北大鼓、西河大鼓、二人转、山东琴书等曲种内继续演唱着。

书“东韵”流派的代表性作家，写有《长坂坡》、《周西坡》、《白帝城》、《忆真妃》、《芙蓉诔》等逾30种作品。《露泪缘》是他最为人称道的作品，感人至深地描画出宝玉恸哭黛玉时的情形：

苦自苦直到临终未能见面，恨只恨满怀心事不能达。到如今我万语千言你听见否?妹妹呀你在九泉之下还要详察。从今后我却醒了槐中梦，看破了世间无非是镜中花。不久夜台合你重相聚，好合你地府成双胜似家。这段情直哭到地老天荒后，我的那怨种愁根永不拔。只哭得日暗星稀没了气色，云愁雨泣掩了光华。恰便是颓唐一恸悲秦女，抵多少断肠三声过楚峡。

八角鼓，是子弟书的姊妹艺术，也是产生于清中期旗族里头的曲艺曲种。据说乾隆年间八旗兵征讨大小金川的战争中，曾由满族文人文小槎（又作宝小岔）创制了一种牌子曲形式的“岔曲”，在八旗社会流传开来，又经引入多种满、汉等民族传统曲牌，终于演变为把不同曲牌组合起来的牌子曲演唱形式。表演时因用满族乐器八角鼓伴奏故而得名。至清后期，八角鼓艺术盛行，八旗人等喜好在自组的票房内编词演唱，聊以自娱。当时的八角鼓词作，除一些依据小说、戏剧改编的段子外，尚有《鸟枪诉功》、《护军诉功》、《南苑叹》、《八旗叹》、《夏景天》、《怕的是》等多种，反映了清代“八旗生计”问题与各类社会现象，具有难得的史料价值。与文学性较高而声腔变化偏少的子弟书相比，八角鼓艺术虽然没能留存下来像子弟书那样多的好作品，却以复杂多变的联套体说唱艺术形式，对后来出现的北方曲艺曲种如单弦、聊城八角鼓以及民族戏曲曲种如满族新城戏等，产生了确凿的影响。

子弟书与八角鼓，从唱段上来讲它们是文学作品，从可以演唱娱人的角度来讲它们又是带有综合性质的曲艺作品。其曲艺表演性对清代旗族人们的艺术生活是一个极大的填充，而其文学性，则对清代以降的满族文学基本走势，产生着潜在的影响作用。清代后期至民国年间的北京满人，对子弟书和八角鼓，几乎是无人不知无人不好的，他们中间的文化人写些日常文字的时候，笔下也时不时地会流露出子弟书或者八角鼓的笔调和情趣。生于清晚期的作家老舍，也是这类文化人当中的一个①，他登上文坛后的许多创作，都有本民族民间曲艺习养的鲜明留痕②。

清代中晚期，满族文学愈来愈明显地出现了雅俗汇流、雅俗共赏的倾向。这里有两个可供相互印证的例子，颇能说明问题。一是嘉道之际一位重要的宗室文人——贵为“贝勒爷”的奕绘，特别喜好与擅长写反映平民生活的叙事诗，其中一首《棒儿李》是这样的：

棒儿李，身挟一鼓行万里。自言“家住金陵城，偶遇福建赦

① 胡絜青在《老舍剧作的说唱》中证实：“老舍喜欢民间文艺、京戏和地方戏，不仅爱听爱看还爱写，有时高兴了还爱唱两句，甚至自编自演一段。”（胡絜青、舒乙：《散记老舍》，第21页，北京十月文艺出版社1986年版）

② 1932年老舍在济南写过一首时政讽刺诗《救国难歌》，其中唱道：“……我也曾高捧活佛的大脚鸭，/真咒真经一字不解真正瞎咕唧。/我也曾尊孔崇经身修天下平，/回也不愚，到底痨病三期将而立！/我也曾烧香磕头给马克斯，/始终是不懂种种意识与经济。/我也曾学着甘地水米不打牙，/本来肚子就发空，绝食便更了不的！/我也曾崇拜博士梅兰芳，/《汾河湾》的确应当作国戏……”像这样，诗句以“我也曾”3个字来复踏起始，在这首诗中出现了11处之多，明显见得是借鉴了旧时满族曲艺常用的起句形式。用同样的两三个字反复起句咏唱，在子弟书中实多例证。譬如清代子弟书作家奕赓（鹤侣氏）所作的《鹤侣自叹》，开篇部分即是：“吁乎今世命弗佳，/半生遭际尽堪嗟。/十年回首如春梦，/数载韶光两鬓鸦。/也曾佩剑鸣金阙，/也曾执戟步宫花。/也曾峨冠拟五等，/也曾束带占清华。/也曾黄金济贫士，/也曾红粉赠娇娃。/也曾设榻留佳客，/也曾金樽酒不乏。/也曾雄辩公卿宴，/也曾白眼傲污邪。/也曾高谈惊四座，/也曾浩气啸烟霞。/我也曾壮志频磨英雄剑，/我岂肯一身无系似瓠瓜？/……”其中便连用了13个“也曾”或“我也曾”来起句。老舍为了把白话诗写得更符合社会下层人们的欣赏习惯，有意识调动了民族民间说唱艺术的表现手段。这种用大众习惯接受的形式写出的诗，普通读者自然感到亲切。

回旗人饿垂死。怀中无钱有赦书，不得还乡见妻子。我时年少心肠热，许助东归鸭渌水。三木地上支鼓腔，三棒空中落还起。一日度长江，三日度黄河。食分患难友，口唱“凤阳歌”。天津达山海，出关更东走。口唱“凤阳歌”，食分患难友。友人中途已抱病，扶持到家亦夭命。入门三日死正寝，恸哭声催鼓皮迸。东经宁古塔，北转经三姓。东京往还十五年，南京流离北京边。有兄有嫂不得见，旅食他乡不见怜。绝艺养身稍余积。复因葬友倾腰缠。”吁嗟乎！世间翻云覆雨诸君子，远愧街头棒儿李！

撇开此诗的社会意义姑且不议，仅就文体文风来说，谁会想到作者奕绘，竟是当时名震遐迩的大文学家和大学者呢，此公曾有多种诗文著作存世，与名学者王引之合编有《康熙字典考证》，还擅长书法，懂得拉丁文。更重要的，奕绘还是清代鼎鼎盛名的满族女词人西林春（即顾太清）的夫君，他们伉俪间的诗词唱和始终展现着常人难于比肩的高水准。奕绘笔下能写出《棒儿李》这样忠实语体、反映社会下层生活的叙事诗，当然不会是出于世俗文化视野的框囿，而恰恰相反，正是满族上流文化人亲近俚俗、打通雅俗的文化选择使然。第二个例子似乎更具典型性：晚清时节有个满族出身的曲艺艺人石玉昆，堪称“演艺界的大牌儿”，每出场表演必定“爆棚”，他当时自编自演过不少子弟书和评书作品，在自我艺术的成熟期，又凭借多年的实践积累，写出了一部武侠题材的长篇小说，那就是在文学史上赫然有名的《三侠五义》。恐怕，这类下层艺人亲自握笔撰写长篇小说并且写得那么出彩的情况，在中国文学史上即便不是绝无仅有，也一定说得上是凤毛麟角了。

清代晚期，又一部在满族文学史上占据重要位置的作品——长篇白话小说《儿女英雄传》面世。这部同治年间由文康创作的小说，虽然在思想主旨方面有宣扬封建旧纲常之嫌，却在成功地运用流畅悦耳、幽默传神的北京话来写作等方面，凸现出作者非同一般的才力。

清末出现于满族文坛的小说创作，还有中篇《小额》（松友梅作）和长篇《春阿氏》（冷佛作）等等，都在刻画晚清旗人社会情状，特别是精到地运用北京方言来反映京城俚俗生活场景上面，承袭并且继续开拓了满族小说创作的既有传统。

至20世纪前期，清朝解体，社会动荡，满族文学的创作势头面临挫折。老舍正是在这个时期登上文坛，成了国内满族文学最杰出最富成就的代表性作家。这时，旧京满族文化基地上所涌现的作家骤然减少，除老舍外，尚有二人不可不提。其一是儒丏，他较老舍年长十几岁，写有《徐生自传》、《北京》、《同命鸳鸯》和《福昭创业记》等长篇小说，对辛亥鼎革前后京城旗族命运动荡均有真切的记录，作品的满族文学色彩亦不让前人；其二是比老舍年少十岁的王度庐，创作有《卧虎藏龙》、《铁骑银瓶》等十数部“悲剧侠情”长篇小说，被誉为中国现代武侠文学创作“北派四大家”之一，其作品集中体现了满族历史上慕侠尚侠的精神传统，也在京味儿语言打造方面具有不俗的展示。儒丏与王度庐，是两位与老舍先后接踵出现的满族文学大家，他们三人彼此互不相识，各自从事着独立的写作，并且相互选题和思想态度也不尽一致。然而，读一读三人的作品，你会感到，他们在艺术笔法笔调上，竟然有那么多的相似之点。这些相似之点，都能在满族文化和文学的传统里头明明白白地找到出处。在写作风格上，他们简直就像一经出生便分道扬镳的三兄弟，那从民族文化母体里带来的“胎记”——他们各自作品从选题到笔法、语言的质地，都存在一系列惊人相像的地方，很容易被辨认出来。

老舍跟满族文学的各种基本特征，都存在着彼此的“酷似”。当然，我们今天已经难以找到老舍自述他读到过哪些满族古典与近代文学作品，又具有怎样的“学习心得”。这是自然的。在那段极不正常的满族历史文化均被丑化妖魔化的过程里，老舍和其他的满族作家都只好对这样的事三缄其口讳莫如深[①]。这是历史的责任。老舍身为一个那么热爱自己民族的文化人，只有对本民族的文学历史一无所知，才是怪事情。当然，他到底了解多少体会如何，也许对我们在这里所做的结论，已经无关要紧了。一个像满族那样的民族，文学的魂灵几乎早已笼盖一切，后来者老舍对此是一定会体认到的。这就如同一个活在某一自然环境下面的人，你想叫他不去呼吸那里的空气，都是做不到的一样。

老舍在中国文坛上展现的种种“特质”，回到满族文坛上，抑或并不算是那样“奇特无朋”的东西。

## 三

在绝大多数汉族百姓的脑子里，谈起艺术，常被想象成是遥不可及与高不可攀的东西，是让玄虚雅士们束之于“象牙之塔”顶端、群众却毕生都不可能染指的东西。偏偏到了满族这儿，情形却大有不同。当旧日京城旗族子弟像用食盐烹菜那么司空见惯地来运用种种艺术手段调剂生活的时候，他们平凡的生活就此变得艺术化了，不凡的艺术也就此变得生活化了。

清季三百来年，八旗官兵人人都是皇权下的奴隶，他们的“性命”好像是身外的一件任凭别人拿来拿去的东西，从不属于他们自我。在金瓯或残社稷危难之际，这些人的性命是必得为了大局而捐弃出去的。他们从来不会口吐怨言，因为那是他们挣脱不了的宿命。常态生活底下，他们不得以只能靠艺术来打点缺乏光亮近乎麻木的日子，说到底，那是在用艺术来挽留作为人的可怜的生命和生存权利。我们在回望历史的时候，本不该忽略了这一点，却又免不了会时常轻易地忽略了它。对旗人们的生活艺术

① 20世纪后半期，许多中国境内的少数民族作家、诗人，时常撰写个人的创作谈，大讲自己青少年时代是如何从本民族传统的民间文学和书面文学中间汲取营养。老舍却一辈子也没有这样的机会。在他生前，无论自己曾经有过多少向本民族传统学习的情形，也都只能守口如瓶。

化，看到的人不少，指责的人也有许多，而指责的人又往往是人云亦云、以讹传讹。对旗族人们为什么要用艺术来调剂生活，大多不曾给予起码的体察和谅解。历史上民族间的隔膜，尤其是处于不同社会位置的大民族跟小民族之间的隔膜，也许就是这样难以避免。一般来讲，平素无性命之忧却总是在忙忙碌碌无暇光顾艺术的人们，一定是不会想象到那些贴近艺术的人群，居然还会有什么大的人生痛苦威胁着。无奈的是，辛亥鼎革以后，满族的历史及社会文化几被说成是罪案无处不在。众口铄金金亦熔，又何况所针对的这个民族，本来就有着这样那样的缺陷与软肋。

以上这点儿议论，也许是在介绍到下面情况——旧日旗族生活全方位艺术化——之前，应当预先说下的。

老年间，满族人并没有预料到后世会因为一个“玩”字儿而诟病于他们的声名。他们把各门艺术统统叫做“玩艺儿”，把爱好艺术也称为“玩儿”，至于执著于艺术道路，叫做“玩儿上了瘾”、“玩儿痴了”。这些说道，是后来给世间褒贬满人“玩物丧志”留下口实的地方：他们既然是在“玩儿”，也就不会有什么好的意义，也就不可能对民族文化的发展有什么积极的贡献。

满人对待自己的“玩艺儿”是真上心，肯用脑子，肯花精力，只要有口饭吃，就倾其财力地“玩儿”；甚至有人吃都吃不上，也要照样“玩儿”。老北京儿有句现成的话，夸奖某某人在某某方面取得了成就，就说这个人在哪些地方“玩儿大啦”！

清代被旗籍子弟们“玩儿大啦”的艺术，可不光是一两样。他们用心血哺育起来的艺术，是一种差不多无所不包的立体生态。除了某些高雅到极致让寻常人无从触及的文化范畴，满人们会自叹“玩儿不转”（也就是学不会、弄不来）而外，他们几乎是能接触到什么，就要把什么“玩儿大啦”①。

① 刘绍棠在他的一篇文章中讲到：“我常说现代北京文化五座高峰，位于峰巅地位的人都是满族。如文学领域的老舍，绘画领域的溥儒，书法领域的启功，戏曲领域的程砚秋，曲艺领域的侯宝林。”（《前线》，1996 年第 3 期）

程砚秋(左)的京剧表演

北京的传统表演艺术，尤其是美轮美奂的京剧和品类繁复的曲艺，跟满族的“玩儿”，关系分外密切。

京剧，顾名思义，是在北京这座城市形成的一个剧种。清代中晚期的一百多年，是京剧形成并且臻于完善的历史阶段。这一阶段，也正是京师八旗族众空前热衷于文化艺术的时段。外界对于乾隆五十五年（1790 年）“四大徽班”晋京为皇上祝贺 80 寿辰而成为京剧缘起的史实，大多耳熟能详；可是要提到满族在京剧的发展中起到的不可或缺的历史作用，却可能所知不多。

满族的先民很久以前就有喜好表演艺术的习性，他们中长期流传一种叫做“朱春戏”的民间戏剧，是集传统的满语叙事文学、民歌曲调、舞蹈表演程式为一体的艺术样式。在满族未有文字及书面文学前，饱含形象可视成分的民间戏剧受到人们垂青是不难理解的。后来，满族跻身于北京这样的中原文化重镇，以传统的审美习性而去优先亲近戏曲类直观的叙事性表演艺术，是再自然不过的。——在清代之先，金、元时期的女真人和蒙古人，不是也有过同样鲜明的文化选择并且有效地促进了当时杂剧的出现与繁荣么。

清入关之初，京城的娱乐业是受限制的。至乾隆朝大局稳定下来，社会生活相对平静了，戏曲等行业也渐显隆兴。随着徽剧晋京并与京师此前流行的其他戏曲形式结合，八旗上下的欣赏胃口被刺激起来。为适应皇族亲贵们的观赏诉求，内廷创办了教习专职演员的太监戏学；而培养旗籍子弟为业余演员的戏曲“外学”，此刻也应运而生。至道光朝，又有湖北的汉调晋京，促使以“西皮”、“二黄”为主的京剧声腔体系日益成熟。虽然宫廷戏学这时见出衰敝，而旗族子弟中间的京戏“票友”们自组的京戏“票房”[①]，却红火非常。

清代京剧艺术一直是在“双轨制”下发展的。一方面，主要有着科班出身的专业艺人们的创作及商业演出，另一方面，兼有旗族业余艺术爱好者们的切磋琢磨与非营利性的表演实践；二者经常彼此沟通交流，使京剧艺术从一开头就形成了雅俗共赏的品位，且直接贴近了京城文化（其中在相当程度上体现为满族文化）的总格调。当时，科班出身的艺人们大多短缺基础文化的学习，而旗籍票友中间倒不乏知识分子和贵族人士——这些人对剧情戏理的探究较前者高深许多，且能把自身文学艺术综合修养移植到戏曲表演的鉴赏提高上来，这就为京剧舞台增添了不少雅致唯美的气息，也使京剧从问世之初就显现出某些地方剧种所不具备的审美基准。我国至今尚存的剧种有上百种，所有地方剧种较之京剧在艺术考究方面都显得薄弱一些。有种说法认为京剧是“国剧”得到过全国性的扶持，其实只说对了一半。京剧从前也是一种地方戏，只不过是首都的地方戏，所以在各方面有其“偏得”。而它最为“偏得”的，还要算清代旗族上下对它一往情深的欣赏、玩味与打磨。京剧在京城的群众基础，显而易见地要比

① 清代受八旗制度制约，不许旗籍子弟成为戏剧或曲艺等表演艺术的专职从业人员，他们爱好艺术甚至粉墨登场都行，却只限于自娱自乐，断不可以将其作为谋生手段。朝廷为控制这一局面，曾向部分酷爱艺术的子弟们发放表演证件“龙票”，以示核准他们的自娱自乐性演出。这类持龙票者被称为“票友”，其非营利性表演社团被称为“票房”，票友们的活动被称为“玩票”或“走票”。而票友日后假如投身专业性商业演出的，则被称为“下海”。张景山在《漫谈清音票房》一文中说：“到了清末，‘票房’，既是票友演剧活动和研磋技艺之场所，也是培养戏剧演员的群众组织。北京四九城，票友迭涌，票房林立，檀板弦歌，家吟户唱，在五彩斑斓的北京民间风俗画上，平添了绚丽多姿的一笔。”（《古都艺海撷英》，第 219 页，北京燕山出版社 1996 年版）

其他所有地方戏在当地的群众基础，要厚实得多，也高雅得多。

“京剧，自道光年间在北京形成后，日臻完善。迨到光绪年间，便呈现出一派繁荣景象。在京剧史上有‘盛世’之称。”这一时段，满族最高统治者对京剧的热情是空前的。“无论是穆宗载淳（同治皇帝），还是执掌实权的慈禧太后，以至德宗载湉（光绪皇帝），都是京剧的酷嗜者。特别是慈禧，可以说是一个大京戏迷，不仅爱听爱看，有时还关起门来和太监们唱上一段作为消遣。同治皇帝能演武生，光绪皇帝精于板鼓……”[①]据说有一回慈禧做寿，光绪帝也粉墨登场，演的是《黄鹤楼》里的赵云。既然帝后们这样爱好京剧，他们对京剧的扶持也就可想而知了。

在这个京剧发展的黄金时段，京师四九城常年设有艺术高档次的票房组织，涌现出大量技艺超群的旗族票友，其中包括日后成为京剧舞台上早期名伶的庆云甫、黄润甫、汪笑侬、德珺如、金秀山、龚云甫等人。因为时值清末，八旗社会的管理已告懈怠，个别满族子弟自幼进入京戏科班“坐科”学戏的情况也出现了[②]。

辛亥革命过后，旗人们唯余自食其力一途。先前的某些旗人票友此刻为穷困所迫，只好变以往的艺术爱好为谋生手段，“下海”成为专业艺人。此外，有些未贫寒到非“下海”不可的满人，在自主择业之际，因为已无八旗制度牵制，又深爱戏曲艺术，也主动选择了梨园行当作职业。民国初年起，不同阶层的旗人从业者摩肩接踵地投入京剧界，人数不可胜数。这中间堪称大家级的艺术家，就有“十全大净”金少山、“四大名旦”中的程砚秋、“四大须生”之一奚啸伯以及慈瑞全、金仲仁、双阔亭、瑞德宝、唐韵笙、文亮臣、杭子和、李万春、厉慧良、李玉茹、关肃霜等。这些满族出身的艺术家，均对京剧艺术发展发挥过重

① 苏移：《京剧二百年概观》，第53页、第55页，北京燕山出版社1989年版。

② 例如“青衣泰斗”陈德霖和名净钱金福，均出自清恭王府开设的“全福昆腔科班”。

要作用。老北京儿们都知道，自打清末民初，旗族艺术家们已经占据了京戏演艺界的“半壁江山”。

民国时期满族的京戏票友，人数多、实力强，最著名的，有红豆馆主（溥侗）、清逸居士（溥续）、卧云居士（玉铭）以及皇叔载涛……红豆馆主出身于清宗室，被公认是京剧史上票友中造诣最深、名望最高的代表人物，他文武昆乱不挡，生旦净丑兼工，深谙戏曲音乐，吹打弹拉无所不通，深为内外行所折服，连名伶们亦常趋前请教，被尊为北京的“票界领袖”。

“国粹”京剧乃中华文化之奇葩。为了造就这门“京”字号、“国”字号的艺术，满族人或投身其间或推波助澜，有着特殊的贡献。这一点，已为大量的京剧史料所证实。

至于谈到北方曲艺，京城的满族也与之有过千丝万缕的缘分。

较之京剧，曲艺似乎是更为“下里巴人”的俗文艺形态，可满族偏偏从来就跟他特别地亲。前文已经述及清代中晚期子弟书与八角鼓艺术风行时的盛况。而北京曲艺的代表性曲种单弦，便是直接承袭于八角鼓的曲艺形式。最早的单弦名家是道咸时期的司瑞轩（艺名“随缘乐”），是一位“下海”卖艺却长期隐瞒旗人身份的艺人，他根据《水浒》、《聊斋》、《金瓶梅》等名著故事，创制了单弦牌子曲的演唱形式，在京师各茶馆表演，十分轰动。随缘乐之后，清末民初的曲艺舞台上又涌现出德寿山、荣剑尘、常澍田、谭凤元等旗籍单弦演唱大师，奠定了单弦艺术名家荟萃、流派并存的局面。

相声，是起源于北京、流传于全国并且受到国内观众另眼看待普遍追捧的曲艺样式，也来自八角鼓。早期八角鼓演唱形式之一“拆唱”，常由多人表演，以插科打诨的丑角儿为主要角色。“道咸年间拆唱八角鼓的著名丑角张三禄，因与同行不睦，无人与他搭档而改说相声，是为单口相声之始。八角鼓艺术讲究的‘说、学、逗、唱、吹、打、拉、弹’中的‘说学逗唱’也就成

侯宝林画像

了相声的主要表现手段，而相声艺术在表演上的‘捧哏’、‘逗哏’，也是始于拆唱八角鼓。”[1]作为相声创始人张三禄三位直系传人之一的阿彦涛，是因家道贫寒而由票友被迫“下海”的穷旗人。他与自己的爱徒春长隆、恩绪[2]（都是满族人），创建了相声史上的早期流派之一“阿派”，该派编演了许多属于文字游戏类的段子，从内容到手法都趋向文雅，他们讲求幽默含蓄，调侃取笑而不庸俗，在相声中开了“文哏”先河。这与旗人们素来舞文弄墨却不喜欢粗野的习性分不开。

在相声艺术长达一个半世纪的发展中，众多表演艺术家的名字为听众所熟知：常连安、侯宝林、常宝堃、赵霭如、郭启儒、白全福、赵佩茹、常宝霖、常宝霆、常宝华、苏文茂、杨少华、常贵田、侯耀文、杨议……他们全是满族人。

评书，是满族人喜好的另一项曲艺艺术。20 世纪早期，京旗满人双厚坪与“戏界大王”谭鑫培、“鼓书大王”刘宝全齐名，被誉为“评书大王”，三人鼎足而称“京师艺坛三绝”，影响巨大。到了 20 世纪中期，京城评书界又出现了品正三、连阔如两位满族评书表演艺术家，前者被冠以“评书泰斗”的盛誉，后者晚年通过广播电台播讲传统评书，家家收音机旁挤满听众，以至北京城有了“千家万户听评书，净街净巷连阔如”之美谈。

清中晚期至民国年间在北京曲艺舞台上赫赫有名的满族艺术家，还有演唱“拆唱莲花落”的赵星垣（“抓髻赵”）、演唱梅花

---

① 蔡源莉、吴文科：《中国曲艺史》，第 99 页，文化艺术出版社 1998 年版。

② 已故相声大师马三立（回族）之父，是春长隆的徒弟；而恩绪则是马三立的外祖父。

大鼓的金万昌、演唱京韵大鼓的姜蓝田、演唱竹板书的关顺鹏、演唱滑稽大鼓的富少舫、表演滑稽二黄的白庆林（“云里飞”）和白宝山（“小云里飞”）、演唱北京琴书的关学曾等，都对曲艺艺苑的繁花似锦饶有所为。

在书法、绘画、音乐、舞蹈等等门类，满族获大成就者也不乏其人。汉文书法是满族后来者居上的领域，从纳兰性德、永忠等被视作书界俊杰后，更有满人永瑆、铁保与汉人翁方纲、刘镛一齐并列为清代“四大书法家”的记录[①]；绘画也是满族贵胄子弟、书香家庭的世袭技艺，由清代到现代，满人长于此道的不胜枚举，其中爱新觉罗家族的优秀画师层出不穷，民国年间与张大千齐名被称为“南张北溥”的溥心畬以及由他和几位同族大家结成的“松风画社”，可谓满族画坛一时之翘楚[②]。此外，像允祉、允禄、永恩、溥雪斋、裕容龄等等来自满族的音乐家、舞蹈家，均在我国的艺术进程中留有不可替代的业绩[③]。

满人们“玩儿”艺术还有一个特点，就是并不只限于向典型艺术方向投注精力，他们还喜欢把日常生活里随时随处接触的小事项，也提升到艺术的视线中去捉摸陶冶。或者可以换句话说，他们将生活艺术化的倾向不断膨胀，竟至于无处不在，无孔不入，一直体现到：以“撇京腔”来寻求动听的语感享受、用插科打诨之类的小趣味来排遣空虚、把生活中用得着和用不着的“礼数”讲究得头头是道丝丝入扣……老舍后来在长篇小说《四世同堂》中，对当年的旗族艺术生活场景做过清晰的描

① 20世纪，书法界中满人依然人才辈出，最杰出的代表当推曾任中国书法家协会主席的启功。

② 溥雪斋、关松房、溥松窗、于非闇、惠孝同、胡絜青、常书鸿、关广志、詹建俊等画家，都在20世纪的中国美术史上占有突出的席位。

③ 允祉、允禄、永恩三人都是清代有郡王或亲王爵位的音乐家，溥雪斋是现代享有盛名的古琴家，裕容龄则是中国的第一位宫廷芭蕾舞蹈家。在晚近的音乐家和舞蹈家中间，人们也许会对下面一些满族人更加熟悉：雷振邦、晨耕、胡松华、傅庚辰、邓玉华、关牧村、贾作光、白淑湘、许淑英……

绘点评："整天整年地都消磨在生活艺术中。上自王侯，下至旗兵，他们都会唱二黄，单弦，大鼓，与时调。他们会养鱼，养鸟，养狗，种花，和斗蟋蟀。他们之中，甚至也有的写一笔顶好的字，画点山水，或作些诗词——至不济还会诌几套相当幽默的悦耳的鼓子词。他们的消遣变成了生活的艺术……他们会使鸡鸟鱼虫都与文化发生了最密切的关系……他们的生活艺术是值得写出多少部有价值有趣味的书来的。就是从我们现在还能在北平看到的一些小玩艺儿中，像鸽铃，风筝，鼻烟壶儿，蟋蟀罐子，鸟儿笼子，兔儿爷，我们若是细心的去看，就还能看出一点点旗人怎样在最细小的地方花费了最多的心血。"①

据实而论，满族人"玩儿"到了这步田地，不能不说是对巨细杂存的中国文化的诸多方面有所推进②。这是我们今天身处太平年景才有可能给出的一句公道话。以往这样看这件事的人当然不会多。

清代中晚期京师旗族的文化艺术修养大幅度攀升，不可一味地归咎于他们的"游手好闲"，而主要是缘自于旗人们要摆脱"八旗制度"造成的人生悲剧所显现的精神逃逸。与这一全民族的艺术化倾向同时完成的，乃是都市满族人在精神气质上的种种演变。概要地看，这些演变多是将起初满族性情中偏于粗粝的一面转而趋向细腻，将原本豪放的一面转而趋向了精致。一个民族的精神质地究竟是粗放一些好呢还是细腻一些好，恐怕是个不大容易简单下结论的话题。当然，就满族在清代的历史责任来讲，丢弃豪放尚武的气质转而普遍地趋之若鹜于文化艺术情趣，对自

---

① 老舍：《四世同堂》，《老舍文集》第4卷，第260页，人民文学出版社1983年版。

② 当初旗人们细细把玩生活百味的习性，和他们极尽想象"玩出了格"的诸种方式，融入了后来北京以及中国人的精神文化蕴涵之内。君不见，今日之域内，玩花草、玩宠物、玩票戏、玩收藏、玩家具、玩音响、玩汽车、玩摇滚、玩麻将、玩博彩、玩股票……的"玩儿主们"，正层出不穷。而满人在其中却早已不再显山露水了。

身而言是不妙的，对社会而言也是不大说得过去的。追溯根源，这终归还是“八旗制度”惹下的祸，还是那句话：满族是“成也八旗制，败也八旗制”。

本书这一章，讲满族的文学艺术内容居多，而紧密涉及我们的主人公——满族作家老舍的成分却少了一些。这实在是因为世间对满族文化的了解太过潦草，从表到里都罕见准确地认知，笔者只好一反常例地在这里让开老舍，多介绍一下老舍赖以托足的民族文化土壤。

## 四

现在让我们拉回话头，再说说老舍与满族文化深厚积淀的关联。以上已经将满族文学艺术的由来跟概貌都做了一些交代，读者抑或会提出，老舍一个穷孩子出身，他怎么可能与如此丰厚的满族文化发生太多的联系呢？这样的质询也许不无道理。老舍作为一位作家，自然不可能对本民族文学艺术史上的桩桩件件都了解得很详备。然而，众所周知的是，每一个民族的文化都毫无疑问地自成系统，出生和成长在其间的本民族成员尤其是该民族的文化人，也自会相当清晰地感受到它的文化“全息”的滋养。老舍即使不能像今天的满族文化研究者那样得以接触到这种民族文化的每一个侧面，他在本民族文化修养上，也不会出现大的“盲区”，他会通过民族内部这样那样的渠道得到灌输，做到民族文化养成上的“八九不离十”。一个民族面对乾坤万象，在文化选择上头喜好什么，崇尚什么，厌恶什么，贬斥什么，常常是并不需要它的成员了解民族文化形成过程的一切枝节始末并且经过深思熟虑，才能做出来个人的选择。这几乎成了文化人类学上的一项定理：一个民族的每个成员遇事做出的本能选项，往往跟所属民族的总体规范相去不远。民族的文化烙印早在人们不经意间便镌刻在了其每个成员的头脑里。不错，老舍长大成人以后，跟传统的旗人社会接触少了，有的时候甚而要步出国门，与国人都接触少了，但是，一个文化人早年间“先入为主”的文化底色，却是不可能轻易蜕变的。

老舍，落生在一个被里里外外“艺术化”了的民族。艰难困厄，缺吃少穿，并没有阻止了多少辈儿旗人们的艺术追求，他们反倒因为这种艰辛而更高地激扬起艺术的趣好，那么，旗族穷孩子老舍终于落此窠臼，也便不足为奇。

学生时代的老舍，生活拮据，无力观赏旗人们酷爱的艺术表演。但是，艺术却是满人了难抵御的诱惑，他但凡有了接近艺术的机会，总是不肯放过。读小学时，他每每在放学之后，跟随比他囊中略为宽裕的满族同窗罗常培，到各处的小茶馆，兴致盎然地听评书。他说，“有一阵子很想当‘黄天霸’。每逢四顾无人，便掏出瓦片或碎砖，回头轻喊：看镖！有一天，把醋瓶也这样出了手，几乎挨了顿打。这是听《五女七贞》的结果。”[①]他还自豪地说过，少年时代的自己已经“会听戏”了，有幸欣赏过京戏名角儿谭鑫培和郝寿臣的戏，还听过“鼓书大王”刘宝全的演唱。二十多岁的时候，他有一段时间对教育界黑暗现状很不满，于是想到：何不把从前没机会兑现的兴趣愿望也兑现一番？他开始用心地去泡“戏园子”，听名角儿，学京戏流派唱腔。他以往听人们说“满人不懂京戏就不算满人”，更见过许多满人都能时不时地露几手“二黄”、“西皮”上边的绝活儿，羡慕得很，可是自己没有经济实力来支持这种艺术兴趣，这时终究遂了愿。没多久，有灵性的老舍就能唱出不少又成段儿又够味儿的京戏了，他三分自豪、七分解嘲地宣布：“赶到酒酣耳热的时节，我也能喊两嗓子；好歹不管，喊喊总是痛快的。”[②]其实，老舍这里所言太谦虚，他的朋友们时常回忆说，

---

① 老舍：《习惯》，《老舍文集》第14卷，第489页，人民文学出版社1987年版。

② 老舍：《小型的复活》，《老舍文集》第14卷，第107页，人民文学出版社1987年版。

他在一些聚会上给大家唱过不少京戏段子，他唱老旦和黑头（净角）都唱得极棒[①]。

老舍喜好曲艺也是出了名的。仅靠早年间耳濡目染积累下来的曲艺底子，老舍觉得还不满足，在济南齐鲁大学教书的时候，他得空儿就去公园里欣赏“撂地”的相声表演，后来他又向鼓书名家白云鹏、张小轩们求教过鼓词的写作技法，并委托亲友广为搜求流传于北平等地的民间曲艺段子。抗战时期，老舍不单是鼎鼎大名的作家，还成了“中华全国文艺界抗敌协会”的总负责人，却照旧迷恋着那点儿“下里巴人”的曲艺嗜好，人们多少有些惊异地发现，他居然能轻松平常地撂下身段，跟朋友一道粉墨登场，上台表演相声！

老舍那种满人式的戏曲曲艺痴迷劲儿，对于成年后身为作家的他，构成一笔极大的文化财富。他和众多同样酷爱艺术却又从业于其他方向的同胞是不同的，那些人的艺术情趣说到底统统只能是个人业余嗜好，至多也只能是个“玩票”的“票友”罢了。老舍不然，他将戏曲曲艺嗜好化作了个性化文学创作活动当中的一项专长，一项“绝活儿”般地专长。从《四世同堂》到《鼓书艺人》，从《方珍珠》、《龙须沟》到《茶馆》以及他一生中写下

---

① 关于老舍懂戏好戏爱唱戏的记载很多，此处再引述一则：“在老舍先生的几位友人中，罗常培先生既是一位密友，又是一位戏友。他是一位语言学家，喜欢从音韵学的角度研究戏曲，擅唱昆曲和京戏。罗先生保留着一张早年的照片，罗先生扮黄天霸，老舍扮窦尔敦。二十年代初，他们有一个时期曾在北京一中共事，罗是代理校长，老舍是国文、修身、音乐教员。老舍不仅在音乐课中把昆曲当教材，而且在国文课上也唱过戏，这使学生大为惊讶。有一次他讲解诸葛亮的《出师表》，大讲《失街亭》里的诸葛亮，如何心胸开阔，肯于律己，便学着曾红极一时的名演员谭鑫培的念白‘悔不听先帝之言，错用马谡，乃亮之罪也！’他告诫学生们说：‘以后听戏，不要只听那些味儿，要看有益身心的感人之处，诸葛亮就知错认过嘛！’说得学生都笑了起来。还有一次，讲解骆宾王的文章，突然唱起了昆曲《弹词》，只见他一板一眼地打着拍子，一本正经地唱下去，学生们又惊又喜，从来不曾上过这样的‘声情并茂、文武双全’的课。”（舒乙：《老舍的平民生活》，第168页，华文出版社2006年版）

的诸多戏曲曲艺作品（包括抗战期间为动员全民奋起而写的鼓词、京剧，共和国建立初期写的太平歌词、相声，北京曲剧、京剧和昆曲脚本），老舍的拿手技艺都有着最充分的展示。“在话剧《龙须沟》中老舍塑造了一个可爱的人物——程疯子。程疯子是个艺人，他会唱。老舍说，我可以利用他把曲艺介绍到话剧中来，增加一点儿民族形式的气氛。程疯子在龙须沟里有三大段感情丰富的曲艺演唱，都挺有分量，带有某种‘独白’的作用。这种安排，在话剧中恐怕还不多见。”①再如，话剧《茶馆》里幕间由一个数“莲花落”的角色大傻杨来“串场”，简直就是神来之笔，既画龙点睛地交代了各个时代的社会关键特征，又以市井底层一个乞丐的口吻从容道来，使戏剧的民族化意图得到了最完满的对位与彰扬。

在人生道路上，老舍是个充满社会责任感的人，不是个处处迷恋小情趣而忘了做大事情的人。但是，满人“好玩儿”的习性在他身上却时有体现，与此并不怎么矛盾。

20世纪20年代，他去英国伦敦大学东方学院专职教习中文，而写上几部小说，成为一名作家，并不是他的预期目标。当时教学对他来说远不能满负荷。寂寞之中，他开始想家想北平。在阅读大量英文小说原著之后，他更联想起那些在故土上发生的事，愿意拿笔把它们记下来。他注意到，和他同住一处的作家许地山，常用从油盐店里买来的便宜账本当稿纸写作，想写作必是件挺有趣的事，便动了如法炮制的念头。他也买了些三便士一本的册子，试着往上头写起来……写来写去，竟然写成了一部长篇——《老张的哲学》！老舍也就此登上了文坛。日后，他坦率地承认了当时漫不经心的创作状态：

① 胡絜青：《老舍剧作中的说唱》，载胡絜青、舒乙《散记老舍》，第21页，北京十月文艺出版社1986年版。

好吧，随便写吧，管他像样不像样，反正我又不想发表。……我初写小说，只为写着玩玩，……钢笔横书，写得不甚整齐。这些小事足以证明我没有大吹大擂的通电全国——我在著作；还是那句话，我只是写着玩。①

旧式旗人“票友”式的自遣自娱，是老舍长篇处女作写作的出发点。易言之，他最初登上文坛的开山作品，远非“正襟危坐”的产物。他所隶属的民族文化中，向来就有以娱乐作为文学创作动因的传统②。

老舍的一生，因为从事写作而异常忙碌，不可能搭上太多的工夫去“玩儿”。可是细看一下，他的小情趣其实也还不少。比如喜欢莳弄植物。这类亲近自然的习性，是满族进入中原城市后，一直就没有失掉的生活情趣。他的父亲、母亲都珍爱树木花草，也对他影响很大③。老舍在艰苦的抗战时期，把满人爱好自然、喜欢花草的习性保持下来，他写作的破书桌上常有个小瓶子，里头插着点儿小花儿小草儿或者竹叶儿。50年代以后，他在自家的小院内，种植的花卉不计其数。老舍的又一宗“玩儿瘾”体现在收藏方面，他一向喜欢中国画，齐白石、徐悲鸿、溥雪斋、于非闇、陈半丁、惠孝同、李可染、叶浅予、傅抱石、黄宾虹、林风眠、丰子恺、关山月、关良等同时代的绘画名家都是他

① 老舍：《我怎样写〈老张的哲学〉》，《老舍文集》第15卷，第165页，人民文学出版社1990年版。

② 对老舍如何继承满族文学传统的讨论，将留待本书第六、七、八章讨论。这里暂且撂下这个话题，就老舍多方面的艺术志趣再做些评介。

③ 老舍在《正红旗下》里面写道：父亲“最爱花草，每到夏季必以极低的价钱买几棵姥姥不疼、舅舅不爱的五色梅。至于洋麻绳菜与草茉莉等等，则年年自生自长，甚至不用浇水，也到时候就开花。”（《正红旗下》，第56页，人民文学出版社1980年版）母亲爱树木花草较父亲尤甚，据老舍《我的母亲》等文章回忆，家里人都快断了吃食的时候，她也不让亡夫留下的石榴树和夹竹桃短了水。到了夏天，枝头开出好多的花，是她最快活的时刻。

的好友，大家赠送给他了一些各自的作品，他又自费搜购到了不少，一年到头，他家中厅的西墙，就成了专门用于轮番展览这些画作的位置。因为与白石老人之间有着特殊的忘年之谊，老舍喜欢自选一些诗词名句，交给老人去依句构思和创作，老画家也总是愿意接受这些“难题”，于是乎，查初白句“蛙声十里出山泉”、赵秋谷句“凄迷灯火更宜秋”、苏曼殊句“手摘红缨拜美人”和“红莲礼白莲”等，都由白石老人的画笔之下，点染成了世所罕见的丹青极品，老舍在得到这几幅画的时候，兴奋得简直不能自持，他的画题出得绝，齐白石的画作得更绝，在白石老人这几件妙不可言的绘画中间，也含有“命题”人的心血一片。此外，京戏“四大名旦”等人亲手绘制的扇面也是他收藏的爱物；还有康熙或者乾隆朝的小瓷瓶、小瓷碗儿，说不清什么朝代烧出来的三彩陶俑，老舍都乐于从古董摊上花钱敛回来，郑重其事地摆放在房间里，在写作的间隙，不厌其烦地摩挲把玩。这养花和收藏两项在老舍那儿，皆可说是“玩儿大了”的文化。

在文学范畴以里，满族人很少愿意严格区分哪儿路体裁是“阳春白雪”、哪儿路体裁又是“下里巴人”；在日常文化视野当中，满族人也很少热衷区别哪一些“玩艺儿”是“上档次的”大制作、哪一些“玩艺儿”又是“不登台面儿”的小零碎儿。用艺术眼光来对待生活，他们实在是有“泛爱”之倾向。由于这个，老舍才“十八般武艺样样精通”，才能纵横驰驱于各个艺术门类而每每运斤如风。近二三十年来，老舍研究在深化与细化，作家老舍从研究界得到的“名衔儿”也越来越多：小说家、戏剧家、散文家、杂文家、文论家、诗人、曲艺家、民俗学家、语言大师、收藏家、美术鉴赏家、书法家……这位市井出身的20世纪文化名人堪称“通才”。一如满民族的文化是个立体生态那样，老舍作为一位从中脱颖而出的文化人，其文学艺术的生长点也遍布于大众文化各个侧面。

晚年写作的家传体长篇小说《正红旗下》，一上手，老舍就紧紧扣住下层旗人家庭的“穷”和京旗子弟们的“玩儿”来落墨，作品顿时也就现出了彼时旗族社会的特有质感。透过小说的描写，读者很容易发现老舍对于这种“玩儿大了”的民族艺术志好抱有的复杂心理。

仅看对“大姐公公”和“大姐丈”玩儿法的描写，作者的批评态度是可以感觉的。

亲家爹虽是武职，四品顶戴的佐领，却不大爱谈怎么带兵与打仗。我曾问过他是否会骑马射箭，他的回答是咳嗽了一阵，而后马上又说起养鸟的技术来。这可也的确值得说，甚至值得写一本书！……他还会唱呢！有的王爷会唱须生，有的贝勒会唱《金钱豹》……戏曲和曲艺成为满人生活中不可缺少的东西，他们不但爱去听，而且喜欢自己粉墨登场。他们也创作，大量的创作，岔曲、快书、鼓词等等。①

大姐丈不养靛颏儿，而英雄气概地玩鹞子和胡伯喇，威风凛凛地去捕几只麻雀。这一程子，他玩腻了鹞子和胡伯喇，改为养鸽子。他的每只鸽子都值那么一二两银子，“满天飞元宝”是他爱说的一句豪迈的话。②

老舍与夫人胡絜青

① 老舍：《正红旗下》，第 10 页，人民文学出版社 1980 年版。
② 老舍：《正红旗下》，第 14 页，人民文学出版社 1980 年版。

作者对这爷儿俩的揶揄，透出浓重的抱怨和痛惜，对他们“像作着个精巧的、明白又有点糊涂的梦”的人生，发出的是沉重的一声长叹。老舍知晓他们落魄成这个样子，责任既在他们自己更在捆绑着他们生命的八旗制。“这种制度曾经扫南荡北，打下天下；这种制度可也使旗人逐渐失去自由，失去自信……”[①]我们在平日里的阅读中，也常常读到其他作家笔下类似老舍写“大姐公公”与“大姐丈”这样的旧时旗人生活的描绘，紧接着的，却往往是一通对旗人“罪恶”的痛骂。老舍非但没有那么处理，还不动声色地找补上了一句：“这可也的确值得说，甚至值得写一本书！”可见他对如是人生如是艺术，还是留有辩证思考余地的[②]。

再来读一读《正红旗下》写到作者最钟爱的一个人物——福海二哥的文字吧：

他是熟透了的旗人，既没忘记二百多年来的骑马射箭的训练，又吸收了汉族、蒙族和回族的文化。论学习，他文武双全；论文化，他是“满汉全席”。他会骑马射箭，会唱几句（只是几句）汪派的《文昭关》，会看点风水，会批八字儿。他知道怎么养鸽子、养鸟、养骡子与金鱼。可是他既不养鸽子、鸟，也不养骡子与金鱼……大姐夫虽然自居内行，养着鸽子，或架着大鹰，可是每逢遇见福海二哥，他就甘拜下风，颇有意把他的满天飞的元宝都廉价卖出去。福海二哥也精于赌钱，牌九、押宝、抽签子、掷骰子、斗十胡、踢球、“打老打小”，他都会。只有在老太太们要玩十胡而凑不上手的时候，他才逢场作戏，陪陪她们。[③]

---

① 老舍：《正红旗下》，第33页，人民文学出版社1980年版。

② 笔者写到此处，正好电视台在播送一个节目，说鸽子中最宝贵的是两大类，一类是通信鸽，一类是观赏鸽，而一场“文化革命”几乎将我们民族世代培育出来的名贵的观赏鸽尽数灭绝。

③ 老舍：《正红旗下》，第30–31页，人民文学出版社1980年版。

在这儿我们更准确地瞥见了老舍对旗人们把玩日常生活的态度，他决不是一概而论地反对旗人们好玩儿的举止，甚至认为会赌钱也没有什么大不了，只要是偶尔玩玩，不嗜赌成性便罢。福海除了会骑马射箭，肯定也是什么都玩儿过，所以才什么都会、都精。这怕也是老舍的准则：只要是民族的有益无害的文化事项（像牌九、押宝、抽签子、掷骰子、斗十胡，也有开启智力的一面），都不妨会那么一点儿，只是不沉溺其中无力自拔危害了人生大要就成。

老舍是不反对出于艺术的眼光而去生活中间“找乐儿”的。

满族玩味生活、把玩艺术的习尚，并不是只有负面意义。老舍明了这一点，他，曾经正儿八经地得济于此。

# 第六章 满人的语言天分与老舍的烹炼琢磨

20世纪的下半叶，世间开始习惯地把大众型北京文化，唤作“京味儿文化”。而在这种全景观多侧面的“京味儿文化”当中，最具文化的播散力和渗透力、最教八方民众为之着迷与倾倒的，就要数“京味儿语言”即北京方言了。这种方言，语音明快悦耳，语汇五光十色，表现面精彩厚重，谈吐间魅力勃发。时常是“老北京儿”们京腔京韵的谈吐一出口，就能给众多听者以超常的享受和感染。

老舍在其艺术绝响、未完成的长篇小说《正红旗下》中，多方启用清末时分满汉文化交流的实景描绘，在谈及禀赋优异的旗族青年福海二哥和他所操的京味儿语言时，说过这么一段话：

他这个熟透了的旗人其实也就是半个，甚至于是三分之一的旗人。这可与血统没有什么关系。以语言来说，他只会一点点满文，谈话，写点什么，他都运用汉语。他不会吟诗作赋，也没学过作八股和策论，可是只要一想到文艺，如编个岔曲，写副春联，他总是用汉文去思索，一回也没考虑过可否试用满文。当他看到满、汉文并用的匾额或碑碣，他总是欣赏上面的汉字的秀丽或刚劲，而对旁边的满字便只用眼角照顾一下，敬而远之。至于北京话呀，他说的是那么漂亮，以至使人认为他是这种高贵语言的创造者。即使这与历史不大相合，至少他也应该分享“京腔”创作者的一份儿荣誉。是的，他的前辈们不但把一些满文词儿收纳在汉语之中，而且创造了轻脆快当的腔调；到了他这一辈，这腔调有时候过于轻脆快当，以至有时候使外乡人听不大清楚。[①]

这番看似颇不经意的表述，实则举重若轻，意味绵长，饱含着一重深邃的理论涵蕴，所触及的，乃是清代北京语衍变形成的特有过程和内在规律。

我国的汉语言，业经数千年的存在、发展与应用。这种语言因流通于极其广袤的多地域多社区，又未曾间断地延伸传承于古往今来，空间上的地域性差别加之时间上的阶段性差别反复地淘洗、深入地作用于它，使得这一中华民族的主体语言，随时随处，都彰显出自身的分流与变异。

北京话，本是汉语北方方言一个下属的分支。清代，则是汉语北京方言出现大幅度变异的重要历史时期。这种变异，主要是得其影响于满民族的入主中原及定鼎京师。

## 一

我国各个地方的近代及现代汉语方言，都是由起初有着相对统一语音、语法及词汇量的古代汉语分流演变而来的。人们发现，对照华中、华南、东南甚至于西北等汉民族世代聚居地域，北京现代方言中所保留的汉语古音韵，是最为稀少的。北京现代方言里面有很多的读音，都有别于其他地域的方言，尤为突出的是，在其他许多地域，人们口头上对于古汉语的“入声韵”，有的是明显保留着，有的是依稀残存着，但是在现代北京话中间，这种“入声韵”读音几乎是荡然无存。此外，北京话在自身词汇库的构成上面，也较上述其他地区的方言所保留的古汉语词汇要少得多。

这显然与自古以来燕京及其周边地带所生息活动着的族群十分庞杂，有着确切关系。

---

① 老舍：《正红旗下》，第31–32页，人民文学出版社1980年版。

现今的我国华北地方，从来就是汉民族与北方少数民族互动互鉴热点地区。北方阿尔泰语系诸族群曾前赴后继地投身（或波及）这一地带，其斑斑史实在今天可以查找的各类史书文献上多有记载，最早的情况可以追溯到相当久远。早在周、秦、汉至隋、唐各代，中原汉民族（严格地说先秦时期还没有最终形成汉族）就与北方另一个异常强大的民族——匈奴，或友好相处或兵戈相向，打过无尽无休的交道，华北一带则是他们相互交往与折冲的主要区域之一。与匈奴同时抑或相继，东胡、乌桓、鲜卑、丁零、月氏、乌孙、柔然、突厥、回纥、吐谷浑、靺鞨等北地民族亦轮番崛起，其中有些也涉足过华北地区。从匈奴开始的这些少数民族，基本上均属于阿尔泰语系，其各自的语言从声调上论，都跟有声调的汉语有本质上的不同，是无声调语言。民族的交往或和平或战争，都是需要借助于语言的。民族之间长久地交往，本方语言与对方语言的相互渗透最是常见；彼此的声调特征和词汇、语法，都势必会对对方产生作用。一般想来，在词汇方面可能词汇较为丰富一方对词汇较为短缺一方的影响会大些（农耕民族和畜牧渔猎民族在各自经济活动中积累的相关词汇量适成反比）；语音上面，则有可能是无声调一方对有声调一方的影响会大些——因为无声调的语言终归难以变成有声调语言，而无声调语言民族的人学说有声调的语言，乍学时总是免不了会有点儿“怪腔怪调”，久而久之，这“怪声怪调”却少不得会给对方民族的语音打下些个烙印。可以想象，从打周秦到隋唐，邻近北线阿尔泰语系各民族地区的汉族，其自身语言在语音声调及词汇上头，始终在潜移默化地变异着。

这种异化后来非但没有中止，还随形势发展，以类似的方式，被一浪又一浪地送入高潮。

由辽代到金代，到元代，再到清代，契丹、女真、蒙古、满洲等阿尔泰语系民族先后在北京定都，并主宰北京及其版图不同的下属区域长达七百余年。这七百年间在许多时段、许多场景下，少数民族政权统辖着的来自不同方向的大小民族，达成了将近“零距离”的接触和交流。——即便是楔入这七百年中间的明代那二三百年，虽说是汉族政权在治理国家，朝野内外由于各少数民族的人员成分依旧颇夥，此项交流也并没有止步。是时，“是北方诸民族与中原人又一次大融合的时代，北方汉语因受到极大影响而发生显著变化，结果是更加远离古汉语，为北方汉语方言的形成奠基，成为今日汉语普通话的基础。”①

在辽、金、元、清这七百年间，仅母语为阿尔泰语系满—通古斯语族满语支的女真人与满人，就在北京建立过共计四百余年的金与清两个皇朝。这四百多年里，一脉相袭的女真语和满语，必会与当地的汉语发生最直接的碰撞与会融。辽代的契丹语和元代的蒙古语，在这与汉语交流的七百年里占得时间稍少一些，同时元代蒙古统治阶层曾较比固执地拒绝学习汉语及与汉族做较多的文化交流，所以他们的语言对北京（当时称作“元大都”）语言的影响或许会轻一些②。而女真人和满人不仅不像蒙古人那样拒绝交流，在金与清两朝败亡之后，他们也没有像元朝败亡后的蒙古人那样群体撤回老家去。原本操女真语—满语的民众，与北地汉语之间“亲密接触”，实际上比金、清两代累积的四百余年还要长得多。

金代与清代，女真人和满人虽说是属于统治阶层，各自民族

---

① 常瀛生：《北京土话中的满语》，第 23 页，北京燕山出版社 1993 年版。

② 试以京语词汇“胡同”为例，它往往被认为是元代蒙古语“水井”之音译被后世留存而致，其实是可以商榷的。元曲作家关汉卿作品《单刀会》中即有“杀出一条血衚衕来”的句子，另一位元曲作家李好古《沙门岛张生煮海》也有“我家住砖塔儿衚衕”的句子，可见当时“衚衕”一词已经被用得相当普遍了，人们只想到蒙古语里头有读这个音的词，却忘了比元代还早的金代女真人的语言里同样有读这个音的词，其词义与蒙古语词义相仿，乃是“居住地”、“街镇”之意。这个词实际上是阿尔泰语系诸语族通用的一个词汇。而金在先元在后，女真人又比蒙古人更为热衷于与汉族的交流，再把这个汉语词汇一味说成是得自于蒙古语，就不一定准确了。与此同样道理，其他还有不少金、元时期见诸文献的大都地方的汉语外来语，也有较大可能是来自于金代女真语。

在人口多寡以及民族文化势能上，较中原汉民族来说却不占优势，故而他们的母语后来要为汉语遮盖替代，那是必然的。不过，这种大势上的必然，却并不等于让北京地区原有的汉语方言全面地称雄奏凯，女真语，尤其是后来的满语，尽管最终作为民族语言的整体渐渐淡出历史文化场域，却在一个较长的阶段里，通过与原来操汉语民族之间能动而又充分的双向交流互渗，不知不觉地，将自身在语言方面的系列信息及他们过往的语言习性，熔铸到现时的北京方言之内。

1644 年清朝进入中原之际，满洲人已经有些与汉人及汉语交流的基础了。入关定鼎京师完成大一统之前，清作为一个山海关外的地方政权，已在东北经营有年，尤其是迁都沈阳（盛京）和建立汉军八旗以来，更在其体制之内便存在满、汉语言的频繁交流。当时的汉军八旗所操之汉语沈阳话，业已成为满洲人面对的最切近的一种汉语样板，他们学说汉语自会以此为范例。

明季的北京话究竟是何种腔调，我们今天不得而知。不过，有一则这样的说法，似可抄录一下："400 多年前的明朝末年，从意大利来的传教士利马窦曾用罗马拼音记录了大量的当时的北京话，这些记录至今尚保存着。从利的记录中可以明白无误地看出：当时的北京话是有大量入声字并且没有 zh、ch、sh 等翘舌音的语言。这说明了当时的北京话不是现在的北京话，也不是现在的普通话，因为无论北京话还是普通话都不具备这些特征。同时也说明了北京话和普通话的历史都超不过 400 年，400 年前的北京话是明朝的官话（考证为吴语）。"①此说法准确与否尚难判断，但明政权是从南京搬迁到北京，官吏及士子中间许多人来自吴语方言区，也是可以想见的。总之，明末以前京师方言与清末民初的北京方言差别很大，那是毋庸怀疑的。

清朝挟旗族整体进关伊始，不会讲汉语的满人们并没跟北京

---

① 摘自 http://post.baidu.com/f?kz=132851910。

城原有的明代遗民间有太多的直接语言交流。定都北京不久，实行了旗、民在内外城分城居住的措施，京师原有居民悉数被遣往外城，虽与内城驻防的旗族间“鸡犬之声相闻”，却隔着城墙不相往来。只是此刻内城满人官兵因已置身中土，学讲汉语渐成必需，他们当时最近便的汉语教师——操汉语沈阳方言的汉军旗人，就比先前更显著地发挥起了作用。于是乎，汉语沈阳话比当时的京城汉语方言捷足先登，抢占先机地影响到了上下各阶层满洲人，满人说汉话，就此进一步地被打上了汉语沈阳方言的浓重底色。汉语的沈阳方言，作为日后旗人们嘴边的汉语京腔的母本，与这种定型后的京腔有诸多相近之处，只是沈阳话使用平卷舌过分随意,听来音质更为浑朴粗粝,音调也更多凝重下沉而已。

在清代满汉语言彼此互动的日子里，满语远非一味地只取被动守势，它不仅教汉语北京话收入了不少满语词汇①，更让京城方言平添了轻重音的读音新规范；在满人长期驻扎京城并随时玩味打磨汉语京腔的过程中，他们又成功地为这种方言添置了极为

① 对于有部分满语词汇融入汉语北京方言的认识，学界是没有争议的，只是在鉴别那些词汇属于此种情形时，见仁见智意见不大一样。据满语专家常瀛生在其著作《北京土话中的满语》（北京燕山出版社 1993 年版）中甄别指出的，此类词汇就有八十几个，其中包括“挺”（很、甚之意）、“剌乎”（不用心之意）、“盘儿亮”（长得漂亮之意）、“敞开儿”（随便之意）、“咋呼”（撒泼、大呼小叫之意）、“狠（阴平）嘚”（叱责之意）、“胳肢”（无端地给对方搔痒，引申为出阴招、使坏之意）、“嘞嘞”（无聊冗长地说之意）、“哈喇”（食品走油之意）、“摩挲”（用手舒展弄平之意）、“巴不得”（但愿之意）、“邋遢”（衣冠不整之意）、“妈虎子”（妖怪）、“改（阳平）喽”（搂取、攫取之意）、“嬷嬷”（乳母之意）、“翻车（轻声）”（翻脸、用气之意）等等。常氏进一步指出：“北京话里有大量满语词，有些进入北京话后仍保其在满语中的原形和原意，有的获取部分音节，或加其他方式的改制。有些词义则受到引申和延展。总之，它们皆与原在满语中大体相同。满人自顺治初年入关，历百余年期间是操满语的，同时满汉两族人密切交往，互习语言，大量满语词进入北京话绝非奇事。”（该书第 242 页）此外，周恩来 1957 年在一篇题为《关于我国民族政策几个问题》的文章中说过：“有些满族话汉族吸收了没有？我看是有的。有许多满语词汇转为汉语，丰富了汉语。”（《关于我国民族政策的几个问题》，《周恩来选集》下卷，第 255 页，人民出版社版）

大量的“儿化韵”词的尾音处理新规则。这种具备了“轻音”与“儿化”新特征，并且收入了一定量满语词汇的北京话，便是经过原本操满语的满族人，酌取本民族语言特点，加上他们学说汉语之际的艺术灵感和创造性，来重塑汉语北京话的文化结晶“汉语京腔”（也有人把它称为“京片子”）。这种“汉语京腔”曾被视为满式汉语[①]，它以沈阳话为基础，参用北京原有方言的语音成分，再通过满人们集体地锤炼锻造，至清末大致定型。定型后的京腔方言，还能体现从汉语沈阳话脱胎出来的亲缘关系，却又显见出经过二三百年京旗满人们精心地再造提升之后，跟沈阳话二者间的文野差异。

满语无声调，却讲究每个多音节（含双音节）词汇的轻重音。满人在学讲汉语北京话的当口儿，也将汉语词汇的发声按照自己的习惯给出了有一定规律的轻重音。大致地讲，现代北京方言的基本规律是，绝大多数的双声词，如“妈妈”、“哥哥”、“小姐”、“先生”、“太太”、“东西”、“物件”、“衣裳”、“打扫”、“熟悉”、“喜欢”、“清楚”、“新鲜”等等，一定要把前一个字读成重音而把后一个字读作轻声，任何情况下这些个词的轻重音一旦读反了，那就绝对不再是北京话啦[②]。与绝大多数双声词“重、轻”读音规律并行的，是绝大多数三声词，如“王府井”、“西直门”、“什刹海”、“大栅栏”、“兵马司”、“贝勒府”、“巴不得”等，其发声上均取“中、轻、重”方式，三个音节的发音轻重也同样是不能随意置换的。往往在纯“京腔

① 清代后期，西方人把北京城里的这种汉语方言，叫做“mandarin”，音译过来就是“满大人”或“满大人说的话”。顾关元在《话说京语小说》文章中说：“京白又称‘京片子’，是旧时对官场京语的美称，在英语中的 mandarin 既指北京语，又泛指清朝官员所说的官话，可见北京话已非地方方言，而是通用于全国的雅语。‘京片子’即是具有这一功用的国家标准语言。”(《人民日报海外版》2001 年 9 月 13 日第 7 版)

② 我们可试将上述词汇的“重、轻”音读法改为“轻、重”音读法，则会顿感不再是北京话反倒像是“港台国语”了。

儿”的声口里，双声词的第二个字和三声词的第二个字因为越读越轻，读音当中的韵母部分也被“吞咽”遮蔽掉了：很多外埠人不大听得清楚北京话，这是一个相当主要的来由。当然，北京方言的轻重音读法上也有例外，这些例外也是约定俗成有其规律的。比如把个别双声词的轻重音倒置过来的话，意思可就变了。这里一个最典型的例子是“大爷”，两个字前重后轻是“伯父”的俗称，反过来前轻后重，则是指的那些傲慢豪横不可一世的主儿。

至于说到北京话的另一个突出特征——“儿化韵”，究竟跟满族人从本民族母语向汉语转变阶段的哪些具体因素有关，目前在学术看法上莫衷一是。笔者同意这样的意见，即“儿化”现象在汉语自身传承过程中先已有之，不过它只是在汉语北方方言的某些区域内少量闪现，还构不成一项重要的汉语语音现象。满族人在起初学说汉语北京话的时候，这个“儿化”音也是不大发得好的（他们常常把“r”音读成“l”音[①]），那是受到满族母语的发音习惯影响所致。然而，满族人对于不同民族的语言尤其是语音，有一种超常的敏感度和亲和力，易于学会和掌控他民族语言，也是为世间所清楚认识的[②]。他们由只讲满语到学说汉语兼操双语，再到基本放弃母语而专操北京汉语方言，进而到异常亲近北京汉语方言并且把此种方言当做一种艺术创造活动的对象物来切磋雕镂，是一个并不像人们想象得那么长久的过程，大量“儿化韵”的出现，正是在清代中晚期也就是满人们以极高的兴

① 这类的发音，在今山海关内某些地方例如河北省青龙满族自治县的满族和汉族群众中依然明显保留着，教外界听起来似乎有点儿“大舌头”。笔者觉得，那恰恰保留的是满人学汉语一个中间过渡时刻的语音“活化石”。

② 历史上与满族同属于阿尔泰语系满-通古斯语族满语支的锡伯族（历史上曾一度被称作“满洲人锡伯部”），在清代大部迁往西域地方后，同样长期地显示着他们超乎寻常的语言天赋，直至当代，许许多多继续讲锡伯语的普通锡伯人，都能在母语之外精通多种别民族语言，因而锡伯族在当地始终享有“翻译民族”之美誉。这一现象亦证实了原本操讲满语的民族，具备一种潜在而且突出的语言能力。为何如此，惜研究者尚未投注太多工作，也没有明确结论。

致去拥抱汉语北京方言的时候。满人渐次改操汉语之后，特别是清代晚期，民族上下整体性地投入了为汉语“京腔”再塑金身的工程。这个过程如前所述，是旗族子弟们将生活全面艺术化的时期，他们自身的基本文化修养攀升到了一个新的层面，把所具备的艺术鉴赏力、想象力及创造力同样也宣泄到日常语言的模塑上头，本也是件极自然的事情。京腔语言当中格外悦耳动听的大量“儿化韵”，就是这样逐步地打造成型，进而“揭锅出炉”了[①]。

历史上，操阿尔泰语系母语的除了有金代的女真族外，还曾有北魏的鲜卑族、辽代的契丹族和元代的蒙古族，都曾控制过这片土地。这些民族要学习汉语，不单会保留许多讲母语的发音积习，优先选择与亲近的也一定是汉语的口语白话，而当然地不会是汉语文言。“南方语言既近似文言，可见南方语言代表的是传统的汉话。北方语言则是新加入的北语（叫‘胡语’也没关系）”，“南方语言中至今保持着‘来哉！来哉！’等极近似古汉语的语言，在北方就没有。北方自《元曲》以来记录的极近似今天白话的语言，南方也没有。”[②]满族来到北京之后，肯定继承并且更为有力地推进了对当地汉语同样目的的改造，他们在短期内学不来文绉绉的古代汉语，况且他们崇尚自然浑朴的天性也教他们本能地排斥那些古汉语严苛的用词规则，所以他们即使是在放弃母语改讲汉语的时候，仍然会自然而然地拉动着北京的汉语方言向着自由晓畅俗白平朴的方向迅跑。于是，日常的京腔方言里面古板绕嘴的汉语文言词汇所占据的地盘儿便日渐枯萎了[③]。从清朝末尾一些年起始，你已很难得打京师民间听到古代汉语的

---

① 或许，京旗满人优雅、散淡和小觑人生的处世态度，也是酿就京腔“儿化韵”的一重性格原因呢。

② 金启孮：《北京城区的满族》，第76–77页，辽宁民族出版社1998年版。

③ 我们常在吴语方言区、闽语方言区或粤语方言区的百姓口中，很随便地就能听到一些古汉语词汇。可是到了老北京儿的口中，一旦迸出两个“文词儿”，不是被他人挤兑为“犯酸”，就是说的人自己就带有特殊用意。

专有辞藻了。

满族人改造汉语北京话，其奉献还表现在其他一些方面。例如古汉语第一人称复数，从来就只有“我们”一种方式，在实际运用当中，包括对方（听者）在内和排斥对方（听者）的第一人称复数，都一律用“我们”表示；而满语等阿尔泰语系民族，则把第一人称复数，区别为排除对方形式的“我们”，和包含对方形式的“咱们”。汉语研究界充分地肯定过满族等北方民族将“咱们”这一包括式第一人称复数的表达方式引入汉语的意义。当然，“咱们”一词的萌芽形式“自家”，最早出现于宋、元时代，我们把它说成是满语影响所致稍稍有些牵强，实际情况大约是这样的：宋、元时代其实就是金、元时代，当时女真人和蒙古人将这种用语引入汉语，恐怕是切近实情的。不过金、元时代汉语中间的这一语汇萌芽还很不普及，文献上所见实际运用的很罕见。而到了清代，“咱们”一词在汉语特别是北方汉语当中频频出现，则必定是和满人习惯用此概念息息相关。此外，古汉语的第二人称“你”和第三人称“他”，都没有表示尊称的单独用字，清代满人在打造京腔的时候，根据自己的民族习惯，不单创造了日后为全国百姓普遍使用的第二人称尊称“您”，还创造了后来人们渐渐忘记的第三人称尊称“怹”[①]。像“咱们”、“您”和“怹”，都是使汉语更加丰富厚重更加具有表现空间的用语。

清康乾时期，经过京师旗族在原有北京方言基础上系统再造的汉语“京腔”渐趋显型。这种上自皇帝、贵族，下至京师内城统治民族人人习用的方言模式，一定会对各地官民起到示范作用，这正所谓“上行下效”，亦即“楚王好细腰，国人多饿死”。彼时，清廷还利用行政命令来推行京师方言作为国家官话：雍正六年，皇帝颁发了汉语正音的敕命，要求粤语区、闽

① 在当下提倡复归民族文明礼貌传统之时，人们口头上的“你”正越来越多地被“您”替代，其实“怹”（tan，阴平）也是一个应当恢复到人们嘴边上的文明用字。

语区、吴语区出身的官吏，在谒见皇帝的时候，必须要讲京师官话。《官音汇解》、《正音撮要》、《正音咀华》等规范标准音的语言学著作应时出版，并以此为教材，在南方各处开办正音书院。值得注意的是，《正音咀华》的作者莎彝尊就是一位满族人，这说明满族的知识分子此时已经承担起了北京话的音韵规范化和普及化工作。当时的汉族文化人是不屑于去做这种事情的，他们宁肯耗费毕生的心力去钻研汉语古音韵。清代国家"官话"即北京话的音韵规范化工作，只能历史地落在满族士大夫肩上。

八旗制度笼罩下的旗人们，群体性的文化艺术倾向在生活中展露。而玩味语言、"撇京腔"，是他们共通的一种人生癖好："玩"语言，实乃最"经济"最不用破费的一种艺术活动，贫困到揭不开锅地步的穷旗人也照样"玩得起"①，也照样乐此不疲；谁要是能把北京话讲得更字正腔圆、抑扬悦耳、诙谐俏皮、有滋有味，必会引得人们倍加羡慕和着意仿效。到清代末期，就日常生活来说，满族人擅长京腔口语的表达，已为世间所认识，他们的这项能力实际上已经超出了汉族。当旗人们发现自己的汉语居然能够讲得比众多的汉人还要棒，一种自豪感便油然而生。本章开头所引用《正红旗下》的那段话，也透露出来清代末年京师旗人群体在语言驾驭上头独领风骚的洋洋自得②。

---

① 旧时外界褒贬旗族子弟，有一条就是说他们好"耍贫嘴"。"贫嘴"的"贫"字起初只有贫困之义，"絮烦"及"废话连篇"是后来的引申义。如若取"贫"字本义来观察旗人们的"耍贫嘴"，似乎更贴切："耍"是玩，"贫"是穷，"嘴"是语言，"耍"、"贫"、"嘴"三字连缀，恰好活画出了穷旗人嗜好玩味语言的特点。

② 时至今天，北京满族人依旧以京语京韵自豪自恃。满族作家赵大年说过："要让大家都能听明白，这很不容易啊。像东北话的齿音，西北话的鼻音，湖北话的牛刘不分，湖南话的发花不分，上海话不会说二（只会说两），广东话的王黄不分，'我姓三横王，不姓大肚黄'……这些缺陷如不克服，政府通过电台、电视台发布个正式文告，怎能让人们听得明白呢？"（赵大年：《京味小说·北京人·北京话》，载《前线》1996年第4期）

晚清时节，通过二百多年对旧有沈阳话和旧有北京话的从容模塑，面目一新的、京腔京韵的北京官话基本定型，它自身的规范、自身的魅力都得到了各地的关注与承认，再加上从雍正年间开始朝廷内外将它作为国家的统一官话来推行的力度，其显著地位和重要作用便愈益体现出来。

语言学家林焘说过："语言和社会一样，越是封闭，发展得就越慢。越是开放，发展得就越快。北京官话就是始终处于相当开放的环境之中的。现在的汉语官话和其他语言比较，不但方言内部的分歧最小，而且语音结构最简单，保留的古音成分最少，可以说是发展最迅速的汉语方言。"①

20世纪初，清朝退出历史画面。民国年间，北京被剥夺了国都的地位，国家的政治中心南移。也就在这一时期，中国的"国语"怎样再度认定，一时成了个大问题。据说，多种南、北方言都曾"闪亮登场"，上演过彼此激烈争夺国语地位的大战。然而，随着中国新文化运动大力推广汉语白话文的大幕拉动，人们看到，曾经作为清代"官话"的北京话，其最为切近白话语体等多项优势分明高出各地方言，结果尘埃落定，还是由北平话登临"国语"的显赫位置。这不能不说是对北平（北京）话本体价值的一次严格考验，因为北京这座城市已经在政治上失势，北平语言的全部本钱已经仅只在于它的自身能量。此时间不再把北平和北平人放在眼里的这个国家，却一如既往地认可和看重它的语言。

20世纪中叶，定都于北京的中华人民共和国新政宣告建立。国家重新将北京话这种地方性语言，认定作在全国推行汉语标准话的语音基础。1956年2月6日，国务院正式发出关于推广"普通话"的指示，把"普通话"的定义确定为——

---

① 转引自金汕、白公《京味儿——透视北京人的语言》，第16页，中国妇女出版社1993年版。

以北京语音为标准音，以北方话为基础方言，以典范的现代白话文著作为语法规范。

从此，北京话在祖国的文化建设上，再次享有了非比寻常的殊荣。

## 二

有清一代，京旗满族人的汉语表达能力迅速升至高水准，同时，满族在文学创作中所运用的艺术性语言，及时跟进于本民族的语言拓展，也标示出高水准。

本来，在一个健全的社会文化体系中间，民间口头和作家笔头的语言，此二端本来就该是相辅相成的。汉族历史上社会人群的文野差别过分悬殊，致使绝大多数人处在社会文化的底层，连最粗浅的书面文学也接触不上，而占社会少数的知识阶层，则早就用完全脱离大众的文言文彻底垄断了书面文学，并将它束之高阁。而在满族的实际生活中情况有所不同，大致做到了民间口头和作家笔头语言的互为依存、相辅相成。清代满族文学中语言造诣的持续高走，既是满族整体语言能力攀升中一个内在的组成部分与同步环节，回过头来，它又作为民族语言实践当中的华彩乐段，清晰地扯动了京旗整体语言修养的升华。

本书上一章通过较多的篇幅，介绍到了满族文学的发生、发展及其在中国文化总格局当中“安身立命”的真谛。诚然，满族文学从清初之际崭露头角，就踩出了一些个性独标的路子。其中崇尚天然、袒露性情、维持晓白、贴近生活等特点，为一辈又一辈的满族文学创作者所看好、所倚重，最终定规为满族作家文学的强势与专擅，也成为它在中华文坛之上愈来愈显出强劲生命力量的稳固支点。

文学是语言的艺术，语言是文学的要素。满族的书面文学，虽然也有一些用母语写下来的创作，大多数的作品却已不再是以本民族母语的形式传世。

看上去像是历史老人格外施恩，赐予了满族这个少数民族一个全面展示潜能的大舞台，允许该民族在中国封建时代结束前破格建立起一个大一统的清王朝；不过，历史的辩证法又是“公道”的，它总是“欲将取之必先与之”（或者从满族的角度讲要得之桑榆就必得失之东隅），满族的母语在这个大过程中，渐为历史褫夺。然而——这儿有必要在上文那个“不过”后边，再加上一道转折——历史老人太约还有些居心不忍，他折回身来，又一回利用固有的辩证法则，给了满族这个有为的小民族些微补偿，满族获允在改操汉语之后，对汉语的一种方言即北京话，比照自己的意向作点儿手脚。

孰料，不知深浅的不速之客把这点儿手脚，给作大了。

八旗子弟们将本身的语言文化徽记烙在了汉语京腔京韵上，他们的作家再用这种烙有自我文化徽记的话语材料去建筑文学的景致，文学也便坐上了顺风船，获益匪浅，颇多变化。

清初顺、康时期，随着身处中原接受汉族文化移入过程的提速，满族能用汉文写作的作家批量出现。其中首批汉文格律诗词的作者，虽然也曾尽力效法中原文人的汉文笔力，却断难达到后者用文言创作的“得心应手”与“高深莫测”，至于汉文诗词的最高境界“引经据典”，更是叫初学乍练汉语的满人们望而却步。这也不单是因为满人们文化学养上的差距，也因为他们的艺术品味，与中原文坛上刻意称道的文路压根儿接不上轨。纳兰性德算得上满人学写汉文诗词的先驱了，但他的语言和艺术，与当时中原词坛上陈维崧、朱彝尊等名家比较却蹊径独辟，完全是以天然、浑朴著称，王国维赞赏纳兰容若“以自然之舌言情”，正是指他语言清新晓畅而言。清代满族文人的诗歌集子几百种，读来读去，行文诘屈聱牙者绝少得见，满族文化人写下的诗词作品，调用的几乎尽是些平朴流畅浑似坊间言谈的白话语词。

苍崖白水驻残阳，夹道红云一径长。九月黄花山下路，熟梨过后马头香。

——塞尔赫（康熙年间）：《马上口占》

四时最好是八月，单夹棉衣可乱穿。晌午还热早晚冷，俗语唤作“戛戛天”①。

——文昭（康熙年间）：《八月》

清宵一片如规月，流辉积素真奇绝。露下天高风未寒，阶前何事凝霜雪？对之使我胸襟开，当窗酌酒聊徘徊。小童淘水池边戏，解道银蟾入手来。

——恒仁（乾隆年间）：《对月》

此日人家聚，当年战马多。耕烟上春垄，废垒发青萝。扰扰长途远，纷纷贾客过。黄沙空大漠，日暮一长哦。

——敦敏（乾隆年间）：《出关》

瞥眼遥见一神竦，茸茸斑毛将摇动。守犬频惊吠篱隙，草蛇欲避趋墙孔。梯山航海来何方？或从乌弋过白狼。谛观乃是新堆石，居然威猛形披猖。相质寻材遍溪涧，以绳缚木登云栈。舆数千斤积累成，当局谁能别真幻？万物有真便有假，假者恒多真者寡。但知渊下鱼化龙，岂少人间鹿为马！麒麟不见端角无，只此

① “戛戛”音“ga（阳平）ga”，作者此处注有：“戛戛以木为之，状似橄榄稍大，棒击之辄起，远地数尺，亦儿戏之具也。”这里，是说人们以中间粗两头儿细的木制玩具戛戛，来比喻农历八月早晚凉中午热的气候。有意思的是，老舍的作品，也用这种京城旗族喜爱的木制玩具“嘎嘎”打过比方。在《骆驼祥子》第十四节，作者这样摹写主人公正在蜕变的心态：“好吧，老实，规矩，要强，既然都没用，变成这样的无赖也不错。不但是不错，祥子想，而且是有些英雄好汉的气概，天不怕，地不怕，绝对不低着头吃哑巴亏。对了，应当这么办！坏嘎嘎是由好人削成的。”（《老舍文集》第3卷，第126页，人民文学出版社1982年版）

狻猊立屋隅。一时雄踞眩人目，会使儿童捋尔须！

——英和（乾嘉道年间）：《石狮子谣》

千百年来，中原文坛鄙薄民间口语，除少量诗文作者（例如白居易、辛弃疾等人）曾尝试着将语体文字输入进大雅之堂外，大部分的文人们向来视白话为粗俗败兴之物，唯恐避之不及。我们注意到，中国文学史上凡是一回又一回民间口语的清新气息吹拂进入文苑以内，多是在异民族的文化对中原文化构成了某些碰撞填充而后。宋词初起时，逃脱于宋诗呆板载道的框架，是何等地新颖灵动活泼可掬，究其成因，与五代时节多民族文化的融会不无关系（像《菩萨蛮》等词牌从名称上就分明留下了少数民族文化的印痕）；元代大都城里关汉卿等曲家们的作品那样的铿锵洒脱朗朗上口，也跟金元之际少数民族介入当地的文化整合斩不断干系。过于精深老到的汉族传统文化，不少情形下确实少了几分脱胎换骨自我调适的动力。

17世纪的中叶，精神上充盈着大自然清风元气的满民族步入了中原腹地。他们用一双童真的眼睛去凝视古老文明积淀的所有，带一把朴素的文化“筛子”去重新权衡和取舍古国储藏的宗宗遗产。他们有时有些放肆，不大懂得或者过于漠视先前的道理，故为中原人所难理喻。然而，他们在这片土地上经营二三百年过后，到底是又营造出来了某些新的价值和价值观。经过他们和他们的作家们倾心倾情悉心悉力反复打磨的北京口语及其书面表达，似可记到这笔账下。

在中国文学的发展中，最能代表满人文学成就者，非满族小说创作莫属。而满族小说一以贯之的长处，首推语言。

清前期中原文坛卷起过写作文言短篇小说的浪头，从蒲松龄《聊斋志异》到纪晓岚《阅微草堂笔记》和袁枚《子不语》，都很具示范作用。此时满人涉足汉语文坛不久，见到别人写什么都觉得好奇，也跃跃欲试，写出了《夜谭随录》（作者和邦额）与

《萤窗异草》（作者“长白浩歌子”即庆兰）两个集子。这两部书在调动不同笔法反映社会生活市井场面上各有千秋，只是这种写作好像在语言操持上偏离了满人创作的正途，所以即尝即止，后继乏人。

满人只有用自己的日常口语写东西，才是正道，才是坦途，才是他们直取成功的不二法门。

大略言之，中国人写小说，仅从语言艺术的精彩、漂亮上面着眼，18世纪的代表作是曹雪芹的《红楼梦》，19世纪的代表作是文康的《儿女英雄传》，20世纪的代表作则是老舍的《骆驼祥子》、《正红旗下》等——三位作者均系满人。这当然不是巧合。

由根本上讲，满人擅长口语表达，“满人最会说话”，他们的语言天分和语言积累，造就了雪芹、文康与老舍以及他们艺术语言的醉人魅力。

雪芹书写《红楼梦》的时候，京旗满族刚刚完成民族母语向汉语京白的初步过渡。曹氏本具汉人血统，家里讲汉语的习惯向未中断，从雪芹祖父曹寅的《楝亭集》还可以感觉出这一家庭的旧有文化渊源。但他们这个家族在后金政权时期即已被并入麾下，早早地就成了满洲共同体当中的“包衣人”，跟满洲的经济文化结下了不解之缘。在为满洲最高统治者竭诚效力的百多年里，他们的满语也一定不会比血统满人稍差，必是个双语并用的家族。说到曹家所操之汉语，适如本章上面一节所述，乃明末的沈阳话。这种沈阳话在清初满人改操汉语的日子里，在语音语汇方面起到了决定性的诱导作用，成了日后京旗白话汉语的基础。曹寅小时候一度做过少年康熙皇帝的伴读，和康熙皇上一辈子感情甚笃，交往也不少，彼此在语言上头的共通点自不待说。

康熙皇帝晚年在《李煦奏曹寅病重代请赐药折》上的批语，全是汉语白话：“你奏得好。今欲赐治疟的药，恐迟延，所以赐驿马星夜赶去。但疟疾若未转泻痢还无妨；若转了病，此药用不得。南方庸医，每每用补剂，而伤人者，不计其数，须要小心。

曹寅元肯吃人参，今得此病，亦是人参中来的。金鸡纳霜（原文为满文——引者注）专治疟疾，用二钱米醋调服。若轻了些，再吃一服，必要记住的。往后，或一钱或八分，连吃二服，可以出根。若不是疟疾，此药用不得，需要认真，万嘱，万嘱，万嘱！”这些话可以代表满人上层当时的汉语样态，也可以代表当时京腔口语的衍化程度。批语中间的“出根”是“除根”的误笔，因为沈阳话是把“出”字读作阳平音，与“除”同音（沈阳人至今还把“出去”读成“除去”），可见沈阳话在京语渐变中间的阶段性留痕。当我们读到包括此“御批”在内的康熙、雍正、乾隆诸帝的许多“大白话”批语的时候，就能明显觉察到京旗满洲人的口头汉语，正越来越逼近着雪芹写作《红楼梦》之际所启用的汉语方言体系。

《红楼梦》的语言，既是乾隆中期京城旗族上下口语的缩影，又体现出历史进入那个时期旗族圈儿内所通用的京腔京韵的最高成就。在中国古典小说创作领域，曹雪芹是第一个着意选定北京方言作为文学的叙述语言及对话语言的，这是他睿智与胆识过人的地方。“我国自明代起长篇小说兴盛，推动运用白话口语进行创作的文学发展新潮流奔涌向前，最早《三国演义》的语言还是半文半白，《水浒传》、《金瓶梅》则启用山东方言，《西游记》、《儒林外史》用的是长江流域官话，到了《红楼梦》开始运用北京话写作，充分展现出曹雪芹非凡的语言艺术才华，他对北京话进行锤炼加工，使《红楼梦》语言自然流畅，准确生动，兼具华美与朴素之长，达到了炉火纯青的成熟境界，成为中国文学语言发展史上的一座丰碑，对于近世北京话的形成具有重大意义。现代语言学家王力教授40年代初，在抗战后方图书资料匮乏的情况下，仅靠一部《红楼梦》，钻研中国现代汉语语法，编写出在中国语言学史上富有创造性的《中国现代语法》。”①

① 张菊玲：《满族和北京话——论三百年来满汉文化交融》，《文艺争鸣》1994年第1期。

《红楼梦》破天荒地全面展示了京腔京白在造就文学巨制上面，令人们意想不到的超强艺术展示力。作品当中写得尤其精到，教读者过目不忘的是人物的语言，整部书中出场的主要人物、次要人物有几百个，分别来自于京师上、下、内、外极广泛的社会阶层，作者却总能通过每个人的个性话语，把这个人物活脱脱地描绘出来，真真切切地推到读者近前。《红楼梦》是“中国制造”，不像西方小说那样，耗用大量笔墨去刻画人物的精神世界与内心活动，但是《红楼梦》在发掘人物的精神世界和内心活动方面却毫不逊色于任何世界名作，其中每个人的无论多么细微的精神活动，差不多都能借助于这个人在特定场景下的三言五语而和盘托出。最为平凡的家常话，竟被作者点石成金，赋予了无穷无尽的表现力，怎不令人拍案称绝。《红楼梦》在语言上还有一个特点，就是倚重于京白俗语的鲜活气儿。章章节节无处不在的俚词俗语，被作者精心撷取，准确应用，把书中三六九等的主仆、官民和三教九流的僧俗、伶弁、匠丁，状写得一个个纤毫毕现。有论者以为《红楼梦》实在担得起清中期京师俗语“大百科”的名分。曹雪芹有此亲近口头俗语的嗜好，也足可印证当时京师旗族文化人对耳畔五光十色的市井语汇之专注和偏爱。

红学家俞平伯曾经说过：“我们试想，宋元明三代，口语的文体已很发展了，为什么那时候没有《红楼梦》这样的作品，到了清代初年才有呢？恐怕不是偶然的。作者生长于‘富贵百年’的‘旗下’家庭里，生活习惯同化于满族已很深，他又有极高度的古典文学修养和爱好，能够适当地糅合汉满两族的文明，他不仅是中国才子，而且是‘旗下’才子。在《红楼梦》小说里，他不仅大大地发挥了自己多方面的文学天才，而且充分表现了北京语的特长。那些远古的大文章如《诗经》《楚辞》之类自另为一局；近古用口语来写小说，到《红楼梦》已出现新的高峰，那些同类的作品，如宋人话本、元人杂剧、清代四大奇书，没有一个赶得上《红楼梦》的。这里边虽夹杂一些文言，却无碍白话的圆转流利，更能够把这两种配合起来运用着。”[①]俞平伯还谈到，《红楼梦》书中“所说是满族家庭中底景况，自然应当用逼真的京语来描写。即以文章风格而言，使用纯粹京语，来表现书中情事亦较为明活些”[②]。

雪芹手笔《红楼梦》，世间流传的仅只80回；多年以来与雪芹所著前80回同时刊刻发行的，是高鹗续写的后40回。这后40回虽然在创作题旨上与前80回有其牴牾，语言的运用却与雪芹所著前80回比较吻合。在被红学界统称为“狗尾续貂”的绝大多数相当糟糕的《红楼梦》续书[③]当中，高鹗之续写所以能够鹤立鸡群，尚能为普通读者接受，语言上的追近模拟是应当指出的。高氏能够达到此等层次，除了他个人的学养外，其家族同雪芹一样属于清代内务府旗籍则是个主要原因——他和雪芹来自同一个相对于全国不同方言区来说堪称独特的京旗口语方言圈儿，这一点成全了高鹗在一定程度上的“胜券”在握。

雪芹生前写书同时及刚刚去世之后，《红楼梦》书稿已在京城满族作家群内的一些友人中间传阅扩散开来。书中启用与京旗社会现实同步的崭新京白所打造的绝佳艺术语言，令人一新耳目，首先便引来了“圈内人”的夸赞。永忠诗句“传神文笔足千秋”和明义诗句“总使能言亦枉然”[④]中溢于言表的感叹，其中自然也包含着对小说语言艺术由衷的激赏。

雪芹《红楼梦》原作仅余80回存世，其美不胜收的文笔及戛然中断的书写，迅即引来“续书”蜂起，仅二三十年时间，便

---

① 俞平伯：《读〈红楼梦〉随笔》第二篇《它的独创性》，《俞平伯论红楼梦》，第663页，上海古籍出版社、三联书店（香港）有限公司1988年3月联合出版。

② 俞平伯：《〈红楼梦〉研究》，第68页，上海古籍出版社2005年版。

③ 署名“云槎外史”（顾太清，亦即西林春）所著的《红楼梦影》也不在此列，后文将会谈到。

④ 明义是乾隆年间京师满族作家群的一员，他的《题〈红楼梦〉》（二十首）之一写道：“莫问金姻与玉缘，聚如春梦散如烟。石归山下无灵气，总使能言亦枉然。”据信这组诗写于雪芹在世之时。

有包含高鹗续作在内的五六种续书出现。为了回应这一现象，满族文论家裕瑞[①]不失时机，推出了他的著作《枣窗闲笔》，书中对所见各部续作从立意、描写到语言，一一予以评说。关于程伟元续书（实为高鹗续书），裕瑞着重戳穿把这些续写文字托称雪芹原作的谎言，指出："此四十回，全以前八十回中人名事物，苟且敷衍。若草草看去，颇似一色笔墨，细考其用意不佳，多杀风景之处，故知雪芹万不出此下下也。"对这一续作多从与雪芹原作之立意有别来加以批评，说这四十回所藏蕴义"嚼蜡无味，将雪芹含蓄双关极妙之意，荼毒尽矣"，对高鹗续写的文字却未从语言运用角度多所指摘。不同的是，对于其他几种续书，裕瑞不但抨击了它们在创作题旨方面的不堪，更扭住这些续书在语言上头的粗卑拙劣之处大加鞭笞。在批评《后〈红楼梦〉》时，裕氏写道："书中用字眼多不合京都时语。如'搽脸'必曰'抹脸'，或有当用'顽闹'、'顽耍'、'顽意'、'顽笑'、'顽戏'等等字眼，当分别之处，惟用'顽儿'二字，不别加字眼分别，多不成语。当用'我们'处全用'咱们'，当用'算计'处必用'打谅'……如此口吻，不合时语者不胜屈指。"在批评《绮楼重梦》时，说："既知前书全用北京时谚，若不能学，辄随自己口吻。杂用南音，强谓'《红楼》书中，皆本南人，当不忘土音'，支吾无理！"

而《枣窗闲笔》作者在谈到《〈红楼〉复梦》时，所发议论最可引起我们注意：

其写闺阁嘻笑戏谑，亦欲仿前书，惟口角过于俗亵市井之谈，有乖雅趣。竟使许多贫嘴恶舌，出于钗、黛，唐突西子矣！雪芹必不为者。作者或自辩曰：雪芹数十年前人，其所用谚语皆

① 裕瑞（1771-1838），爱新觉罗氏，号思元斋主人，系乾隆年间满族作家群成员明义的外甥，所撰《枣窗闲笔》收入八篇评论《红楼梦》续书和《镜花缘》续书的文章。

当时常谈，今若跬步依之，则漫无新趣，不得不取今时谚语装之，无奈时谚下趋尖巧俗亵，即现时闺谑，亦不免学此，故书中聊复尔尔。使雪芹此时尚在，若自续其书，或亦采取时谚耳。——余料作者心中必有此辨。虽然数十年前，非甚远也，当时岂无俗亵之言？一经雪芹取择，所收纳者，烹炼点化，便成雅韵，究其手笔俊耳。难以时谚之故，粉饰笔拙也。

不难看到的是，到裕瑞从事文学活动的嘉庆年间，满人对文学语言的运用和鉴赏，已经格外地在意，也相当地考究，雪芹高超的语言修养不仅得到了本民族文学欣赏者的喝彩，更得到了本民族文学批评家强劲的理论支持；至于续书写作者们因语言功力之不逮而表现出来的创作上的种种“假冒伪劣”动作，也再难逃避满族文学批评家的法眼。一方面，裕瑞能够分辨和捕捉到作品语言上较为微妙的差异，明确指出大而化之（例如生活中的“玩儿”可分为多种不应只用一个词）和盲目模拟（例如弄不清《红楼梦》里“我们”、“咱们”区别的模仿者无限度地使用“咱们”）都是站不住脚的，另一方面，他又富有艺术理性地提出，文学语言来自于社会生活，却不该一味地照搬生活语言的原始样态，要区别作品当中不同层次人物的身份心境，选取雅、俗、文、野各不一样的口语让他们去说，才能成功地塑造人物。

清嘉道年间，是京旗汉语口语从雪芹在世之际继续向上提升的一个新时段。裕瑞阐释的语言艺术理论出现在这个时段，洵非偶然。

京师满族中上层文人们为《红楼梦》面世而激发的兴奋劲儿[①]

① 《红楼梦》的问世，在旗族范围内，不单诱发了正面的欢呼喝彩，也因为书中的思想倾向引来了一些正统卫道士的反感与诋毁，如玉鳞说此书是“诬蔑我满人”，那缪堂说它“为邪说诐行之尤，无非糟蹋旗人，实堪痛恨”。甚至有说法，认为程伟元要高鹗写续书也是受了最高当局的授意，以便消除原作的影响。这恰恰从正反不同角度证实《红楼梦》的出现，是当时旗族内部一个引起较多“兴奋”的事件；如反观当时旗族之外的人士，正面的反响和负面的嗅觉，都来得不强烈。

方兴未艾，京旗族众又一波因语言艺术营造的兴奋劲儿随即到来，并且直抵八旗最底层差不多全体成员。这，就是欣赏子弟书和八角鼓的热潮。

子弟书和八角鼓两门曲艺艺术自打出现，就存有旗族上下明朗的自娱自乐性质，由于在生活中，出色的语言表达常常会给满人带来高度的美感和快感，所以子弟书、八角鼓的作者们，也往往特意向这些作品中注入诸多语言变幻因素，以争取给欣赏者带来乐趣。

子弟书艺术初起的时候，正是京师满族的语言由满语向汉语过渡的时期，满人们在家庭亲友中间还是习惯于讲世代承传的母语，而出外交际或料理公务时又有较多的场合需要改操汉语，于是他们“入则讲满，出则讲汉”，约有一二百年，都是作为一个双语民族现身世间。具有双语掌控能力的京城旗族，在这个特别的文化发展过程当中，留下了不少有意义的历史性印记，被称为“满汉合璧”与“满汉兼”的两类曲艺唱本，便是其中具有价值的雪泥鸿爪。

《寻夫曲》是一部典型的“满汉合璧”子弟书，唱的是中原地区流传的“孟姜女哭长城”故事：

ere gese gūnin usacuka arbun muru ai mohon bi

似这样断魂景况何时了

ai mini tere hesebun gosihon i eigen marikini ya aniya

叹我那苦命的儿夫何日归

bi inemene emhun beye tumen bade eigen be baihanakini

奴不免一身万里寻夫去

uthai gūwa bade bucehe seme fayanggu oron aicibe inu emgi sasa

便死他乡也落得魂魄随

这里，满文（此处引文为排版方便，改用拼音转写）和汉文各自完整地表意成文，又分别隔行对照书写，颇像语言教科书的样子；据猜测，满文曲词在这儿大抵只是译文，并不会单独配乐演唱，实际上仅起到帮助那些听说汉语尚有一定障碍的满人理解汉文曲词的作用，也教只懂满文或只懂汉文的听众对照曲本而各得其所。对比这种以向满人普及汉语能力为基本目的的双语并行“满汉合璧”式的子弟书，继之而起的“满汉兼”子弟书，则带有较充分的语言文字的游戏性质：

tanggū es 光阴实可嘉
（百岁）
倒不如 ederi tederi 玩景华
（邂逅 相遇）
gašan i nure be tunggalaci 吃几盏
（逢着村酒）
bigan i ilha be sabufi 戴几枝花
（见了野花）

这是从子弟书《螃蟹段》曲词中摘出的几句。这个作品，全篇都是把满、汉语词汇或词组搀杂起来连贯演唱（以上引文中的汉文词并不唱出来，只是在记录唱词时聊备一格，告诉人们这个满语词组是什么意思）。这类所谓“满汉兼”的用满、汉混合语来表述故事的段子，在子弟书里还有一些①，同时在八角鼓的鼓词当

① “满汉兼”的子弟书在语言编排上继续沿着同一路数走下去，又出现了字面上看似“纯汉语”而实际上依旧带有“满汉兼”意味的更特殊的语言游戏作品。其代表作是《升官图》，内容取自《金瓶梅》里潘金莲与西门庆幽会故事，其中虽难免少量粗俗句子，却利用把或满文或汉文官职名称嵌入汉语中间的巧妙方式，将满汉两种语言的词汇连缀得天衣无缝：“西门庆调情把钱大史花，请潘金莲去裁那包衣达。王婆子他倒上门军躲出去，西门庆他色胆如天把司狱发。走到跟前伸炮手，将潘金莲的

中也有不乏其例："大清景况，真乃是世态炎凉。提起他吗法（祖上），伊呢哈拉（他的姓氏）本姓狼。满汉翻译，进过三场，弃文就武进了鸟枪。葛普他拉尼雅吗尼雅拉（射马箭）当差最要强，交人不窝囊。家道应时有个助帮，提本领样样都在人人以上。公费吃一两，法伊单（仪仗）又入上。章京（统领）合专尼达（护军校）过一个穿往合，得音达（队长）绞格子（无赖），终日吃喝逛……"①

满语和汉语，在京城旗族的生活中因时变异，此消彼长，汉语逐步替代了满语。子弟书、八角鼓作品为后世留下了京旗子弟们语言转轨的一样样"标本"，也让它们的欣赏者终于看到了这项转轨的结局——精彩漂亮的京腔京韵应运而生：

大爷该班儿，大奶奶得了闲儿，这一日是四月初一，很好的天儿，我何不到万寿寺喝上个野茶儿？大奶奶不释闲儿，找了块铺陈去补汗禢儿。慌忙就洗她的蓝布衫儿，连烤带晒闹了个潮干儿。温洗脸水是个破沙浅儿，温水的工夫抽上袋烟儿。大奶奶洗了个清水脸儿，省得城外扬土烟儿。换袜子麻了花儿，大奶奶本是两只汗脚巴丫儿。使劲一蹬差点两半儿，将将就就没有两开儿。蝴蝶梦的鞋绽了半边儿，眼看着蝴蝶儿飞上了天儿。她倒说

---

袖子一苏拉。满脸嘻嘻那们护军校，说趁着没人咱们乌真锻哈。这淫妇春心难按把协尉动，咯拉裆的毛那们扎兰尼达。心里觉得艾什拉蜜，那话头像画稿占音会凑达。说你这有情有义的一等子，我愿意一辈子给你当个郭什哈……"这段曲词里的"门军"、"司狱"、"炮手"、"协尉（此处读音如狱）"、"护军校"、"一等子"等，皆为汉文官爵名，而"包衣达"（管领）、"苏拉"（闲散者）、"乌真锻哈"（汉军）、"扎兰尼达"（参领）、"艾什拉蜜"（帮助）、"郭什哈"（护卫），则是一些出自满语的身份及官职。熟谙双语的听众欣赏这样的唱段时，或从谐音或从意译的角度，能心领神会地感受编写者利用语音双协来表达的幽默，不但嘲弄了西门庆潘金莲，也稍带着揶揄了现时官场，由此而感受到别样的文化情趣。

① 摘自八角鼓词《鸟枪诉功》，载太田辰夫著、白希智译《满洲文学兴废考》，中国满族文学史编委会印刷。

清末京街头叫卖

新鞋没有那旧鞋跟脚，逛庙何用满帮子花儿！①

此作描绘的是一位旗下少妇外出踏春的情节，她贫困却又活得乐观硬朗，而京白语言的精气神配合着这样的故事，被泼洒得淋漓尽致，尤其是所唱句句蹈入“儿化韵”，更显出此种方言的清脆韵律跟诙谐气质。嘉庆以降，在京师及盛京等地渐被推向狂热的子弟书、八角鼓创编—欣赏活动，与旗族京白的日臻成熟，步频一致。

于是，标志着京旗语言造诣新峰值的又一文人创作，在此氛围中揭开面纱——同治年间，镶红旗满洲的文康氏②，用京语白话，写出了他的长篇章回小说《儿女英雄传》。小说凡40回（外有“缘起首回”）接近60万字，实是一道京白语体艺术的丰美大餐。不管我们翻开作品的任何一节，扑面而至的，全都是标志着19世纪京师满人最高口语水准的言谈和句式，纯正、动听、明快、酣畅并且富有气韵张力的“京片子”，在字里行间俯拾皆是：

一套话，公子一个字儿也不懂；听去大约不是甚么正经话，便羞得他要不的，连忙皱着眉，垂着头，摇着手，说道：“你这话都不在筋节上！”跑堂的道：“我猜的不是？那么着你老说啵。”

“……及至坐下，要想看戏，得看脊梁。一开场唱的是‘俞

① 《穷大奶奶逛万寿寺》的这些唱词，转引自刘小萌《八旗子弟》，第98页，福建人民出版社1996年版。

② 文康，字铁仙，又字悔庵，别号燕北闲人，费莫氏。生在18世纪末或19世纪初，卒于19世纪60年代。

伯牙摔琴'。说这是个红脚色。我听他连哭带嚷的闹了那半天，我已经烦的受不得了，瞧了瞧那些听戏的，也有咂嘴儿的，也有点头儿的，也有从丹田里运着气往外叫好的，还有几个侧着耳朵不错眼珠儿的当一桩正经事在那儿听的。看他们那些样子，比那书上说的闻《诗》闻《礼》还听得入神儿！"

那个胖女人却也觉得有些脸上下不来，只听他口儿嘈嘈道："那儿呀！才刚不是我们大伙儿打娘娘殿里出来吗，瞧见你一个人儿仰着个颏儿，尽着瞅着那碑上头，我只打量那上头有个甚么希希罕儿呢……谁知脚底下横不愣子爬着条浪狗，叫我一脚就造了他爪子上了。要不亏我躲的溜扫，一把抓住你，不是叫他啃我一乖乖，准是我自己闹个嘴吃屎。你还说呢！"

治理中国小说史的名家们，曾给《儿女英雄传》的语言以上佳的评断，他们还不约而同地指出了在旗族文化背景下文康语言跟雪芹语言的流脉如一。胡适说："《儿女英雄传》是一部评话，它的特别长处在于言语的生动，漂亮，俏皮，诙谐有风趣。这部书的内容是很浅薄的，思想是很迂腐的；然而生动的语言与诙谐的风趣居然能使一般的读者感觉愉快，忘了那浅薄的内容与迂腐的思想。旗人最会说话：前有《红楼梦》，后有《儿女英雄传》，都是绝好的记录，都是绝好的京语教科书。"[①]郑振铎说："我们在《红楼梦》见的却是最自然的叙述，最漂亮的对话。"[②]《儿女英雄传》："特点未尝没有，那就是：全书都以纯粹的北京话写成，在方言文学上是一部很重要的著作，那样流利的京语，只有《红楼梦》里的文字可以相比。"[③]周作人说："《红楼梦》的

① 胡适：《〈儿女英雄传〉序》，《胡适全集》第3卷，第542页，安徽教育出版社。
② 郑振铎：《文学大纲》下册，第180–183页，广西师范大学出版社2003年4月版。
③ 郑振铎：《文学大纲》下册，第486–487页，广西师范大学出版社2003年4月版。

描写语言是顶漂亮的，《儿女英雄传》在用语这一点上可以相比，我想拿来放在一起，二者的运用北京话都是很纯熟，因为原来作者都是旗人。”①

胡适关于《儿女英雄传》语言的议论，还有一点亦很精到，他看出了自乾隆时雪芹创作到同治时文康创作这中间的百多年里，京旗语言不是凝固的而是变化发展的。他谈到：“《儿女英雄传》出世在《红楼梦》出世之后一百二三十年，风气更开了，凡曹雪芹时代不敢采用的土语，于今都敢用了。所以《儿女英雄传》里的谈话有许多地方比《红楼梦》还更生动……充满着土话，充满着生气……”②

《儿女英雄传》亮相于晚清，这时，京旗族众中对北京话的迷恋正如醉如痴，子弟书八角鼓热以及次第走红的评书、相声等市井语言艺术，更似烈火烹油，把个字正腔圆的“京片子”语体，径直推向了无以复加。有关此时至清末民初，北京满人全取京腔口语来书写小说者，据不完全资料，即有如下累累记录：

—— 女词人顾太清（即西林春）以“云槎外史”笔名撰著长篇小说《红楼梦影》③；

—— 子弟书兼评书艺人石玉昆撰著长篇小说《三侠五义》；

—— 报人蔡友梅以“松友梅”、“损公”等笔名撰著小说《小额》、《新鲜滋味》、《忠孝全》、《库缎眼》、《小蝎子》等；

---

① 周作人：《小说的回忆》。

② 胡适：《〈儿女英雄传〉序》，《中国章回小说考证》，上海书店 1980 年版。

③ 顾太清（1799-1877），名春，字梅仙，号太清，满洲西林觉罗氏。是清代著名的女性文学家，其最主要的成就在词作方面，“八旗论词，有男中成容若，女中太清春之语。”（语出《晚清簃诗汇》）是清嘉道年间诗词名家、贝勒奕绘的侧室夫人。晚年，她以“云槎外史”为笔名，写出了白话章回小说《红楼梦影》，凡 24 回 13 万字。作为《红楼梦》的一种续书，此著不同于“狗尾续貂”的几种粗劣制作，在学界评价较高，作品立意严谨，虽在题旨上较原作差距明显，但于虚描实写、铺衍故事等方面却有诸多可取之处，在运用京味儿口语、描画当时满人习俗等方面，尤其值得称道。张菊玲在《旷世才女顾太清》一书中，确证她是中国小说史上第一位女小说家。

—— 报人王冷佛以“冷佛”笔名撰著长篇小说《春阿氏》、《未了缘》等；

—— 报人文实权以“市隐”、“燕市酒徒”等笔名撰著小说《米虎》、《西太后外传》等；

—— 报人徐济以“剑胆”笔名撰著小说《妓中侠》、《阔太监》等；

—— 报人穆六田(即穆都哩、宁裕之)以“儒丐”笔名撰著长篇小说《徐生自传》、《同命鸳鸯》、《北京》、《梅兰芳》等。

满族作家用京旗语言风格留下的众多作品，在文言创作势力依旧盘踞近代文苑的后期，已经构成一股集团式的冲击力。于今看去，这些小说无不具有引领早期白话创作风骚，开启“京味儿”文学先河之功用价值。

## 三

百端尽备，老舍的登场当是顺理成章的事情。

经由以上多少有点儿繁复的介绍，读者已不难体会，站在20世纪中国语言艺术峰巅的满族作家老舍，他的成就，绝不再是无源之水、空穴来风,那本是一道来路清晰的文化活水的流至渠成。

正像富有语言天分的满民族在自己18世纪语言初步转型后奉献出杰出代表曹雪芹，和19世纪在继续砥砺淬制推出成熟的京腔方言后再度奉献出语言圣手文康一样，20世纪，在北京话铺向全国继而代表中国走向世界的进程中，该民族当然还有责任，第三度奉献出本民族的语言艺术骄子——老舍。

比起雪芹与文康，老舍出生的时候，冻饿无告的家境最是凄凉。那时他一定是完全缺乏文化俊才之相的，先天跟后天全都严重营养不足，他已经两三岁了还没学会走路，人们对他未加期许是当然的。

谁也没有想到的是，天资聪颖的老舍，却在语言方面很快地崭露了头角。

读小学期间，他的学习已然出现了偏科的迹象。他不大喜好算术和图画，对国文和写作却有浓重的兴趣。他当时写出来的好文章，居然被他的同窗好友、旗人子弟高煜年牢记到晚年：那天，国文教师孙先生出了个《说纸鸢》的作文题。少年老舍文思快捷，不一时便写得了。他早就约好煜年，放学后一道去放风筝，可煜年却还在苦苦构思这篇文章的开头。他等不及，悄悄凑过来："我给你起个头吧！"第二天，孙先生在课堂上对煜年的作文开篇赞不绝口，并为学生们高声朗读："纸鸢之为物，起风而畏雨；以纸为衣，以竹为骨，以线牵之，飘扬空中……"煜年被先生夸得不好意思，把和老舍之间的小秘密坦白了，这非但没有招恼了先生，先生反而更高兴了，他捻着胡须说："我在北直隶教书多年，庆春（老舍本名——引者注）文章奇才奇思，时至今日，诸生作文无有出其右者。"这大约是老舍平生被记忆下来的最早的文章段落，那时，他还不过是个12岁的学童。

在他十六七岁读师范学校的时候，语言才华显示得越发充分，写作成绩一直处于前茅，受到校长和国文老师的赏识。同学间更是了解他具备超众的语言天赋，据他们后来追忆，老舍的语言摹仿能力极强，他能把随便那个同学用随便什么发音道出的一通"怪语"，"翻译"成一篇激昂慷慨的演说词，把大家弄得乐不可支；他又能把贵州籍教师的讲话学得惟妙惟肖，让同学们惊奇不已。其实，这类煞有介事的即兴语言表演，在哺育老舍成长的旗人社区里早就是司空见惯的事儿，所以他在同学中每一为之，必能"出彩儿"。

北京旗族通力模塑的北京话及其表达，是日后走向创作之路的老舍，生下来便得以享有的一笔财富。穷，并没有隔绝旗族语言氛围对他的拥抱，也不能阻止市井满人玩味语言传统习尚对他的浸润。早年的老舍，就对"京腔京韵"跟旗人社区的特殊关系，怀有切身体认。

老舍走上语言艺术之路，有点儿像是命里注定。

毕业于师范学校以后，他理所当然地去干教育工作。他喜欢教育事业，觉得这是踏踏实实的救国救民之途。即使在工作余暇偶尔发表个把篇的习作，也并不放在心上[①]。1923 年夏天，他去了英国，仍然是当教员，教英国人学用汉语言。写小说和当作家，不在他此行的预期目标以内。

可是，在英伦呆了一段时间之后，他竟然提笔写起长篇小说来了。——这固然跟他只身旅欧孤独寂寞有关，也是因为读了些国外的文学名著而诱发了想要写一写的欲望，但这些还都不是他启动创作的全部由头。

他在东方学院开设过的课程，包括有"说官话"、"古文"、"翻译"、"历史"、"道教和佛经"、"作文"等。其中最受欢迎的，还是"说官话"即人们今天所说的"汉语普通话"这一门，自幼打牢的北京话语言根底，使老舍把这门课讲得绘声绘色，美不胜收。除在学校教授语言之外，他又应邀去英国广播电台（BBC）作汉语知识广播讲座，和同事一起编写制作既有文字教材又配有录音唱片的《言语声片》，由著名的"灵格风语言中心"出版。教材中的中文部分皆由他编撰，课文、生词由他亲笔抄写，录音唱片也由他朗诵灌制[②]。

老舍愈来愈觉出中国官话即京白语言，是自己得天独厚奇货

---

① 1923 年 1 月，他曾用"舍予"的署名，在《南开季刊》第 2、3 期合刊号上发表了短篇小说《小铃儿》。老舍曾在两篇文章中不经意地说到过它："除了在学校里练习作文作诗，直到我发表《老张的哲学》以前，我没写过什么预备去发表的东西，也没有那份儿愿望。不错，我在南开中学教书的时候曾在校刊上发表过一篇小说，可是那不过是为了充个数儿，连'国文教员当然会写一气'的骄傲也没有。"（《我怎样写〈老张的哲学〉》，《老舍生活与创作自述》，第 3 页，人民文学出版社 1982 年版）"我最早的一篇短篇小说还是在南开教书时写的；纯为敷衍学校刊物的编辑者，没有别的用意。……这篇东西当然没有什么可取的地方，在我的写作经验里也没有一点重要，因为它并没引起我的写作兴趣。"（《我怎样写短篇小说》，《老舍生活与创作自述》，第 34 页，人民文学出版社 1982 年版）

② 这套《言语声片》曾在世界各地风行，一直保留到今天，已成为对外汉语教学史研究、汉语普通话演变史研究及老舍研究中不可多得的原始资料。

可居的资本。他的心思活泛起来，幻想着，在这上边或许自己可以安身立命。

同样来自中国的满族青年宁恩承，是老舍在伦敦的华人朋友之一，也是老舍第二部长篇《赵子曰》写罢的第一位读者。因为宁与老舍有着同样的民族身份，便对老舍启动创作的动机独具观察，他有过这样真切的记录："在伦敦时老舍每叹一无所长。'贩卖大白话'或者是一条出路。他说'你们各有专业，各有所长，我拿什么呢?'所以立志写小说，贩卖大白话为生。"[1]看来，宁恩承是充分会意于满人和"大白话"关系的。

老舍以他"写着玩"的心态，一气呵成长篇处女作《老张的哲学》以及同这部处女作像是"同窝的一对小动物[2]似的第二部作品《赵子曰》。国内发表新文学作品的重要刊物《小说月报》先后连载了两部作品。严格地讲，这两部小说从立意到结构，还存在着不少毛病，然而，作品自始至终所采用的京语大白话，却一举征服了从刊物的编辑、读者，到差不多整个国内文坛！这是连作者本人都没敢想象的。

"好王德，你去，你去！"好妇人从一尺多长的衣袋越快而越慢地往外一个一个的掏那又热又亮的铜钱。"你知道那个酒店？出这条街往南，不远，路东，挂着五个金葫芦。要五个铜子一两的二两。把酒瓶拿直了，不怕摇荡出来，去的时候不必，听明白了没有？快去！好孩子！……回来！酒店对过的猪肉铺看有猪耳朵，挑厚的买一个。他就是爱吃个脆脆的酱耳朵，会不会？——我不放心，你们年青的办事不可靠。把酒瓶给我，还是我去。上回李应买回的羊肉，把刀刃切钝了，也没把肉切开。还是我自己

① 宁恩承：《老舍在英国》，载香港《明报》月刊1970年5、6月号。

② 老舍：《我怎样写〈赵子曰〉》，《老舍生活与创作自述》，第9页，人民文学出版社1982年版。

去！”①

“不喝！不喝！”赵子曰的脑府连发十万火急的电报警告全国。无奈这个中央政府除了发电报以外别无所为，于是赵子曰那只右手像恶鹰捉兔似的把酒杯拿起来。……“为肚子不好而喝一点黄酒，怕什么呢！”于是脖子一仰灌下去了。酒到了食管，四肢百体一切机关一齐喊了一声“万岁！”眉开了，眼笑了，周身的骨节咯吱咯吱的响。脑府也逢迎着民意下了命令：“着令老赵再喝一盅！”②

老舍初写这两个长篇，还不大懂得什么叫对民间语言的“筛选”与“提炼”，并且他也没有那许多工夫。可就是这些信手拈起、娓娓道来的极度生活化的京腔语言叙写，却放射出来夺目的光焰，让读者得到了意外的惊喜和愉悦。

时也，运也，命也。老舍与文学的邂逅和联姻，不能不说是由“时代文化诉求”来担当的月下老人。20世纪初，随着五四新文化运动的洪波扬起，废弃文言文写作、提倡白话文写作，成了相当强烈的时代呼声，包括鲁迅、胡适等文化巨匠在内的大批激进派文人，都撂下自幼熟练的文言文，开始了书写语体白话文章的尝试。可是，写作白话文的运动受着各种因素的限制，例如，在传统环境下人们每每提笔则有必循雅化的习性，大多笔墨娴熟者往往脱离社会下层生活，故不熟悉民间口语，国家版图辽阔，各地方言林立，即便是用各自口语写作也都影响不远，更兼某些倡导新文学者又是留学异域喝洋墨水长大欧式句型不绝于笔下……这些问题，均教提倡白话文的愿望真的实践起来，不免大

① 老舍：《老张的哲学》，《老舍文集》第1卷，第59-60页，人民文学出报社1980年版。

② 老舍：《赵子曰》，《老舍文集》第1卷，第231页，人民文学出报社1980年版。

打折扣。直到20世纪20年代中期，语体创作领域的收获，依然很不能让人满意①。就在这种遗憾多于喜悦的情况下，谁也没有料到，石头缝里居然蹦出来一位“孙猴子”：他人所短者恰是老舍之所长，他有顶纯正的北京白话语言的积蓄和训练，从小生活在北京城的下层民间并对这座城市各阶层的口语表达了如指掌，出身于京旗的文化语境叫他比常人对京腔京白具有更为深入，甚或可称是水乳交融的亲和性，还有，有清一代便将京腔口语作为举国之“官话”来规定和推广，也使老舍所操的京城方言早就在较广泛的地域间最容易被国人接受和欣赏。

京旗文化场域，为这个笔名叫做老舍的文学青年，预设下了沿着语言创造之路扬帆远航的全副先决条件。满族先人二三百年里把它像艺术“玩艺儿”般对待的“满大人”、“京片子”，到老舍手里，被正正经经地派用到了为时代所呼唤的艺术事业当中。老舍作为一个从满族语言传统路径里款步走来的写手，一忽儿成了时代的“宠儿”，在20世纪20年代的这一刻，与中华民族最时尚最迫切的文化取向，着着实实地撞了个满怀！

对自己走上文学道路是受了“五四”新文化运动启发召唤这一点，老舍作过证实和说明：“到了‘五四’运动时期，白话文学兴起，我不由得狂喜。假若那时候，凡能写几个字的都想一跃而成为文学家，我就也是一个。我开始偷偷的写小说。……用白话写，而且字句中间要放上新的标点符号，那是多么痛快有趣的事啊！再有一百个吴梅村，也拦不住我去试写新东西！”②“没有‘五四’，我不可能变成个作家。‘五四’给我创造了当作家的条件。”“‘五四’运动也是个文艺运动。白话已成为文学的工具。

① 老舍日后说：“我觉得‘五四’运动对语言问题上是有偏差的”，“‘五四’运动以后的作品——包括许多有名作家的作品在内——一般工农看不懂、不习惯。”(《关于文学的语言问题》,《老舍文集》第16卷，第105页，人民文学出版社1991年版)

② 老舍：《〈老舍选集〉序》，《老舍生活与创作自述》，第114页，人民文学出版社1982年版。

这就打断了文人腕上的镣铐——文言。不过，只运用白话并不能解决问题。没有新思想，新感情，用白话也可以写出非常陈腐的东西。新的心灵得到新的表现工具，才能产生内容与形式一致新颖的作品。‘五四’给了我一个新的心灵，也给了我一个新的文学语言。”①

在“五四”新文化运动倡导用白话文写文章写作品，却又迟迟没能出示厚重的典范之作，从而深感业绩不足腰杆儿不硬的时候，老舍一连串儿的长篇小说，包括《老张的哲学》、《赵子曰》，以及接踵而至的《二马》、《小坡的生日》……有如甘霖天降，极大地鼓舞了白话写作提倡者与书写者的士气，同时，这几部作品也理所当然地，被中国文学史写进现代白话文奠基创作的早期书目。

《老张的哲学》、《赵子曰》等作品的阅读者欣喜不已，却没人去深究老舍缘何能够写出此等脍炙人口的文字。又是那位满人宁恩承，慧眼独具，运用满族文化的视角阐释老舍的语言特色，做出过如下一番中肯评价：

老舍的文字很像年轻的旗人贵妇，天然的脚不缠足。穿一件旗袍，自然之美，高胸细腰之美，均呈现出来。文言文像从前民装女人，穿了许多褂子、裙子，上边有许多绣花，缠着足扭扭捏捏，失了自然美态。一些半文半白的文字，文白杂错很像放了足的女人，扭扭捏捏，去不掉缠过足的笨拙。这种“改良派”比不上天足落落大方。老舍的小说不用文言，不用诗句，不用典故，不用文白加杂的句子，不受缠足的限制。天然的旗装是他独树一帜的创造。②

---

① 老舍：《“五四”给了我什么》，《老舍生活与创作自述》，第300页，人民文学出版社1982年版。

② 宁恩承：《老舍在英国》，载香港《明报》月刊1970年5、6月号。

“天然的旗装是他独树一帜的创造”，说得真好！正是获益于京师旗人文化社区中的语言养成，后来在文学创作上，老舍才能够运斤如风地调遣北京话，把北京话的内在美感，准确地把握住，再最大限度地释放出来。自有老舍作品以来，人们对其语言的称道赞赏历来不少，不过，确能说清他的语言禀赋其所自，却仍嫌不多。

毕生遨游于艺术创作之海的老舍，最“拿人”的强项和最与他人拉得开距离的地方，便是其文学语言。在20世纪的中国文学领域，单看语言功力一项，实难举出第二人与之比肩，设若我们用“空谷足音”四个字来形容他在中国现代文坛上的非凡语言技艺，怕也不会引来人们太多异议。

说他的语言“非凡”，恰恰是因为，只有他的语言才具有超乎所有作家的“平凡”。他一生在作品里写下的语句总有千千万万，包括人物对话用语、故事叙述用语、状景抒情用语……却断难找到参差于大众语言之外的“生造”跟“硬写”。老舍的语言，丝毫没有吃力搬运或刻意效仿社会某某阶层言谈话语的矫情，读者和观众每每感觉，他的头脑简直就像饱蓄各式民间言语的大容量水库，他的笔就像是那道闸门，一旦开闸，天然顺畅的语言便会一任奔泻。

正像人世间一切天才都离不得劳作一样，天生具备语言艺术才力的老舍，之所以能在他的时代一路领跑，并不只是坐吃民族老本儿的率性而为，这其中还是有许多可书之处。换句话说，老舍取得那么高超的语言成就，既是得益于他早年领受的京师满族语言环境，又绝非站在既有语言天分上恃才使性的结果，他总是能在写作当中消除盲目，增强自觉，在能动构建自身语言观的基础上，理性地推进语言艺术实践。

首先，老舍对白话文辞情有独钟，毕生不改。从登上文坛发表作品起，他就确信京语大白话的珍贵价值。起初写《老张的哲学》和《赵子曰》，他还未能彻底逃脱文言辞藻的羁绊，因为他毕竟受到过“五四”以前的学校教育，“在‘五四’运动之前，我虽然很年轻，可是我的散文是学桐城派，我的诗是学陆放翁与吴梅村”[①]，偶尔也“会把文言和白话夹裹在一起”，这个问题被他的挚友、同样出身旗族的语言学家白涤洲注意到了，“涤洲是头一个指出这一个毛病，我当时还不以为然，我写信给他，说我这是想把文言溶解到白话里，以提高白话，使白话成为雅俗共赏的东西。可是不久我就明白过来……作出一种简单的，有力的，可读的，而且美好的文章，才算本事，在《二马》中我开始试验这个。”“我试试看，一个洋车夫用自己的言语能否形容一个晚晴或雪景呢?”“什么‘潺湲’咧，‘凄凉’咧，‘幽径’咧，‘萧条’咧……我都不用，而用极俗浅的字另想主意。设若我能这样形容得出呢，那就是本事。反之则宁可不去描写。”[②]事在人为，老舍趟开了这条路，终其一生创作，再没有容让“文白夹裹”的言辞露头。他宣称要“把白话的真正香味烧出来”，因为，“文言中的现成字与辞，虽一时难以一概弃斥，可使用在白话文里究竟有些像酱油与味之素什么的，放上去能使菜的色味俱佳，但不是真正的原味儿。”[③]通过写他的第三部长篇《二马》，尤其是到写完第四部长篇《小坡的生日》，他的胆气更壮了：“最使我得意的地方是文字的浅明简确。有了《小坡的生日》，我才真明白了白话的力量。我敢用最简单的话，几乎是儿童的话，描写一切了。我没有算过，《小坡的生日》一共到底用了多少字；可是它给我一点信心，就是用平民千字课的一千个字也能写出很好的文章。”老舍一生里头一回放出如此硬气的话：“有人批评我，

---

① 老舍：《〈老舍选集〉序》，《老舍生活与创作自述》，第 114 页，人民文学出版社 1982 年版。

② 老舍：《我怎样写〈二马〉》，《老舍生活与创作自述》，第 13 页，人民文学出版社 1982 年版。

③ 老舍：《我怎样写〈二马〉》，《老舍生活与创作自述》，第 14 页，人民文学出版社 1982 年版。

说我的文字缺乏书生气，太俗，太贫，近乎车夫走卒的俗鄙，我一点也不为耻！”[①]

老舍在四十多年的创作生涯里，毫无保留地信任着老百姓日常口语的“全能”功效，1951年，他在一篇文章当中宣言一般地说：“我们必须相信白话万能！否则我们不会全心全意地去学习白话，运用白话！……白话会一切，只怕我们不真下功夫去运用它！我们不给白话打折扣，白话才能对我们负全责！”[②]

其次，老舍一向坚持认为，要想熟用大众的语言写作品，唯有跟大众同命运共生存才能完全做到，假使急功近利地套用大众语言的枝枝末末，势必成功不了。《骆驼祥子》当属老舍的语言艺术巨制之一，可是作者在1945年发表的《我怎样写〈骆驼祥子〉》的创作谈中，却较少述及小说的语言打造环节，他大量介绍的，是当年从春到夏始终盘算怎样编写一个北平街头劳苦车夫的凄惨故事，他说，“思索的时候长，笔尖上便能滴出血与泪来”，于是，“也就自然的决定了文字要极平易，澄清如无波的湖水。”[③]直到1951年，有人追问老舍：“我住在北京，你也住在北京，你能巧妙的运用了北京话，我怎么不行呢？”他才点出写作《骆驼祥子》等作品在语言上获得成功的答案：“我能描写大杂院，因为我住过大杂院。我能描写洋车夫，因为我有许多朋友是以拉洋车为生的。我知道他们怎么活着，所以我会写出他们的语言。”“明白了洋车夫的生活，才能发现车夫的品质，思想，与感情。这可就找到了语言的泉源。话是表现感情与传达思想的，所以大学教授的话与洋车夫的话不一样。从生活中找语言，语言就有了根，从字面上找语言，语言就成了点缀，不能一针见

① 老舍：《小坡的生日》，《老舍生活与创作自述》，第20页，人民文学出版社1982年版。

② 老舍：《怎样写通俗文艺》，《写与读》，第159页，湖南人民出版社1984年版。

③ 老舍：《我怎样写〈骆驼祥子〉》，《老舍生活与创作自述》，第47页，人民文学出版社1982年版。

血的说到根上。话跟生活是分不开的。”[①]当然，强求每一位作者跟社会各阶层都有过同命运的经历，也是不现实的，老舍也在观察摹写各阶层人物语言方面提供了经验，他说：“我的确认识《茶馆》里的那些人，好像我给他们都批过‘八字儿’与婚书，还知道他们的家谱。因此，他们在《茶馆》里那几十分钟所说的那几句话都是从生命与生活的根源流出来的[②]。这里所说的写好人物语言的先决条件，还是要求作者切忌急功近利，要舍得花费大量时间，沉入到社会生活的“深水区”。

再其次，老舍的“看家本事”是北京方言，叫人啧啧赞叹的，也常常是他用作品端出来的热气腾腾的北京方言盛宴。可是，他在自己创作的中后期，注意到用方言写作的得失互现，所以，在是否该运用和怎样运用方言上面，他又取反复权衡、慎重落笔的态度。早在“五四”新文化运动中，胡适着力提倡过“方言的文学”，他说：“将来国语文学兴起之后，尽可以有‘方言的文学’，方言的文学越多，国语的文学越有取材的资料，越有浓富的内容和活泼的生命。”“国语的文学造成之后，有了标准，不但不怕方言的文学与他争长，并且还要依靠各地方言供给他的新材料，新血脉。”他又说，“中国各地的方言之中，有三种方言已产生了不少的文学。第一是北京话，第二是苏州话（吴语），第三是广州话（粤语）。京语产生的文学最多，传播也最远。北京作了五百年的京城，八旗子弟的游宦与驻防，近年京调戏剧的流行，这都是京语文学传播的原因。”[③]按说，论起20世纪北京方言文学的驾驭技能，老舍当得起“天下第一人”的名分，他的

---

① 老舍：《我怎样学习语言》，《老舍生活与创作自述》，第92-93页，人民文学出版社1982年版。

② 老舍：《戏剧语言——在话剧、歌剧创作座谈会上的讲话》，《老舍文集》第16卷，第76页，人民文学出版社1991年版。

③ 胡适：《〈吴歌甲集〉序》，《胡适古典文学研究论集》，第493页，第495-496页，上海古籍出版社1988年版。

一些前期作品在这上面给人的印象经久不灭。这项满人的世袭“绝活儿”，从老舍登上文坛之时便形影不离地伴随着他，到写《骆驼祥子》的时候，也被发挥到了极致。为了全面体现北平地方特征，老舍决计取用老北京最地道的“京片子”方言系统。“恰好，在这时候，好友顾石君先生供给了我许多北平口语中的字和词。在平日，我总以为这些词汇是有音无字的，所以往往因写不出而割爱。现在，有了顾先生的帮助，我的笔下就丰富了许多，而可以从容调动口语，给平易的文字添上些亲切，新鲜，恰当，活泼的味儿。”[①]直到20世纪50年代初期，写罢话剧《龙须沟》，老舍却真心诚意地反思起自己的方言运用问题来。这时候，老舍在文学界影响很大，全国各地的读者和观众都有欣赏其作品的愿望。不过，以大量北京方言创作的《龙须沟》，虽说是为作者赢得了“人民艺术家”的荣誉，却也同时收到了另外一种反馈——好些外埠观众不大听得懂[②]。这对于老舍来说当然是个创作中的要害问题，若放弃北京方言，不啻是打掉了他一项久已形成的优势。这个问题的权衡去从，对老舍来说无疑是场不轻松的考量：是继续教自己的创作称雄一隅（即便这“一隅”是首都，具备超出其他所有“一隅”的文化重要性，它也毕竟只是“一隅”），还是争取让自己的创作无障碍地普及到全国呢？过后，老舍阐发了他的抉择：“真正有表现力的方言口语是可以用的，但用时要慎重考虑。比如《龙须沟》里的北京土话很多，的确有些表现力。但另一方面损失也很大，广东等地就没法上演，这就限制了宣传作用。另外，在《西望长安》里我尽力避免用土话，几乎都是普通话，这个剧本虽不算好，但在全国各地都演出了，因

---

① 老舍：《我怎样写〈骆驼祥子〉》，《老舍生活与创作自述》，第48页，人民文学出版社1982年版。

② 据说在这类观众当中，身份最高的是毛泽东，周恩来等人先期看过认为此剧很好，邀毛泽东亲自来看看，毛观毕却未置评价，因为他难以弄明白剧中大量的北京土语台词。

为用的是普通话。这样看，我们应该让语言规范化，少用方言土语。只有这句土语的确是普通话里没有的，又有表现力的，可以用一些，不一定完全不用。”[①]自然，此话说来容易，对于早把京语方言使唤得鬼使神差一般的老舍来说，可不是一次轻轻巧巧的转变，他开始新的探索，摒弃为外埠读者生疑的方言，创造出符合广众口语习惯的以北京语音为基础的普通话语言风格。他的艺术绝笔长篇小说《正红旗下》，是这种风格的集中表达，该作不失“京味儿”本质，而其间嬉笑怒骂一应谈吐，却流畅表达，哪怕是写下层家庭生活，也优先选用富于艺术力度的放之四海皆可畅行的大白话，力戒陋词土语冒头。这种平易且深奥的格调，正是出自驾驭语言的更高造诣。

“是！”二哥急忙答应，他知道母亲要说什么。“您放心，全交给我啦！明天洗三，七姥姥八姨的总得来十口八口儿的，这儿二妹妹管装烟倒茶，我跟小六儿……当厨子，两杯水酒，一碟炒蚕豆，然后羊肉酸菜热汤儿面，有味儿没味儿，吃个热乎劲儿。好不好？您哪！”

这是满口优美京腔的福海二哥所说的家常话儿，可算是作者提出避免过度使用方言土语主张后的一例。

此外，老舍一贯强调，文学语言不是生活中芜杂语言的照抄，必须不畏艰难，经过反复加工提炼的艺术创造程序。有一回他和青年剧作者们谈话，引用了《红楼梦》里刘姥姥和贾母的这样一段对话：

贾母道：“老亲家，你今年多大年纪了？”
刘姥姥忙起身答道：“我今年七十五了。”

---

① 老舍：《记者的语言修养》,《写与读》,第225页,湖南人民出版社1984年版。

贾母向众人道："这么大年纪了，还这么硬朗！比我大好几岁呢！我要到这个年纪，还不知怎么动不得呢！"

刘姥姥笑道："我们生来是受苦的人，老太太生来是享福的。我们要也这么着，那些庄稼活也没人做了。"

……

贾母道："我老了，都不中用了。眼也花，耳也聋，记性也没了。你们这些老亲戚，我都记不得了。亲戚们来了，我怕人笑话，我都不会。不过嚼得动的吃两口，睡一觉，闷了时，和这些个孙子孙女儿玩笑会子就完了。"

刘姥姥笑道："这正是老太太的福了。我们想这么着不能。"

贾母道："什么福？不过是老废物罢咧！"说得大家都笑了。

贾母又笑道："我才听见凤哥儿说，你带了好些瓜果来，我叫他快收拾去了。我正想个地里现结的瓜儿菜儿吃，外头买的不像你们地里的好吃。"

刘姥姥笑道："这是野意儿，不过吃个新鲜；依我们倒想鱼肉吃，只是吃不起。"

接着老舍对这段对话做了不同层面的分析，其中说到："平易近人的语言，往往是作家费了心血写出来的。如刚才谈的《红楼梦》中的那段话，自然平易，抹去棱角，表面没有剑拔弩张的斗争，只是写一个想吃鲜菜，一个想吃肉食的两位老太太的话，但内里却表现了阶级的对立。这种语言看着平易，而是用力气写出来的。杜甫、白居易、陆放翁的诗也有时如此，看来越似乎是信手拈来，越见功夫。写一句歌词，要向写诗那样，千锤百炼。"①

"看来越似乎是信手拈来，越见功夫。"这实在是老舍饱蘸着血汗艰辛的经验之谈。清代文学批评家裕瑞所说："当时岂无俗

① 老舍：《语言、人物、戏剧——与青年剧作者的一次谈话》，《老舍文集》第16卷，第48-50页，人民文学出版社1991年版。

亵之言？一经雪芹取择，所收纳者，烹炼点化，便成雅韵”，其中的“烹炼点化”之功，和老舍这里说的“千锤百炼”乃是一个意思，都指的是语言艺术的行家里手，也照样每每须付出最大的努力，通过一道又一道的文字推敲关，才能接近成功。老舍运用语言，时常惜墨如金，最典型的例子也许是话剧《茶馆》里面最后登场的那个宪兵司令部沈处长，此人出现是在老裕泰茶馆被他们这伙儿恶霸强占、老掌柜王利发被逼上吊之际，他上得台来，嘴里只是连吐几个“蒿”字，整出戏的大幕便急急落下。原来，此人是在西方强盗横行于市的时事下，把个中国话的“好”字，故意用洋腔洋调发出“蒿”音，以炫耀自己与洋人有染的“硬”背景；老舍走行到社会生活底里，“深海捞针”般地捕捉到了这么一个“蒿”音，让这个人物前后只说出一个字，就形神毕现地活画出了这个家伙为殖民文化所卵翼的嘴脸，也点出了“邪年头”里茶馆以及百姓命运堪忧的根本原因。由此，“一个字塑造出一个人”，也成了现代文学创作界的一大美谈。

老舍是无人不晓的大白话写家，他也最知道日常大白话跟艺术大白话之间的区别。他明明白白地告诫大家：“试用大白话写文章，最使我们感到别扭的是，我们总觉得白话不精炼，老是拉不断扯不断的说上没结没完。这，毛病不在白话，而在我们没用心去精选提炼。白话的本身不都是金子，得由我们把它们炼成金子。我们要控制白话，而不教它控制了我们。我们不是记录白话，而是精打细算的写出白话文艺。”① 1962 年上半年，是老舍潜心创作长篇小说《正红旗下》的时节，这部作品他酝酿构思了大半辈子，从后来发表出来的内容看，也是他毕生语言艺术的又一道巅峰，充分显示着语言大师驱遣文字的出神入化和游刃有余，然而同年 3 月，他在一次会议的发言里，却有如下真情披

① 老舍：《怎样写通俗文艺》，《老舍文集》第 16 卷，第 272 页，人民文学出版社 1991 年版。

露："近来，我正在写小说，受罪不小，要什么字都须想好久。这是我个人的经验，别人也许并不这样……"①

有前辈文学家"烹炼点化"的语言传统传下来，有老舍如切如磋如琢如磨地对待笔下的每句话每个字，他的语言艺术理所当然地，会在满族文学和中华民族文学的道路上，继往而开来。

最后，在说到老舍的语言观与语言艺术实践的时候，不可不提到的，是他在20世纪中国文坛上的一项"别出心裁"——他历来主张把文学作品读出声儿来！20年代在英国写出自己最早的长篇小说，他就喜欢给许地山和宁恩承一伙儿朋友朗读；30年代写出《骆驼祥子》，他自豪地说："《祥子》可以朗读，他的言语是活的。"②五六十年代，他写了许多话剧剧本给北京人民艺术剧院和中国青年艺术剧院，初稿一经写好，他就到这两家剧院的表导演们中间去，给他们朗读；1963年他不事声张地在家写《正红旗下》，遇上金受申等知根知底的满族旧友来做客，还是会把这刚刚出手的章节，给人家绘声绘色地去朗读。老舍之所以乐此不疲，大约有两重原因，一是，旗人从来就很讲究来自于声音的享受，不仅喜欢语言带来的快感，对自然界的

老舍（前右二）在北京人民艺术剧院读剧本

① 老舍：《戏剧语言——在话剧、歌剧创作座谈会上的讲话》，《老舍文集》第16卷，第84页，人民文学出版社1991年版。

② 老舍：《我怎样写〈骆驼祥子〉》，《老舍生活与创作自述》，第48页，人民文学出版社1982年版。

一切美好的声音也都有兴趣，甚至像老舍在《正红旗下》和《茶馆》里所说，连笑声和咳嗽声的高低错落，都为大家所注意和鉴赏，因为有时“咳嗽一声就像唱大戏”一样精彩。在二三百年间守着北京“玩儿”文化的过程当中，把京腔京韵玩儿得悦耳了，还要更加悦耳，听着舒服了，还要更加舒服。当语言进入到文学作品里头，满人们在关心一部作品的其他各项艺术指标之外，当然也会十分关心这部作品一旦读出声来好听不好听，悦耳不悦耳，这就把它的悦耳与否，也当成了一项正经的艺术指标来看待。想一想，在汉族的传统里，就不会是这样，他们千百年来早就把文学用比较不讲究声音色彩的文言圈定了，文言的诗文又往往要用相对程式化的语调咿咿呀呀地“吟诵”，除去诗词最基本的“平、仄”关系处理好了，作品立意之深浅、意境之高下、语言之精劣，已经就不在语音而尽在语意之间；加之汉族方言区域太多，彼此几乎没有交流语音美感的余地。老舍是旗族堆儿里长大的，他舍不得艺术语言带给受众的声音享受，是很可以理解的。二是，后半生的老舍觉得，国家既然推广了以北京话为语音基础的普通话，就该让广大的读者和观众，都能最大程度地享受到这种语言的美好语音，以增强中华民族的文化自知力和文化自豪感。

他在一些有关的文章和演讲中，呼吁文学家、剧作家都来发掘语言的音乐美。他说：“我们写的白话文，往往不能朗朗上口，这是个缺点。”“我们往往忘了方块儿字是有四声或者更多的声韵。字声的安排不妥，不幸，句子就听起来不大顺耳，有时候甚至念不出。”“我们应当全面利用语言，把语言的潜力都挖掘出来，听候使用。这样，文字才能既有意思，又有响声，还有光彩。”他就自己经常给别人朗读作品做了解释：“朗读自己的文稿，有很大的好处。词达意确，可以看出来。音调美好与否，必须念出来才晓得。朗读给自己听，不如朗读给别人听。文章是自己的好，自念自听容易给打五分。念给别人听，即使听者是最客气的人，也会在不易懂、不悦耳的地方皱皱眉。这大概也就是该加工的地方。”①

追求语言的音乐美，殊非易事，老舍却是说得到做得到。他的好些作品，只要你发出声音，模拟北京味儿的京腔京韵来念，或者不很熟悉北京话的某些特别发音，干脆就用普通话的读音来念，都会感到，好似发现了老舍语言艺术的“别有洞天”——

沙子龙的镳局已改成客栈。

东方的大梦没法子不醒了。炮声压下去马来与印度野林中的虎啸。半醒的人们，揉着眼，祷告着祖先与神灵；不大会儿，失去了国土、自由与主权。门外立着不同面色的人，枪口还热着。他们的长矛毒弩，花蛇斑彩的厚盾，都有什么用呢；连祖先与祖先所信的神明全不灵了啊！龙旗的中国也不再神秘，有了火车呀，穿坟过墓破坏着风水。枣红色多穗的镳旗，绿鲨皮鞘的钢刀，响着串铃的口马，江湖上的智慧与黑话，义气与声名，连沙子龙，他的武艺、事业，都梦似的变成昨夜的。今天是火车，快枪，通商与恐怖。听说，有人还要杀下皇帝的头呢！②

中秋前后是北平最美丽的时候。天气正好不冷不热，昼夜的长短也划分的平匀。没有冬季从蒙古吹来的黄风，也没有伏天里挟着冰雹的暴雨。天是那么高，那么蓝，那么亮，好像是含着笑告诉北平的人们：在这些天里，大自然是不会给你们什么威胁与损害的。西山北山的蓝色都加深了一些，每天傍晚还披上各色的霞帔。③

---

① 老舍：《戏剧语言——在话剧、歌剧创作座谈会上的讲话》，《老舍文集》第16卷，第82–83页，人民文学出版社1991年版。

② 老舍：《断魂枪》，《老舍文集》第8卷，第331页，人民文学出版社1985年版。

③ 老舍：《四世同堂》，《老舍文集》第4卷，第130页，人民文学出版社1983年版。

关于老舍的语言的其他诸多方面，学界不少年来始终有所研究，其中的论良多。可是，具体到对老舍语言中的音乐美，则关注的人还是不多，有上手研究的也只能说是刚起步[①]。这是亟有待于日后学界的事情。

在20世纪的中国文学创作界，老舍在语言驾驭方面所承袭的前人泽被，是很少有人可与比拟的；老舍一生在文学语言上所下的工夫，也是无人可与相提的；因而，他在语言艺术成就上面的翼盖一代，也就并不让人十分意外。长期以来，文坛内外对老

① 在2003年"第五届国际老舍学术研讨会"上，范亦豪教授发表《悦耳的老舍》发言，得到研究者好评。后来，这次发言以同样题目成文发表。其主要内容如下："老舍的悦耳，一个基本的原因就是作为原材料的北京话是一种在音乐性上特别讲究的方言。"北京话"语音清脆，声调匀调，重轻有度，节奏明快"。"对老舍来说，让平仄排列得抑扬有致，就是既出于自然又有意为之了。""老舍说：'即使是散文，平仄的排列也还该讲究。张三李四好听，张三王八就不好听。前者是二平二仄，有起有落；后者是四字（按京音读）皆平，缺乏扬抑。四字尚且如此，那么连说几句话就更该好好安排一下了。'""老舍追求和崇尚语言的音乐美，是想让现代散文和诗一样，和古体诗文一样，不仅是文字的艺术，同时也成为听觉的艺术。在创造思维和情感空间的同时，打开一个声音的空间，乘着音乐的翅膀，飞起来。""举例子：'虎妞很高兴（仄），她张罗着煮元宵（平）、包饺子（轻声），白天逛庙（仄），晚上逛灯（平）。'几个语段的句尾依次是'仄平轻仄平'，平仄呼应，在音调上有两次起伏，听着自然舒服。整句话最后一字落在平声上，意在烘托虎妞新婚之后高兴的心情。如果颠倒过来，写成'晚上逛灯，白天逛庙'，结尾的调子沉了下去，就差多了。""读老舍，该轻的地方必须轻得下来。不然就不算是北京话，就没有老舍味儿，就不够美，难得进入佳境。举个例子，《骆驼祥子》的第一自然段：'我们所要介绍的是祥子，不是骆驼，因为骆驼只是个外号，那么，我们就先说祥子，随手把骆驼和祥子那点儿关系说过去，也就算了。'这段里一共52个字，轻声字就有20个之多。是不是太多了？可是你要试试把那些轻声都重读，会是什么味儿！在北京话里轻重音起的作用真不小。""老舍精心协调平仄，注重轻声，爱用短句，又善于长短相间，变换句型，留心字的音感（使之产生通感）等等，这些功夫主要着眼于内在律动的外化、物化，是致力于内外的贯通和统一，以加强作品的力量和美。这是他不同于和高于原生状态北京话的音乐美的地方。这就是老舍的'悦耳'有其品味不尽的魅力的原因。"（范亦豪：《悦耳的老舍》，傅光明主编《老舍的文学地图》，第97–109页，新世界出版社2005年版）

舍语言造诣，一向好评如潮。周作人曾在所作《骆驼祥子》日文本序言中指出："至老舍出，更加重北京话的分子，故其著作正可与《红楼》、《儿女》相比，其情形正同，非是偶然也。"[①]时下年轻的文学批评家蒋泥在他关于老舍的著述里，更胆识兼备地谈到："老舍经典著作《骆驼祥子》、《四世同堂》、《正红旗下》等的语言，是茅盾，尤其是巴金远远比不了的，今天的人怕是很难再喜欢《子夜》和《家》，但对老舍，因了他语言上的无与伦比，像《红楼梦》一样，耐看，到什么时候都有人爱读，受益无穷。"[②]

① 知堂（周作人）：《万人文库·十月文园》，1942年10月。转引自曾广灿编著：《老舍研究纵览》，天津教育出版社1987年版。

② 蒋泥：《老舍之谜》，第166页，中国书店2007年版。

# 第七章

# 老舍文学艺术之中的满族文化调式

"调式"，本是乐理知识当中的一个基本概念[①]。即便不大懂得乐理的音乐聆听者，也时常能够大致分辨出某首乐曲出自于较熟悉的那个民族，主要原因就在于它的调式有差异。笔者把"调式"的概念暂且借用到此，意在说明满族出身的文学艺术家老舍，他的创作，也像世间不同民族的音乐那样，是每每围绕着自己的特殊而又稳定的"中心音"，再把高低不同的"乐音"按照其个性化的"音程"关系组织起来的有机艺术体系。

我们的文学读者或戏剧观众可能有过这样的体验：乍接触到一部老舍的作品，哪怕还不清楚作者是谁，看上几句，听上几句，便一准儿会品出"老舍味儿"来。同是出于大家手笔，人们自不会把老舍跟鲁迅、茅盾或者巴金、曹禺弄混淆；甚至同是所谓"京味儿"作家，老舍写出来的东西，跟汉族作家张恨水、汪曾祺或者苏叔阳、刘心武的创作，也还不是一个劲儿。——老舍总是老舍。

老舍写作品，万变不离其宗，这个"宗"，便是只属于他而

---

① 在音乐理论当中，把若干高低不同的乐音，围绕某一有稳定感的中心音，按一定的音程关系组织在一起，成为一个有机的体系，称为调式。世界上不同民族的音乐传统中，存在着各自习惯的运用不同"调式"的现象。"通常在阐述调式这一概念时，常常把调式的中心音——主音作为起点和终点，其他各音按音高的顺序依次排列成音阶的形式，称调式音阶。在不同的历史时期与不同的民族和地域，形成各种不同的调式。各种调式因其音阶结构、调式音级间相互关系以及音律等方面的差异，而各具特色与表现力。调式和其他表现手法配合在一起，可赋予音乐以一定的表情素质与不同的风格。"（"百度百科辞条"《调式》，引自 http://baike.baidu.com/view/78423.htm）

年过花甲的老舍

又不似旁人的文化调式。不同民族的音乐作品各有其“中心音”与“基准调式”，老舍的创作，尤其是他的一系列杰作，也都鸣响着他个性化的艺术“中心音”与“基准调式”。这样的“中心音”、“基准调式”，既具有其内在稳定性，也是别人不易随便照搬翻制的，因为那里头隐藏着只属于他的某些特别文化密码。

老舍的文学艺术调式，同样常常取决于其出身民族的历史文化资源。

## 一

幽默，是老舍的文学特征；或者更说得准确一点儿，呈现在悲剧状态之上的幽默气质，是老舍特立独标的文学特征。这洵可认作是老舍受满族历史文化影响至深，而留下的民族文化印记之一。

汉族传统的书面文学，很早很早，就被附加上去一些不容置疑的“原则”。汉代，董仲舒首倡“罢黜百家，独尊儒术”，对包括文学在内的一应文章写作，明确提出了“文以载道”的要求；之后的魏文帝曹丕，也在他开文学批评史先河的《典论·论文》中，指出“盖文章，经国之大业，不朽之盛事”，将文学写作活动与国家命运的大局牢牢捆在了一架战车上。文学既然负荷着这般重大的社会政治使命，便再也不敢造次随便，甚至于不苟言笑起来。文以载道的“斯芬克斯之剑”高悬在中原古典文学的上空接近两千年，犹未止歇，进入20世纪，中国现代文学所承受的来自体制形态和政治理念方面的制约，不是淡弱了，而是进一步被强化。20世纪前期的若干年，域内民族与黎民所领受的苦难委实严重，国家政局亦变更频仍，于是，各种政治力量和心存鲜明政治主张的文艺家，继续认为，文学都必须是正襟危坐板起面孔才能说话的。这既是时代所倚，也是一种悠久文化传统在新形势下边的延续。

到老舍步入文坛之际，正统的汉语书面文学，还是没有给一种叫做“幽默”的东西，留下存在和生长的足够空间。

在中国现代文学的大舞台上，仔细观察，老舍是一种异样营养液培植出来的异样花卉。他和许多种汉族文人比肩进入文学领域，竟时常偏离正宗轨道，走出些“怪异”的线路。

本书先前各章节，已经比较多地描述了满人世世代代在八旗制度底下生存的情状。适如人生的悲剧，最终将无奈的他们推搡上了一条艺术化的人生之路一样，这种八旗制度酿成的人生苦酒，也造就了旗人们与众不同的心性与气质。一方面，他们生来是皇家的奴隶（清代只有旗人才自称是皇上的“奴才”，民籍臣下是不能这样自称的），一生逃不出“如来佛”的手掌心儿，有职有“事儿”（旗人把有差事可办的叫做有“事儿”）有钱粮吃着的，命要攥在人家手里，无职无“事儿”无钱粮的“闲散”旗人——那“闲散”的处境并不是自己选择的——命也依旧要攥在人家手里一生一世。可是，有“事儿”没“事儿”的旗人，他心中的苦，都只能自个儿去品尝与消受，在外界眼里，旗人什么时候都是吃着“铁杆儿庄稼”、优哉游哉、高人一头的特殊阶层。谁也不会设身处地去替他们分担些许悲哀，永远也不会。在八旗圈儿内，他们人人都是没有人身自由的“人下人”；走出去，他们又是所谓“统治民族”的“人上人”。双重人格必然带来心理的阴影。他们的可怜和郁闷没人知道，没人理睬；他们也习惯于这种没人理睬，由民族的自尊习性出发，不去做企盼理解的尝试，索性维持一种挺起胸脯乐天面世的形象。刚强-达观-散淡-诙谐，这种从先人那儿承继来的心理气质，一代一代地被沉淀下来，放大开来，竟至养成为民族性的精神习尚[①]。他们永远教世人看他们是享有风光乐趣的“开心果儿”，打掉了门牙咽进肚子，把浮在表面的欢乐带向自我，带向家人，带向社会。这种气质自然跟后世标榜的“专门利人”道德风尚不能同日而语，但是客观上，却真有那么几分“利他”和“助人”色彩。

辛亥年一场大变故，满人们彻底地成了“人下人”，他们在表面上维持的散淡优雅，不过是实质上困窘无奈心情的负面反射，大跌大宕的时局变异引发了寒暑俨然的世态人心，都沉淀作五味杂陈的人生况味，逼迫着他们细细吞咽。达到某些顿悟的他们，在已经被社会剥夺“话语权”的局面下，只余一笑而已[②]。

满人式的幽默，是特殊命运下面韧性心态的升华。

满人式的幽默，是向悲怆命运作挣扎作抗争的情绪外化和精神结晶。

这类满人长期养成的幽默天性，还有一个又特别又醒目的地方，是它不大在乎（或者也可以叫做“勇于”）把自我搁进去，开朗从容地自嘲，随时随处不妨“幽”自己一“默”。清咸道年间有一位很出众的子弟书作者，署名“鹤侣”，实则是宗室近支

---

① 老舍在其中篇佳作《我这一辈子》中间，描摹民国年间北平街头巡警的口气说：“记得在哪儿看见过这么一句：食不饱，力不足。不管这句在原地方讲的是什么吧，反正拿来形容巡警是没有多大错儿的。最可怜，又可笑的是我们既吃不饱，还得挺着劲儿，站在街上得像个样子！要饭的花子有时不饿也得弯着腰，假充饿了三天三夜；反之，巡警却不饱也得鼓起肚子，假装刚吃完三大碗鸡丝面似的。花子装饿倒有点道理，我可就是想不出巡警假装酒足饭饱有什么道理来，我只觉得这真可笑。”据笔者揣摩，老舍这里所发感慨，很可能与清代普通旗人的心态体验有关。都市巡警的地位，好似清季下层旗人，别人都以为他们是无忧无虑作威作福的人上人，其实他们不过是“既吃不饱，还得挺着劲儿”的一群！

② 林语堂讲过：“北平最大动人处是平民。绝不是圣哲的学者或者大学教授，而是拉洋车的苦力。……也许在夜里，你可遇到衣服褴褛年老的洋车夫，他们会带着幽默而闲雅的笑脸和宿命观，向你诉说他的贫穷和不幸的悲哀故事。”（林语堂：《迷人的北京》，《上海人与北京人》，第76页，香港三联书店2001年版）

子弟，庄襄亲王之子，本名奕赓。他在世之时清王朝走着下坡路，他个人也由年轻时风流倜傥自信非常的御前侍卫，潦倒为晚年穷困无告的一介寒酸，在一部题名《鹤侣自叹》的子弟书里，他感喟自我遭逢的不堪回首，却不曾作出呼天抢地之状，倒是着实地用了一番玩世不恭的"冷幽默"："……说什么煮酒论文谈志量，我只有野老农夫问桑麻。说什么万言策论陈丹陛，我这里没齿甘为井底蛙。说什么高攀桂树天香远，我这里只向荒山学种瓜。说什么玉宇瑶池霓裳曲，我这里夜半山村奏暮笳。说什么浅斟低唱销金帐，我这里柴、米、油、盐、酱、醋、茶！休提那丝联枫阶银潢派，休提那勋名盟府五侯家。这如今貂裘已敝黄金尽，只剩有凌烟傲骨冷牙槎……"虽说外界免不了会把满人的这种高声自嘲，曲解为近似"癫狂"、"没正形"，他们却依然是褒贬由他，安之若素地笑面人生。大智若愚，顿悟是金，满人们的光阴缺不了笑声的陪伴。

写到此处，笔者不禁想起另一桩典型的佐证，当然，它也许出自比老舍还晚一点儿的岁月里，却也明明白白地显示着满人的幽默个性——而且是勇于拿自己"开涮"[①]、"幽"本人之"默"的趣事。受到普遍尊重的当代国学大师、满族出身的启功教授，在生活中就是一位颇好拿自己开心的"老顽童"，他写过一首有名的自嘲诗《自撰墓志铭》：

中学生，副教授。博不精，专不透。名虽扬，实不够。高不成，低不就。瘫趋左，派曾右。面微圆，皮欠厚。妻已亡，并无后。丧犹新，病照旧。六十六，非不寿。八宝山，渐相凑。计平生，谥曰陋。身与名，一齐臭。

---

① "开涮"是北京土语，意思是开比较重的玩笑，就好像"涮羊肉"那样，把玩笑对象放到沸水里头涮来涮去。

试想，汉族的国学大师级人物，是没有人肯如此这般拿自己来调侃的。满人的幽默性情，有时真叫人吃惊，但它也还称得起可爱，却并不肤浅。就拿启功上边的这首诗来说，谁又读不出轻松字面底下那一重、两重、三重的人生滋味呢。“满纸荒唐言，一把辛酸泪。”

《红楼梦》里，书写得顶精绝的章节之一，是“刘姥姥一进大观园”，穷人刘姥姥来阔亲戚家走一走，她若是一副凄苦莫名的表情，怕是早教王熙凤给打发了，然其偏偏带着平和的心境，憨态的言行，插科打诨的做派，出现在老少贵族之间，让贾母及府邸上下的红男绿女欢喜得什么似的，刘姥姥是以独特的下层人的智慧禀赋，占尽了与上等人“文化互动”的彩头。有论者说：“曹雪芹在这样一部伟大的悲剧中，极不和谐的穿插进这样一个喜剧人物，其审美意蕴是耐人寻味的。她是这个悲剧故事的见证人，是荣国府那锦衣玉食人家的反衬人，是向荣国府里那死气沉沉的贵族之家吹来的一股田野之风，是那些讨好老祖宗的各种虚言假笑中的一声真诚的笑声。刘姥姥以她庄稼人的质朴、愚憨和多少有一点讨人喜欢的小小狡黠给荣国府带去了一点活跃的空气，使读者认为她是一个带幽默色彩的人物。”① 此番评论虽然得当，却稍嫌严肃有余，刘姥姥进府来的桩桩件件，你瞧它是喜剧，是闹剧，是正剧，还是悲剧？对书内不同人物、不同故事意旨而言，它可剥离出不同的结论。笔者以为，说刘姥姥幽默毋宁说作者雪芹深谙幽默，此处他写的，乃是地地道道的一折喜剧，其间展现了刘姥姥的貌憨而实慧，作者调笑适度，温婉可感，饱含生活气息却笔笔暗藏机趣，实得幽默大法之堂奥。从满族这个不乏幽默感的民族中诞生的作家，其字里行间流注的也不可能老是一本正经。雪芹的诙谐，是深接旗人幽默真章儿的。

---

① 张丽妩：《北京文学的地域文化魅力》，第 63 页，中国和平出版社 1994 年版。

本书前一章，专门议论了旗人语言。其实旗人们的语言之所以动听“抓”人，除了音调调配上要求悦耳外，大都于表述间捎带上几抹生活幽默，也同样成为惯例。

公子候着前面搜检的这个当儿，见那班侍卫公彼此正谈得热闹，只听这个叫那个道：“喂！老塔呀，明儿没咱们的事，是个便宜；咱们东口外头新开了个羊肉馆儿，好齐整馅儿饼，明儿早起，咱们在那儿闹一壶罢。”那个嘴里正用牙斜叼着根短烟袋儿，两只手却不住的搓那个酱瓜儿烟荷包里的烟，腾不出嘴来答应话，摇了摇头。这个又说：“放心哪，不吃你哟！”才见他拿下烟袋来从牙缝里激出一口唾沫来，然后说道：“不在那个，我明儿有差。”①

这段描写摘自《儿女英雄传》，生活情趣藏着幽默因子，虽相对冲淡宛如信笔，幽默却在话里话外觅缝而出。这样的话语风格，在满人幽默传统当中具有代表性。

满人的幽默水平，跟他们的文化艺术修养又是同步增进的。这样的幽默里，尽管也时有嘲弄和滑稽成分，可是一般都不过分，不大会把人嘲笑得下不来台，也不会滑稽竟致无聊，到不堪入耳或者不可收拾的地步。他们的幽默时常游移于插科打诨、诙谐调侃之间，却还是要讲究点儿含蓄，拿捏着“尺寸”。后来，满人的幽默体现到了清代晚期兴起的相声艺术里头，满人参与打造和喜闻乐见的作品，往往都是些类似文字游戏的“文哏”②。

满人的幽默，以及满族文学传统中的幽默，在老舍这儿得以集大成。

在旁人眼里，他生性幽默。老舍旅欧回国之后，曾对一位友

---

① 文康：《儿女英雄传》，第627–628页，西湖书社1981年版。

② 请参见本书第五章第三节的相关表述。

人说起："我给你讲个笑话——中国人天性中不含有滑稽，为英格兰人看不起。有一次我居住在伦敦，房主是个妇人。她问我：'您怎么不把您太太接来同住？'我说：'快啦。'她又问：'几时呢？'我说：'等我结婚以后。'她笑了。她疑惑我不是纯粹的中国人。"①

在海外写前两个长篇《老张的哲学》和《赵子曰》，因为是"写着玩"，并没有给创作划定太严肃的目的，所以小说作得过于放任，插科打诨，跳脱畅肆，由着个人的趣味走，也就难免不出现笔墨流于圆滑，把一些本该郑重对待的情节也作了随意处理的毛病，一定程度上显得有点"幽默冲淡了正义感"②的倾向。在长篇处女作发表 10 年之后，老舍写过一篇自我总结的文章，其中写道："有人说，《老张的哲学》并不幽默，而是讨厌。我不完全承认这个。有的人天生的不懂幽默；一个人一个脾气，无须再说什么。有的人急于救世救国救文学，痛恨幽默；这是师出有名，除了太专制一些，尚无大毛病。不过这两种人说我讨厌，我不便为自己辩护，可也不便马上抽自己几个嘴巴。有的人理会得幽默，而觉得我太过火，以至于讨厌，我承认这个。"③作者在这里既通情达理地承认失误，又对天生不懂幽默和急于救世救国救文学的人说出了"不"。从英国回来的时候，读者已经赠给了他一顶"笑王"的冠冕，他何尝不知，在中国的传统文化处境中，想当个"笑王"谈何容易，少不了常要被人误读。——满人传统的文化表现，在另外一个异常强大的民族文化系统中，被误读是完全可能的，尤其是在满人和他们的文化命运不佳的时节。老舍当时自然是不可以把这种关系讲清楚的，他只是说："我自幼便

① 陈逸飞：《老舍早年在文坛上的活动》，《芒种》1981 年第 9 期。

② 老舍：《老舍选集·自序》，《老舍生活与创作自述》第 117 页，人民文学出版社 1982 年版。

③ 老舍：《我怎样写〈老张的哲学〉》，《老舍生活与创作自述》第 6 页，人民文学出版社 1982 年版。

是个穷人……穷，使我好骂世；刚强，使我容易以个人的感情与主张去判断别人；义气，使我对别人有些同情心。有了这点分析，就很容易明白为什么我要笑骂，而又不赶尽杀绝。我失了讽刺，而得到幽默。据说，幽默中是有同情的。我恨坏人，可是坏人也有好处；我爱好人，而好人也有缺点。……我只知道一半恨一半笑的去看世界。”[①]他试图告诉世间，自己的幽默是跟身世有关系的，却仅将身世的一部分——贫寒经历——说给了人们，而又不得不把另一部分——民族来历——隐藏起来。

到老舍写第三部长篇《二马》的时候，他在幽默手法的掌控上大有长进。作品寓庄于谐，用幽默传神的笔韵来展现凝重的思想命题。作者不再由着性子调侃，能注意从题材本身发现社会生活内在的反差与失调因素，提取出带有文化意味的笑料。譬如小说叙述老马与温都太太的头一回长谈：“两个谈了一点多钟。……越说越彼此不了解，可是越谈越亲热。他告诉她：马太太爱穿紫宁绸坎肩，她没瞧见过。她说：温都先生没作过官，他简直的想不透一个人为什么不作官。”如此，幽默也就融为创作整体中不可分离的能动部分。

30 年代初期，回到处处伤痛的祖国，他的心情沉重激愤起来。同时，也想回应一下某些对自己幽默笔法的非议，看看自己是不是写不出严肃作品。他写了两个长篇：《猫城记》和《大明湖》。执意远离幽默的结果，是矫枉过了正，乏味的铺叙和板着面孔说教，违背了作家的天性，当然就要导致艺术失利。老舍用自己的趣语，表达了由教训带来的感悟：“经过这两次的失败，我才知道，一条狗很难变成一只猫。”[②]他还告诉读者：“当说起笑话来，我的想象便能充分的活动，随笔所至自自然然的就有趣

① 老舍：《我怎样写〈老张的哲学〉》，《老舍生活与创作自述》第 5 页，人民文学出版社 1982 年版。

② 老舍：《我怎样写〈猫城记〉》，《老舍生活与创作自述》第 28 页，人民文学出版社 1982 年版。

味。叫我哭丧着脸讲严重的问题与事件，我的心沉下去，我的话也不来了！”[①]老舍是在强调每个作家都有受制于自身条件的独特艺术个性，不大可以轻易改变。

要继续写下去，回到个人的优势即幽默风格上来，已是势在必行。写作下一部作品《离婚》，老舍证实，“在没想起任何事情之前，我先决定了，这次要‘返归幽默’。”“我立意要它幽默，可是我这回把幽默看住了，不准它把我带了走。”因为老舍越是用幽默手法写东西，越是认识到，“幽默这个东西——假如它是个东西——实在不易拿得稳，它似乎知道你不能老瞪着眼盯住它，它有机会就跑出去。”[②]由此可以看出，到这一创作时期，老舍已经相当自觉地要求自己的笔，千万别再把自身的幽默天性肆意挥洒（就像许多旗人在生活中所做的那样），必须以艺术目的为前提来用好幽默。《离婚》的写作艺术获得了全面成功，首先即体现在幽默的特色上。老舍完成了对这一风格的出色驾驭。小说处处洋溢幽默气氛，却不再有一笔无谓的招笑，更没有先前作品那种野调无腔的恣意逗哏。作家围绕着描绘和批判市民社会灰色人生的主题，向现实中各样带有本质性的事件、矛盾放眼，发掘喜剧因素。市民阶层在传统文化的制约下，本来就存在诸如愚昧凡庸、苟且怠惰、怯懦卑琐、偏安退让之类的性格弱点，而社会不公正又使他们把这些弱点一再做出尴尬展示，老舍抓住他们必然要出现的可笑之处，给以夸张却并不离谱的状写，将人生中最没价值的东西撕破给人们来看。《离婚》的题目本身就是个绝大的幽默，三四对男女，正派的与不那么正派的，有文化的与没什么文化的，都在走马灯似的闹离婚，折腾了个够，结果谁也没离成，这个玩笑还不大吗？小说中故事发生之时，离婚这套西

① 老舍：《我怎样写〈大明湖〉》，《老舍生活与创作自述》，第 25 页，人民文学出版社 1982 年版。

② 老舍：《我怎样写〈离婚〉》，《老舍生活与创作自述》，第 30–32 页，人民文学出版社 1982 年版。

式办法刚进入中国不久，被它的折光照射到一角的某些家庭不免躁动起来，别管起初是怎样的“悲壮”，闹来闹去，离不成婚倒是必然，闹离婚的人们都没有具备真正摆脱旧有生活观念的悟性和勇气，谁也逃不脱市民社会的人生怪圈，到头来都得按照传统文化的基本准则——譬如讲“良心”、顾面子，等等——举手投足。草率造出来的事端，得由自己乖乖地收场，缺乏理性抉择的市民社会，总是上演这路闹剧，正像老舍所说：“有时一天走了三步，第二天又退了六步。”对自己命运趋势的不自知和无力把握，是这类闹剧的起因与结局。《离婚》抄着这类闹剧的老根来写，幽默自在其中。

老舍一生集中写作较多幽默作品，并且用心思考幽默艺术真谛，是 30 年代中期他在山东的时候。翻开这一时期他在繁忙的教学以及长篇小说创作之余发表的杂文、散文、小品文，阵阵幽默的轻风拂卷而来。

……二姐喊卖糖的，真喊得有劲，连卖票的都进来了，以为是卖糖的杀了人。①

这是写不懂得公共秩序的人在电影院里高声喊叫，不无夸张，却极准确。

……更有三更半夜，敲门如雷；起来一看，大小三军，来了一旅，俱是知己哥儿们，携老扶幼，怀抱的娃娃足够一桌，行李五十余件。于是天翻地覆，楼梯底下支架木床，书架上横睡娃娃，凉台上搭帐棚，一直闹到天亮，大家都夸青岛真凉快。②

---

① 老舍：《有声电影》，《老舍文集》第 14 卷，第 452 页，人民文学出版社 1989 年版。

② 老舍：《暑避》，《老舍文集》第 14 卷，第 521 页，人民文学出版社 1989 年版。

这是写暑期疲于赶写长篇小说的作家自己，深夜受到的友人“滋扰”，叫人哭笑不得。

棉袄的底襟挂在小车子上，用力扯，袍子可以不要，见好友的机会不可错过！袍子扯下一大块，用力过猛，肘部正好碰着在娘怀里的小儿。娘不假思索，冲口而出，凡是我不爱听的都清清楚楚的送到耳中，好象我带着无线广播的耳机似的。孩子哭得奇，嘴张得象个火山口，没有一滴眼泪。说好话是无用的，凡是在外国可以用“对不起”了之的事，在中国是要长期抵抗的。四围的人——五个巡警，一群老头儿，两个女学生，一个卖糖的，二十多小伙子，一只黄狗——把我围得水泄不通；没有说话的，专门能看哭骂，笑嘻嘻的看着我挨雷。幸亏卖糖的是圣人，向我递了个眼神，我也心急手快，抓了一大把糖塞在小孩的怀中；火山口立刻封闭，四围的人皆大失望。给了糖钱，我见缝就钻，杀出重围。①

这讲述的是自己急于去火车站与途经此地的朋友见上一面，半路上的意外遭遇，顺手记下的市俗群相，声态逼真，令人捧腹。

老舍的幽默有多种。有时，是在叙述中偶出妙语，例如：“到济南来，这是头一遭，挤出车站，汗流如浆，把一点小伤风也治好了，或者说挤跑了；没秩序的社会能治伤风，可见事儿没有绝对的好坏……”②有时，则在谈论严肃意见的当口儿，不动声色将笔锋一拐，转为调侃：“发稿即发稿费，决不拖欠，落选之稿及早退回，并附函详细说明文字的缺点，如作者不服而在别

① 老舍：《一天》，《老舍文集》第 14 卷，第 421 页，人民文学出版社 1989 年版。

② 老舍：《到了济南》，《老舍文集》第 14 卷，第 402 页，人民文学出版社 1989 年版。

的刊物上发牢骚，则由编辑部极客气的极详细的答辩，登载国内各大报纸。作者还不服，而且易讨论为叫骂，则由编辑部雇用国术名家，前去比武，文章必有武备，以免骂上没完也。”①再有的时候，也肯于拿自己来插科打诨，以喻讽世间的某些人和事："看着别人写，个儿是个儿，笔力是笔力，真馋得慌。尤其堵得慌的是看着人家往张先生或李先生那里送纸，还得作揖，说好话，甚至请吃饭。没人理我。我给人家作揖，人家还把纸藏起去。写好了扇子，白送给人家，人家道完谢，去另换扇面。气死人不偿命，简直的是！”②

关于幽默，鲁迅当时所持的看法，颇能代表一批严肃作家的认识："‘幽默’既非国产，中国人也不是长于‘幽默’的人民，而现在又实在是难以幽默的时候。”③幽默，在许多人眼里，被看成了是与高尚、神圣艺术冰炭不可同炉的东西。老舍初涉文坛，自发展露幽默天性，挨了不少来自严肃文人的批评。一时间，他有点不知如何措手足。为了能够取得一些理性的自决，他开始研究幽默之于文学的问题，终于建立起能够赢得自信的比较完整的幽默观。

在写于 1934 年的《老舍幽默诗文集·序》中，他记录了所听来的对于幽默有代表性的几种看法：有的人说“幽默就是讽刺”，“该禁止”；有的人则说“幽默是将来世界大战的总因”，“往小处说，至少是文学的致命伤”；有的人说“幽默就是开心”，“笑为化食糖，所以幽默也不无价值”；有的人又说“幽默就是讨厌，贫嘴恶舌”；有的人说“幽默是伟大文艺的一特征”；有的人还说“幽默是一种人生的态度，是种宽宏大量的表现”。在这篇序文

---

① 老舍：《理想的文学月刊》，《老舍文集》第 14 卷，第 402 页，人民文学出版社 1989 年版。

② 老舍：《写字》，《老舍文集》第 14 卷，第 502 页，人民文学出版社 1989 年版。

③ 鲁迅：《从讽刺到幽默》，《鲁迅全集》第 4 卷，第 459 页，人民文学出版社 1973 年版。

里，老舍对如上说法并未予以评价，他希望引起读者关切。从1935年到1937年，陆续发表了《我怎样写〈离婚〉》、《我怎样写〈牛天赐传〉》、《又是一年芳草绿》、《谈幽默》、《"幽默"的危险》以及《当幽默变成油抹》等等，则是逐步明朗地向世人亮明了他的幽默观。

"幽默与伟大不是不能相容的，我不必为幽默而感到不安。"①——这是老舍经过了反复的思考与实践，所得出的理直气壮的结论。他从"《吉诃德先生传》等名著译成中文也没招出什么'打倒'来"的事实，认识到，具有正当爱憎、严肃主题的作品，不仅是可以包容幽默，甚至是可以因合理运用幽默而获得更大成功的。他由文艺创作基本规律入手，指出："有一点可是很清楚，就是文字要生动有趣，必须利用幽默。……假若干燥，晦涩，无趣，是文艺的致命伤；幽默便有了很大的重要；这就是它之所以成为文艺的因素之一的缘故吧。"②因为有了这份顿悟，他不再犹疑徘徊，公开声明："有人管我叫幽默的写家。我不以这为荣，也不以这为辱。我写我的。"③

在为幽默正名的同时，老舍也对"什么是真正的幽默"进行了研究。他既把"幽默"与"讽刺"、"机智"、"滑稽"等做了严格区分，又道出自己的人生体验和创作体会："幽默……据我看，它首先是一种心态"，"幽默的人……是由事事中看出可笑之点，而技巧的写出来。他自己看出人间的缺欠；于是人人有可笑之处，他自己也非例外，再往大处一想，人寿百年，而企图无限，根本矛盾可笑。于是笑里带着同情，而幽默乃通于深奥。"

---

① 老舍：《我怎样写〈牛天赐传〉》，《老舍文集》第15卷，第202页，人民文学出版社1990年版。

② 老舍：《谈幽默》，《老舍文集》第15卷，第231页，人民文学出版社1990年版。

③ 老舍：《又是一年芳草绿》，《老舍文集》第14卷，第37页，人民文学出版社1989年版。

"幽默者有个热心肠儿，讽刺家则时常由婉刺而进为笑骂和嘲弄。""所谓幽默的心态就是一视同仁好笑的心态。……这种态度是人生里很可宝贵的，因为它表现着心怀宽大。"[①]"他真爱人爱物，可是人生这笔大账，他算得也特别清楚。笑吧，明天你死。于是，他有点像小孩似的，明知顽皮就得挨打，可是还不能不顽皮。因此，他有时候可爱，有时候讨人嫌；在革命期间，他总是讨人嫌的，以至被正人君子与战士视为眼中钉，非砍了头不解气，多么危险。"[②]假如我们把老舍的这些话语与他的社会文化出身相联系，就不难想象，拥有这样的幽默心态，对他来说实非造作，这种心态让一些人感到"可爱"，而让另一些人感到"讨人嫌"，对他来讲，同样是没法避免的。

贫苦大众通常具备的乐天知命精神特征，在老舍笔下有着天然体现，加之旧时京城旗族（包括下层旗人们）喜欢追求超脱闲适的处世风度，也给过他不小的影响，到后来，又读到了狄更斯、塞万提斯、马克·吐温等西方幽默作家的作品，他已有的温厚、诙谐心态，便在西方艺术的滋养中间，得到了新的调理。所以，老舍才把幽默看成是"人生里很可宝贵的"精神财富，不愿轻易舍弃。

在《幽默变成了油抹》这篇小品里面，作家满带戏谑地写了一对年幼的小兄弟，错把父母所说的"幽默"当成了"油抹"的故事。看到父母每次读起《论语》杂志上的文章，总要开怀大笑，并连声赞叹"真幽默，哎呀，真幽默！"小哥俩不解，偷看那本杂志，又不懂上边的文字，为了找到"油抹"的感觉，他们把家中值20多块钱一盒的各色油彩，全都抹到了脸上，还美其

---

① 老舍：《谈幽默》，《老舍文集》第15卷，第230–235页，人民文学出版社1990年版。

② 老舍：《"幽默"的危险》，《老舍文集》第15卷，第313页，人民文学出版社1990年版。

名曰："爸是假装油抹，咱们才是真油抹呢！"[1]这则杂文意在说明，真正的幽默，不是任凭什么水平和智商的人都可以理解领会的，只有人生有过比较厚重曲折经历、达到了相当思想修养层次之后的人们，才可能深入体味幽默的理趣与堂奥，不然，随便评判和指摘它，是终难避免把"幽默"错当成"油抹"，这样可乐而又可叹的事情发生的。

老舍在理性思考基础上建立了自身的幽默观，有如有了主心骨。写小说遇上确该幽默的地方，他毫不含糊地展示这方面的才能，好叫作品延伸题旨，平添理趣。而在另一类命意严肃的作品中，他连一星半点儿的诙谐调侃也不许它露头，为的是维护作品既定的艺术追求。总的看去，在审视民族精神、国民性格的小说中，他用幽默手段稍多一些，保持了置身于民众中间，以温热心肠去褒贬他们缺点的态度；而在状写城市贫民悲惨命运的作品中，则对幽默约束极严格。《微神》、《月牙儿》之类写贫苦女性沦为娼妓的小说，看不到幽默的任何位置，即使像《我这一辈子》，写的就是一生习惯于笑傲浊世的老巡警，也没让与主题不相干的插科打诨占得立锥之地，其中的幽默都被涂上一抹冷色，浸着血泪伴着泣咽出现，叫人读来笑眉还未舒开，已经得悟于复杂艰涩的人生幽微。写《骆驼祥子》时候，老舍既没有一味地恋栈于幽默，也没有盲目地排除幽默。这固然与这部长篇作品的题材有关，也显示了作家在思想和艺术上已步入成熟期。祥子在小说前半部，是个颇教人们同情的人物，作家向他倾注的多是真诚的注视和殷忧，并不需要幽默；到了小说的后半部，祥子的精神无可奈何地滑落下去，作家又抱着严峻的眼光去跟踪他、思考他，仍然没有必要施以幽默，这是作家良知使然。但是，对一些作用于祥子的社会负面影响，老舍却没必要那么客气，他对这类

---

① 老舍：《幽默变成了油抹》，《老舍文集》第 14 卷，第 431 页，人民文学出版社 1989 年版。

出自事实本身的可笑之处，当然要还以颜色：

杨宅用人，向来是三五天一换的，先生与太太们总以为仆人就是家奴，非把穷人的命要了，不足以对得起那点工钱。只有这个张妈，已经跟了他们五六年，唯一的原因是她敢破口就骂，不论先生，哪管太太，招恼了她就是一顿。以杨先生的海式咒骂的毒辣，以杨太太的天津口的雄壮，以二太太的苏州调的流利，他们素来是所向无敌的；及至遇到张妈的蛮悍，他们开始感到一种礼尚往来，英雄遇上了好汉的意味，所以颇能赏识她，把她收作了亲军。①

在这里，老舍还是那个人们熟识的幽默作家。

研究老舍的专家们常说，老舍善于用幽默笔法写悲剧，这话一方面很有道理，另一方面也多少有点儿出言笼统：他起初写的《老张的哲学》、《赵子曰》固然是又幽默又是悲剧，可幽默与悲剧的结合并不很成功；《二马》、《离婚》、《牛天赐传》幽默用得好，却又不是典型的悲剧；《微神》、《月牙儿》是悲剧，没有幽默；《骆驼祥子》、《我这一辈子》、《龙须沟》既是悲剧也有幽默，因主题制约，那幽默用得并不充分；《四世同堂》或可说是既有悲剧也用了幽默，但其悲剧故事似乎与幽默笔调之间还没有完全做到水乳交融（况且中间的许多幽默已接近于讽刺）。

晚年的老舍，其幽默艺术已然出神入化，进入到了前所未有之佳境。这里他有个极大的突破，他写作《茶馆》，硬是用一套彻头彻尾的喜剧形式，写了一套彻里彻外的悲剧内容！作者笔下的三个历史时代是一式的暗淡绝望、遭人诅咒，那纯粹是专门制造社会悲剧的时代。不过，人们不曾想到过的问题是：作家要状

---

① 老舍：《骆驼祥子》，《老舍文集》第3卷，第46页，人民文学出版社1982年版。

绘这类黑暗社会,是不是只能选取悲剧样式?老舍做出了他特立独行的抉择:让这一出戏从总体上摈弃悲剧样式,启用喜剧样式。

人们不需要特别留意就会领略到,《茶馆》绝大部分人物塑造和情节编排,都渗入了或冷嘲或热讽的幽默与调侃。这类幽默调侃,因为有了作家对社会发展本质、时代前行规律的深刻认识,不再是像早期创作那样时有宣泄失掉控制的无谓逗哏。对于丑恶现象,他的幽默调侃火辣辣,利如皮鞭,断不容情,简直是鞭鞭见血;对于不无真善美意蕴,却又毕竟属于旧时代范畴的人物事件,他的幽默调侃,则裹着温热与痛惜,切中这些人与事的实质性弱点——既是弱点,就有它该当批评之处。从这个角度来认识,我们把《茶馆》视为一部完整意义上的讽刺喜剧,不会有太大失误。第二幕,嗜毒成性的唐铁嘴宣称"已经不吃大烟了",教听者王利发顿生疑窦,以为他是戒绝恶习"真要发财了",孰料唐铁嘴话头一转,语出怪诞:"我改抽'白面'啦。你看,哈德门的烟是又长又松,一顿就空出一大块,正好放'白面儿'。大英帝国的烟,日本的'白面儿',两个强国侍候着我一个人,这点儿福气还小吗?"[①]唐铁嘴原本是个混迹市井的寡廉鲜耻之徒,这几句话把国人劣根性中间的那点儿"阿Q式的精神胜利法",沿着丑陋卑贱的心路发挥到了顶点,西方列强的经济渗透、毒品危害,只有在这种丧失灵魂、丧尽人格的民族败类口中,才被离奇地演绎成对国人的"侍候"!可耻之尤,且可笑之至。这是老舍丢向丑类们头上的幽默,睿智而犀利。也是同一幕,从庞宅逃出来的康顺子及其养子,无处安身,到裕泰茶馆恳求收留,王利发从小本生意经出发,不愿留下她们娘儿俩,却被内掌柜的给留下了,王利发只好悻悻自语:"好家伙,一添就是两张嘴!太监取消了,可把太监的家眷交到这里来了!"[②]王利发心间的牢

① 老舍:《茶馆》,《老舍文集》第11卷,第381页,人民文学出版社1987年版。
② 老舍:《茶馆》,《老舍文集》第11卷,第390页,人民文学出版社1987年版。

骚无奈，转化成了这么一句灰色幽默式的俏皮话，把他这个饱经世故、惨淡经营而又不无自私心理的小商人的心底感受，勾画得准确到位。观众听到王利发的“怪话”，会有哂笑也会有怜悯，也许还会有酸咸苦辣一齐被搅起的感慨，同时，观众更品出了作家对旧时代小人物杂糅着会意、温情和揶揄的微讽态度。邪恶势力的可憎，与被欺侮者的可悲，均来自时代整体的荒唐悖谬。老舍紧紧扭住旧时代的荒谬特质不撒手，让正义、快感、酣畅淋漓的笑，化作支支投枪和匕首，戳穿旧制度旧文化的虚弱本性，给艺术受众以难得的欣赏满足。黑暗的社会是罪恶的渊薮，当它命中注定走到行将就木的时刻，却总是会暴露出许多带着本质规定性的滑稽、失重现象，这也正是历史老人眼中不可多得的喜剧场景；铲除在历史肌体上苟存的荒唐、怪诞，恰恰是左右社会发展的历史辩证法的胜利，理解了这一点，怎能不大快人心？一位洞彻历史变迁的进步文艺家，面对旧事物的衰亡，新事物的喷薄，当然应当开怀、应当大笑，并且在开怀大笑的气氛里，纵情地摹绘出旧时代土崩瓦解的趋势。曾经写过众多诅咒旧现实、同情苦人儿故事的老舍，终于在写到话剧《茶馆》的时候，这般明朗地把握了时代更迭、社会嬗替的铁定历史规律，他的那管以幽默著称的个性之笔，才找到了如此纵横挥洒的佳妙感觉，写出来这样世所罕觏的大气派喜剧作品。

在传统的中国文学观念里，严肃、悲怆的艺术风格，总是高居于纯文学的上乘位置；喜剧呢，不能说是没有一席地盘吧，可往往还是要被笼而统之地派作饭后茶余的“消遣”之用。满族作家老舍，毕竟有过另外一重民族文化的浸润，他自幼饱识忧患，却又性近幽默，喜欢用一视同仁的好笑的眼光看待人生，自踏上文学创作的漫漫长旅以来，幽默，始终是他乐于保持和频频启用的风格特征。各民族文学的拓进之途，从来就不会是一模一样，这是大千世界里正常得不能再正常了的事情。也正因为有诸民族间艺术风格的差别，彼此的文化交流活动才会呈现出人们意想不到的价值，在不同民族文化艺术的交叉、碰撞之际，才会让人们产生新鲜、惊喜、愉悦、扩充的心理感受。

台词的幽默调式，在《茶馆》里尤为突出。宋恩子要向王利发索贿，他要求："每月一号，按阳历算，你把那点……"他多少有些说不出口了，吴祥子马上替他找寻到了"合适"的表达方式："那点意思！"宋恩子正中下怀："对，那点意思送到，你省事，我们也省事！"王利发抗不过他们，只好用小商人的算计法，叮问了一句："那点意思得多少呢?"狡诈油滑的吴祥子毫不示弱："多年的交情，你看着办！你聪明，还能把那点意思闹成不好意思吗?"这段对话，圆熟地运用了汉语词汇常有的"双关"含义，来刻画特务们利用特权打秋风、砸明火的情景：他们既要把坏事做绝，又想要少留口实，把对方被迫缴纳的贿赂，说成是自愿奉送的礼物（"意思"），又把对方如果缴不上贿赂，说成是人家该感到害羞难为情（"不好意思"）。这可真是"极富机智，使人惊喜"的、"接近讽刺诗"[①]的戏剧语言。再有，当小刘麻子向小唐铁嘴吹嘘他那包办全城娼妓业的"拖拉撕"（"垄断公司"的中文译音）计划时，小唐铁嘴兜头一盆冷水泼将过去："'拖拉撕'……不雅！拖进来，拉进来，不听话就撕成两半儿，倒好像是绑票儿撕票儿，不雅！"他们虽然只是在议论一个买卖的叫法，可作者却利用小唐铁嘴的别致"诠释"，把他们的坑人计划与黑社会绑匪们如出一辙的实质，再准确不过地认定下来。这些幽默言谈的驱遣，显示了老舍作为一个京城旗人，对语言内涵葆有的高度敏感和绝妙把玩，他将这种敏感和把玩，搁到特定的戏剧语境当中，就可以成其为"既明快又深刻的惊人之语"[②]，收到"一碰就响"的艺术实效。

---

① 老舍：《喜剧点滴》，《老舍文集》第16卷，第540页，人民文学出版社1991年版。

② 老舍：《喜剧的语言》，《老舍文集》第16卷，第574页，人民文学出版社1991年版。

幽默风格和喜剧样式之于老舍，是一种机巧天成的结合与表达，《茶馆》将老舍的幽默艺术风格引向极致。虽然他的这一艺术特点还需要一个为不大习惯于它的欣赏者和批评家们逐渐接受的过程，但是，既然是真金子，就不怕被发现得晚，总会有它大放异彩的时候。

## 二

雅俗共赏，是老舍文学的另一块醒目标牌，这一点，又是与满族文化传统息息相通。

笔者注意到，往远一点大一点去说，在我国各个少数民族传统文学的词典里，雅文学与俗文学之间，都没有什么断然可分的界限。像藏族的《格萨尔王传》、蒙古族的《江格尔》、柯尔克孜族的《玛纳斯》，满族传统说部“乌勒本”当中的众多作品，都是在该民族的民间最为通俗、平易和在传播上绝对不存在任何障碍的，也都是广大受众最为喜闻乐见的。从这一面来看，它们无疑可以称为“俗文学”。然而，上述作品却又在它们各自传播的民族和社区内，被人们尊为“神圣经典”，那些作品之中，有这些族群历史、经济、文化层面的全部“庄严记忆”和知识库存，不同族群从来都把各自的这些作品，当做具有至高价值的精神流脉。这样，民族受众就不可能把它们视为不登圣殿的“粗俗”之物。由这一面看，它们又不该被说成是“俗文学”。我们有时虽然也把它们归为“俗文学”类，其实，那不过是套用了中原汉民族的尺度，而未必是少数民族自己的眼光。

满洲民族来至中原的时候，一定持有的是他们自己对文艺的评判眼光。文学与艺术，哪些拥有高雅的、纯正的、庙堂的属性，哪些又是粗鄙的、俚俗的、市井的玩艺儿，他们自然不会那么放在心上。这或许是对中原千百年来形成的鉴赏原则的无视和践踏，当然也就不会为汉族士大夫阶层所认可。

不过历史还是一路走下来。占据了“首善之区”关键文化席位的满人们，并没有接受汉族的正统观念，他们不乐意在所谓的“雅”文学与所谓的“俗”文学之间，横空划出一道天河。

满人们在学习汉文化，步入中原文学艺术领域之后，也学会了舞文弄墨，也写诗，也填词，也有自己的文艺理论阐释，然则仔细看去，他们的创作实践及其理论主张，还是在“雅”、“俗”关系的处理上，另是一种态度。

正如本书前面介绍的那样，清初满族的文学作者有个获教于汉族文人而后尽快自立的过程。他们一朝自立，便像纳兰性德、岳端、文昭、恒仁那样，确立起自然晓畅、贴近性情、轻雕琢、尚真意的“北方诗派”[①]艺术调式，并且此种调式在随后许多年里，一向为满族诗词创作者所服膺和发扬。满人的诗词，从不刻意求雅，也不排斥俗字，多在情感与意境上下工夫，好读，好记，好解，脍炙人口。他们的诗词作品，真的做到了沟通雅、俗两极，粗通文字者也看得懂并且爱读，儒雅之士也能品出其中并不浅显的艺术蕴涵。

满人和小说的缘分，前文亦已涉及。被中原古典文坛长期斥为“稗官野史”、“雕虫小技”的小说文类，因与满族世代的欣赏习惯煞是合拍，便在满人中间受到经久的欢迎。

满族人素有喜爱小说的传统。

早在金朝，女真人对“说话”艺术就有特殊的癖好。《三朝北盟会编》载有完颜亮的弟弟完颜充听说话人刘敏讲“五代史”的情形。《金史》中亦有关于张仲轲、贾耐儿等金代说话人的记载。

清太祖努尔哈赤和清太宗皇太极都特别喜爱《三国演义》等明代通俗小说。崇德四年皇太极命令翻译《三国志通俗演义》等书，“以为临政规范”。顺治七年（1650年）第一部满文译本

① 乾隆年间，满族诗人恒仁曾向中原诗坛名家沈德潜学诗。沈德潜叙述恒仁学诗的情况时说：“授以唐诗正声，造诣日进，吐属皆山水清音，北方之诗人也。”

《三国演义》告竣，小说在满族中产生了巨大影响。

清帝国定都北京后，著名的满文学者和素，曾经出色地把《西厢记》、《金瓶梅》译成满文。昭梿在《啸亭续录》中称赞说："有户曹郎中和素者，翻译绝精，其翻《西厢记》、《金瓶梅》诸书，疏栉字句，咸中綮肯，人皆争诵焉。"现今存于北京故宫图书馆的满文书籍中，有满文翻译小说三十余种，多为历史演义和明末清初流行的才子佳人小说。[①]

《红楼梦》的问世，是满人作者向世间第一次如此全面地展示他们大雅大俗、雅俗共赏的艺术调式，化解宏大叙事，摹写眼前生活，状绘凡人情感，表达人生体验，加之京语大白话的运用，使这部小说从作者在世之时和亡故之初，便在社会各阶层引起了层层高涨的阅读热潮。"开谈不说红楼梦，读尽诗书也枉然"，清代中晚期直至当代，《红楼梦》所以在中国古典文学中间取得了压倒一切的读者数量，雅俗共赏，是不容怀疑的头一条原因。

与雪芹同时代，满族文坛上出现了一位小说理论家，此人即当过一段时间怡僖亲王的爱新觉罗弘晓[②]。他酷爱阅读小说，曾经组织手下人誊写《红楼梦》书稿，还亲自评点了当时流行的另一部长篇小说《平山冷燕》。他在为《平山冷燕》撰写的"序"中，阐释了自己的文艺观念：

尝思天下至理名言，本不外乎日用寻常之事。是以《毛诗》为大圣人所删定，而其中大半皆田夫野老妇人女子之什，初未尝以雕绘见长也。追至晋，以清读作俑，其后乃多艳曲纤词娱人耳

① 张菊玲：《论清代满族作家在中国小说史上的贡献》。

② 弘晓（1722–1778），号冰玉道人，康熙十三子怡亲王允祥之第七子，曾袭怡僖亲王，又被夺去爵位。是乾隆年间京城满族作家群体中间的一员，有《明善堂诗集》传世。

目；浸至唐宋，而小说兴；迨元，又以传奇争胜，去古渐远矣。然以耳目近习之事，寓劝善惩诫之心，安见小说、传奇之不犹愈于艳曲纤词乎！

夫文人游戏之笔，最宜雅俗共赏。阳春白雪虽称高调，要之举国无随而和之者，求其拭目而观，与倾耳而听又焉可得哉？

对一味追求曲高和寡的“阳春白雪”，满族的文艺受众有一种本能的避让；他们喜好的是田夫野老妇人女子人人喜闻乐见的文艺样式，像小说、传奇那样，讲述一些耳目近习的身边故事，包含一些劝善惩诫的人生道理，虽似平凡游戏之笔，却能收到雅俗共赏的目的最大化的效果，不是很好么。这在封建时代一向追求高雅深奥、一向标榜“文以载道”的窒息人的文艺氛围里，实在是吹进来了一股绿野清风。

雅俗共赏，是清代满人鉴别艺术的常用尺子。单单追求深奥的东西，在他们那里没有市场。他们的文化艺术修养不断攀升，但是，即便有了多大的学问，他们还是嗜好带有民族文化泥土气儿的“下里巴人”。就拿清代中晚期几类最大众化的艺术样式来讲：小说、京戏、子弟书、八角鼓、评书、相声……样样都是上至贵族文人、下到赳赳旗兵，不分出身与阶层，所有人长久不倦的所爱。

不要以为这么一来，他们欣赏的东西就总是上不了档次的“玩艺儿”。不是这样。本书第三章第 2 节，曾援引了清代子弟书写手罗松窗与韩小窗二人的曲词片断，郑振铎在他的《中国俗文学史》当中，给过这两位子弟书作者以很高的赞誉。对罗松窗《出塞》的评价是：“不是大手笔是写不出这样清丽宛曲的唱文来。”对韩小窗的评价则是，他的作品“不是嬉笑怒骂皆成文章，就是沉郁凄凉若不胜情，他是不会写软弱无力的调子的”[①]。

---

① 郑振铎：《中国俗文学史》。

"国粹"京戏，这门满族参与打造的舞台艺术，更是突出地体现了满人在艺术上雅俗共赏的诉求。传统京剧有数不胜数的剧目，人们没法儿分辨其中哪些是专门给高层雅士看的，哪些又是专门给底层百姓看的。它的生、旦、净、丑、唱、念、作、打，都有无尽的知识在里头，尤其是赶上几位"好角儿"出场，会让文化大家与平民观者一样觉得"美不胜收"[①]。

用精美高标但又不失广泛亲和力的艺术，来沟通文化位置上的两端受众人群，在满人艺术创作者的心间，是个长期形成、不会轻易舍弃的原则。这个原则，在20世纪杰出的文学艺术家老舍那里，更是深深植根从不动摇的。我们可以在议论到老舍的一切场合，听到社会的各层人士，异口同声地夸赞老舍艺术的"雅俗共赏"。

20世纪前期，中国的文学有了大的变迁，一反古典文学发展时期诗文写作高居庙堂而小说戏曲难登大雅的局面，"稗官野史"出身的小说，与从"勾栏瓦舍"走来的戏剧，一举翻身，尤其是小说书写渐成大观，不可阻挡。不单是带有"严肃文学"性质的新文学小说高扬起了自己的旗帜，同时，为市民阶层娱乐消费服务的通俗文学小说，也大量上市，与新文学主潮形成了相辅相成的态势。严肃的"纯"文学作品，虽然在一个不短的时间段表现出对通俗文学创作的轻蔑与排斥，甚至于以"鸳鸯蝴蝶派"或"星期六派"的说辞来打压通俗文学，而实际上，二者在彻底否定古典主义文学模式方面，却有着异曲同工的意义。

老舍，在20世纪中国的新文学史册上，从来就被写入"正册"。他的若干经典作品一向被认作是现代文学圣殿里的瑰宝，

---

① 就拿京剧"四大名旦"之一、满族戏剧艺术大师程砚秋来说，他的艺术就行腔、吐字、音韵、舞蹈以及对所塑造人物心理的深度刻画等等，都是京剧理论界几十年来研究不完的课题，以至于大有建立"程学"之势。可是，离开理论探讨，多少年来直到当下，从大学教授，到莘莘学子，再到三教九流的观众，对"程腔儿"跟"程舞"的狂热爱好，也始终未曾消退。不管他是来自哪一路的观众，听程派的戏，都会如醉如痴地喊一声"美"！

所谓“鲁、郭、茅、巴、老、曹”约定俗成的大师级排序，也体现出现代文学研究界在过往认识阶段达成的一项“中间值”。然而，有意思的是，在这几位大师里头,论起“俗”来,老舍可是要远甚于其他各位。单就老舍各种作品的“俗白”程度来讲，那些当时被叫做“通俗文学”作家所出手的大多数作品，恐怕都要望尘莫及！

老舍与20世纪中国“通俗文学”阵营无染①，原因当然不在“雅”、“俗”之分上面。尽管老舍用“通俗”二字来界定，是最符合标准的一员，他却不大合乎学界对“近现代通俗文学”的基本界定。《中国近现代通俗文学史》中由主编范伯群执笔撰写的内容指出——

如果我们试图为中国近现代通俗文学作一界定，是否可作下列表述：中国近现代通俗文学是指以清末民初大都市工商经济发展为基础得以繁荣滋长的，在内容上以传统心理机制为核心的，在形式上继承中国古典小说为模式的文人创作或经文人加工再创造的作品，在功能上侧重趣味性、娱乐性、知识性与可读性，但也顾及“寓教于乐”的惩恶劝善效应；基于符合民族欣赏习惯的优势，形成了以广大市民层为主的读者群，是一种被他们视为精神消费品的，也必须会反映他们的社会价值观的商品性文学。

老舍与农民艺人们

① 在范伯群主编的长达136万字的《中国近现代通俗文学史》中，并未涉及作家老舍。

在中国通俗文学中主要是对中国市民阶层的心态作淋漓尽致的“平视”。也就是说，作者是站在这些市民之中，以他们的喜怒哀乐去表现他们自己，不加修饰地摹写所谓“低层次”的真实……通俗文学之所以能够“通俗”，即与“俗众”相通，就是由于他们对中国传统的“社会流行的价值观”的肯定。他们的作品大多是教诲读者应同情弱小，助贫济困，急人之难，赴汤蹈火，为民请命，藐视权贵，义肠侠骨，大义大勇之类，这是一种人性的正义与良知，也是民族美德的闪光。①

对照以上阐述，让人感到，老舍与这一界定的吻合之处实在是太多了。而老舍未入“通俗文学”行列的根本原因，当然也在这样的对照中被找到，那就是，老舍的文学并不满足于仅仅摹写市民社会“低层次”的真实，他更善于站在人类现代文明的高度，以一种更深刻更博大的进步人文情怀，去批判中国传统社会流行价值观念落伍于时代的成分。如果说“通俗文学”的作家们，仅仅是以“平视”眼光去迁就、临摹市民生活现实，被动地作了他们生活的尾巴的话，那么，老舍则是既做到了置身于市民生活之中，用“平视”眼光去悉心观察和表现他们的生活现实，又能动地逸出这种生活及观念的规约局限，跳向“云端”再回身，用高屋建瓴的“俯视”眼光，扫描那种生活文化以及社会流行价值观的得与失——他既作了底层市民的亲密朋友，又作了对他们负有启蒙责任的“先生”，完成这样双重角色的并举②。

这样说来，并不是老舍的作品达不到通俗文学的“通俗”水准，而是“中国近现代通俗文学”的概念乃另有所指。那在当时

① 范伯群主编：《中国近现代通俗文学史》，第18页、第20页，江苏教育出版社2000年版。

② 关于老舍文学启蒙主义题旨的论述，请参见本书第八章。

是一批相当多的作家作品，你把他们统称为“鸳鸯蝴蝶派”或者“星期六派”吧，这些叫法里面带着显在的贬义；可是你非要将他们命名为“通俗文学”不可，难道在其门外的老舍，他的创作就不够通俗么？这也许是个多少有点儿意味的问题，牵扯到对“近现代通俗文学”现象的命名是否得当以及“通俗文学”和“严肃文学”（或“纯文学”）彼此是否对立不相兼容的问题。

还是不去纠缠这样的讨论了，它已多少有点儿离开了我们的本题。

老舍的艺术之“俗”，不是一般的作家可以比肩的。据一项由语言学者所做的统计得知，状写北平庶民生活的《骆驼祥子》，这部小说总字数为107360个字，只选用了2413个不同的单字，大大少于常见小说的单字用字数量，而其中又有621个极常用的单字因被频繁使用，它们涵盖了作品总字数的90%，“也就是说，学会621字的小学生可以阅读《骆驼祥子》的90%”[①]，可以读懂它。试想，在中国现代文学（包括所谓“纯文学”和所谓“通俗文学”在内）当中，还有第二部作品，在完全适应初级文化能力者阅读方面，可以与之相仿佛的吗？

老舍于作品的通俗易懂方面，极其在意，极其着力。他的作品，不论是小说、戏剧，还是诗歌、散文、杂文，就没有叫大众读者读上去磕磕绊绊皱眉头的。抗战初期为动员全民奋起，新中国建立伊始为了宣传社会变化，他都更努力地写过一些满足基本群众口味的东西，这些东西虽说没有太大的文学史价值，却不断地为作者填充着“俗”写作品的经验。他一生经常启动强迫自己锤炼“俗”写功夫的尝试，譬如1940年创作长诗《剑北篇》，他对自己的要求是，既要句句用韵，又要写得通俗浅显，而“去找

① 此项统计，见诸《利用微型电子计算机对〈骆驼祥子〉进行语言自动处理》一文，作者为黄俊杰、张普、杨建霑、段兴灿。该文系1984年在青岛举行的“全国第二届老舍学术讨论会”学术交流论文。

那么多有诗意的俗字”，就成了大难题。总结这次写作，老舍脱口而出的经验与教训，是“俗更难”[①]。可他还是拿出来了这样一部长诗。他那不畏崎岖反复探索民族样式通俗文艺的魄力和意志，教读者们没法不折服。《豫西》是长诗《剑北篇》中的一首，其中写道：“一会儿，那毒狠的银鹰已到河堤，/安闲的旋转，忽高忽低，/分开，集合，合而复离，/最后，以恐怖的呼啸，显出毒狠的得意，/准确的把炸弹投在空地。/十龄的小儿被碎片殃及，/短短的白裤已如血洗。/白发的老人，是祖，是父？将他背起，/老人无言，孩子低泣，/默默的，缓缓的，在大家的愤怒里，/走向绿荫中短短的草篱，/啊，走向永远的血的记忆！/这默默的老人，是作生意？/还是种着薄薄的几亩田地？/要不是这横祸奇袭，/也许一辈子不晓得国事的危急？/今天，默默的把孙子背起，/默默的他可认识了谁是仇敌！”

为了把作品写得通俗，老舍使出了浑身解数，抡出了十八般武艺。其中有一项堪称老舍“绝活”的手段，屡试不爽，最是能够博得广大读者和观众的喜爱，那就是各种艺术形式的“嫁接”。比如《龙须沟》，程疯子在剧终前的一段“数来宝”：

给诸位，道大喜，人民政府了不起！了不起，修臭沟，上手儿先给咱们穷人修。请诸位，想周全，东单、西四、鼓楼前；还有那，先农坛，五坛八庙、颐和园。要讲修，都得修，为什么先管龙须沟？都只为，这儿脏，这儿臭，政府看着心里真难受！好政府，爱穷人，教咱们干干净净大翻身。修了沟，又修路，好教咱们挺着腰板儿迈大步；迈大步，笑嘻嘻，劳动人民努力又心齐。齐努力，多作工，国泰民安享太平！[②]

---

① 老舍：《剑北篇附录：致友人函》，《老舍文集》第13卷，第316页，人民文学出版社1988年版。

② 老舍：《龙须沟》，《老舍文集》第11卷，第166页，人民文学出版社1987年版。

这就是老舍，他会把别的作家在作品收尾时刻让某位首长指手画脚说出的一番干巴巴的大道理，化作合辙押韵的民间说唱，道理也讲了，观众也乐了，还嫌这段快板儿说得太短啦[1]。所以，要通俗，就得瞄准绝大多数欣赏者的胃口，熟知他们想的是什么，好的是哪一口。当然，了解对方的需求，自己又没有这个本事，也不成。老舍可是把这几样给占全了。

王淑芬：咱们的茶馆改了良，你的小辫儿也该剪了吧？

李　三：改良！改良！越改越凉，冰凉！

王淑芬：也不能那么说！三爷你看，听说西直门的德泰，北新桥的广泰，鼓楼前的天泰，这些大茶馆前后脚儿关了门！只有咱们裕泰还开着，为什么？不是因为栓子他爸爸懂得改良吗？

李　三：哼！皇上没了，总算大改良吧？可是改来改去，袁世凯还是要做皇上。袁世凯死后，天下大乱，今儿个打炮，明儿个关城，改良？哼！我还留着我的小辫儿，万一把皇上改回来呢！[2]

《茶馆》里像这样酷似相声段子的地方很多，中国人最爱听这路有嚼头的对嘴，老舍熟悉相声艺术的“抖包袱”技巧，信手拈起，既有俗情，又有雅趣。满人一向不把曲艺看做是比文学低三等的东西，老舍尤如是。他能把话剧台词写得如此通俗之间出奇效，会从心里庆幸自小儿受到的本民族文化熏陶。

---

① 在小说《鼓书艺人》和话剧《方珍珠》、《女店员》等作品当中，作者都成功地运用了曲艺手段，收到上佳的效果。特别是剧作《茶馆》中，在三幕戏开幕前，设计了一个叫“大傻杨”的乞丐，用街头说唱方式，数落了三大段的“莲花落”，实在是化“腐朽”为神奇的笔功。

② 老舍：《茶馆》，《老舍文集》第 11 卷，第 376 页，人民文学出版社 1987 年版。

老舍的“俗”，绝非粗俗、鄙俗，更不是恶俗、媚俗，他的作品俗且俗矣，却俗得正正当当，素朴大方，不存在任何低级趣味[①]。别说其作品压根儿就没有迎合少数读者变态诉求的自然主义描写，即便是面对东西方平民读者“俗成”的审美愿望，老舍这位最有平民意识的作家，也没有在创作原则问题上退让过。一部《骆驼祥子》，以祥子奋斗挣扎彻底败落，连他的精神也完全垮下来，而告结篇。祥子周边乃至内心最后能够感受到的一点光照也被无情地掩灭了。这无情并非作家文笔造成，它来自冷酷世界的自身。老舍怜爱他的贫民同胞，痛恨戕害贫民同胞的世道，他必须忠实于自己的社会体验与现实主义创作思想，他用《红楼梦》“悬崖撒手”式的写作路子，力透纸背地写出祥子们的最终“无望”。由此，老舍以一位庶民作家的身份，对自己命运相系的社会阶层献上了无上的忠诚。中国市俗的欣赏趣味，每每乐于在大悲剧结尾，见到一个哪怕是挺牵强的“大团圆”。而祥子，在故事结尾得到曹先生关照后，那么欣喜若狂地寻找他的小福子，也给安排类似的“大团圆”留下了余地。小说的读者，免不了会生出愿意看到遍体鳞伤的祥子就此否极泰来的期待。然而，作品没有迁就这种廉价希图，祥子千难万难找到了“白房子”，小福子却已死去，他连尸首也没见着！作者这样拗着市俗读者的接受习性而写，是有其一定的冒险性的。但是老舍没有动摇——他不肯向黑暗的社会妥协。这位一向注意切近大众艺术心理的作家，竟这样顽强地固守了现实主义的创作营垒，表示了对旧世界最大的轻蔑和凛然的决绝。后来，老舍在美国，发现他的《骆驼祥子》已经被人胡乱改动为一个“喜剧”式的结尾，以《人力车夫》为题翻译出版，他表示了极大的不满，他坦率地告诉大家，

① 老舍的作品只有最初的一两部曾有幽默失控的倾向，被人批评为“贫嘴恶舌”，应当说，这样的批评也许比老舍早期作品中的幽默更加失控。满人的幽默习性是他们民俗文化的一部分，虽属俚俗却并不粗鄙，更不下作。将幽默一概视作“贫嘴恶舌”，其间显然存在不同民族传统下的文化“误读”。

他对那部在当地畅销的《人力车夫》的结尾，没法负责！他的已经苦难到了顶点的同胞，根本不可能有“大团圆”的命，他绝不能为了让自己的作品贴近美国读者的口味，多卖几个钱，就由着译者去胡改一通①。这里，我们看到的是，一位最擅长用“通俗”笔墨写作的作家，其绝对不肯通“俗”的一面。

透过上面这类现象，我们也能从一个角度，探摸到老舍作品的“雅俗共赏”之处。他常常用顶浅显的叙述，顶照顾大众读者阅读能力的文字，和顶教人们感到亲切生动的笔墨，引导人们逐渐走向严肃的人生思索与文化思索。像《离婚》，像《骆驼祥子》，像《四世同堂》……许多作品都具备这样的特点，它们的“俗”体现在无人不可读懂，它们的“雅”（或曰“严肃性”）则体现在不同时代、不同理解能力的读者，都可以不断地或深或浅地品味到其中的写作用意。

话剧表演艺术家于是之，写过一篇题为《谈〈茶馆〉的魅力》的文章，他用带点儿疑问的口气谈到：“《茶馆》的魅力到底在哪儿？……我到现在仍认识不清，但这个问题我却不是想了一天了。它没有什么故事情节吸引人，也没有用低级趣味迎合某些观众。学问大的人看了不觉浅，学问小的人看了也不觉深，就

① 关于长篇小说《离婚》的翻译，还有过一场纠纷。译过（或者可以说是“篡改过”）《骆驼祥子》的美国人伊文·金，在《Reckshaw Boy》（即《人力车夫》）出版后，又开始翻译《离婚》（其译作题为《Divorce》），这次，他的翻译要比译《骆驼祥子》时更离谱，也更不堪。他甚至不屑于了解和体会原作体现的中国人的文化精神，把老舍在《离婚》原著中对老李等中国知识分子苦闷、彷徨心态的描述通盘删掉，而代之以主人公老李刚跟邻居马少奶奶相识就上床一类的无聊情节。伊文·金正在译写《Divorce》，老舍到了美国，发现伊文·金故伎重演，又在不照会原著作人的情况下篡改作品，老舍断然表示对伊文·金翻译工作的反对态度，亲自撰文将《离婚》的写作意图、故事梗概介绍给美国文学界与出版界，呼吁社会舆论制止伊文·金的行为。伊文·金不肯接受老舍阻告，还摆出横蛮嘴脸，宣称如没有他对原作的修改，作品将一钱不值，他还通过律师来恫吓老舍。为了反击伊文·金的行径，老舍约请郭镜秋翻译《离婚》，让反映原作风貌的译著面世，又在美国作家赛珍珠以及他在中、美两国的出版代理人的协助下，为捍卫自己的作品勇敢斗争。

是这么一个戏。到底为什么会这样呢？”[①]这几句话看似疑问，实际上不单单点到了《茶馆》的精妙之处，也触及了老舍一辈子全部艺术创造活动的真释：大雅大俗，雅俗共赏。

雅俗共赏的艺术高境界，老舍已经踩在了脚下。

《茶馆》在这方面的例子，真个举目皆是，不一而足。大字不识一个的观众全瞧得懂，而历史学家、政治学家、大学者，也都会从中找到自己最想找到的东西。第一幕大幕拉开，场上就坐着个只管喝自己茶的人物，好似跟剧情无干，他就是马五爷。到了二德子要跟常四爷犯横的节骨眼儿上，他居高临下地甩出一句：“二德子，你威风啊！”二德子登时就歇了，忙着上前请安，他还是那么不动声色地教训二德子：“有什么话好好说，干吗动不动就讲打？”这会儿，不但场上的常四爷把他当成了主持公道的主儿，观众也对他产生了好感。常四爷忙凑过去，想跟他接茬儿发发牢骚，谁料他立刻站起来：“我还有事，再见！”就扬长而去。事后，经王掌柜一点拨，大家才明白，原来他是个“吃洋教的”，“连官面上都不惹他”。就这么一个一分钟的小情节，儿童观众都瞧得明白，可是，有头脑的观众就会想了：瞧瞧，旗人常四爷，在那个年月来头就不算小了吧，还得受营房里出来的地痞流氓欺负，世道确实有点邪行；而地痞二德子又这样畏惧的人，就更不一般了，哦，只有“吃洋教的”，才能在当时仗着洋人势力称霸一方，谁也招惹不起。整出戏里，一个洋人也没有出现，可是，洋人的势力——也就是西方列强的势力在中国的赫赫炎炎，就凭着这么一个“吃洋教的”角色在台上仅仅说了三句话28个字，就显示得再明晰不过了。再深一步捉摸捉摸，对了，自鸦片战争以后，中国的社会性质都变了，是半封建半殖民地了，“吃洋教的”如此不可一世，也就只有在半殖民地的社会里头你

① 于是之：《谈〈茶馆〉的魅力》，载《于是之》，第101页，同心出版社2002年版。

才看得着！怎么样，在老舍的如椽巨笔之下，只有三句台词儿的马五爷，短暂的场上表演，不单把这个人物栩栩如生地塑造出来，连一整台戏背后那深厚的时代背景，也在大幕刚刚拉开，就被全部烘托出来。这不就是“学问大的人看了不觉浅，学问小的人看了也不觉深”吗。

## 三

满族自来不乏开放胸怀。满族文学直到老舍的文学艺术，也都有着此等性格。

海纳百川，有容乃大。满族的文学在成就自身成熟品格的同时，仍在随时汲取着八方营养。敞开胸襟，不拒绝学习，成了满族文学的一大特点、一项优势。人们有时爱不假思索地说，满族人见什么学什么，学什么像什么，也许是因为他们的文化和文学当中已经没有了自我——没有特点就是满族的特点。笔者相信，耐心地将此书读到此处而又不对满族抱有另外成见的读者，已经渐渐地转变了上述看法。

满族非但不是没有了自己的文学艺术传统，恰恰相反，它的文学艺术传统或许还是这片土地上最具价值、最有魅力的传统之一。

满族的书面文学，从一开始，就是在国内两种不同质地的民族文化彼此碰撞与互动中形成的。没有自我的魂魄，与没有向文化先进的汉民族学习，对满族文学的成长与成熟，都是不可以想象的。

纳兰性德、岳端、文昭等满族文学的早期俊才，全都是当时中原诗坛名家的弟子；雪芹从家学渊源上来讲，就明显地带有满、汉两种文化的熔铸；学习汉族文化之长而为我所用，历来是满族文学家们的自觉选择。

因为清代旗族本身包括满洲八旗、蒙古八旗和汉军八旗，故旗族内部已然构成了一个富有成效的文化交流场域。最典型的例子是某些满人家庭，因为其成员来自满洲、蒙古、汉军不同的旗份[1]，一家人自己就零距离地交流起来。在乾嘉道时期，内务府镶黄旗满洲完颜氏家族中，曾出现过第一代恽珠（女），第二代麟庆（恽珠子）和程孟梅（麟庆继室），第三代崇实（麟庆长子）、崇厚（麟庆次子）、蒋重申（崇厚室）、妙莲保（麟庆长女）、来秀（妙莲保夫）、佛芸保（麟庆次女），这样一个诗文著作者的家庭。在这个满洲完颜氏家庭中，第一代文学家恽珠，出身于汉军旗，是嫁给麟庆之父满洲廷璐为室的，她曾撰写和编纂了《红香馆诗词集》、《国朝闺秀正始集》等诗著，是清代知名的女文学家之一，她对这个文学世家是有积极影响的。继恽珠之后，麟庆又娶了汉军旗出身的才女程孟梅，这种相互的影响又进了一步。而蒋重申与来秀，则分别出身于汉军旗和蒙古旗，这个家庭的文化和文学交流，于是继续扩大着它的范围。来秀亦出自名门，他是著名的大文化人、大作家、正黄旗蒙古法式善之孙；而法式善的母亲端静闲人，也是一位留有作品集的诗人，又是一位汉军旗人[2]。

清季满人驰驱四海，他们每到一地，总是能够感受到当地不同民族的文化，这对他们的文学也都产生了一定的影响。清中期的满族诗人铁保，曾谪戍乌鲁木齐、喀什噶尔等地，写作的《妫娜曲》、《见新月》等作品，表达了对当地民族的深入理解，洋溢着西域的人文风情，足见作者与回部（即今日之维吾尔等民族）人民的亲近程度。稍晚些的另一位满族诗家英和，也有过相仿的经历，他获罪一度流放黑龙江、嫩江一带，与当地的索伦诸部（即今日之达斡尔、鄂温克等民族）接触甚多，亦写了大量反映当地民情风物的诗歌，表达了对这些远东土著的亲情。

① 清代有“旗民不通婚”的规定，旗人与民人进入不了一个家庭；而旗族之内的满洲旗人、蒙古旗人和汉军旗人，则可以自行婚配，不受约束。

② 其实，这个家庭的文学前缘还可以上溯数代，清初的满洲旗人阿什坦、和素二人，分别是麟庆的六世祖和五世祖，他们都是将汉文典籍与文学作品译成满文的著名翻译家，可见此家族学习和吸收汉文化的时间更早些。

对西洋文化，满人也有颇多借鉴。康熙皇帝玄烨刻苦学习外文、西洋数学与几何学的故事，曾广泛流传。清中叶的满族诗人奕绘，也是一位善于汲取西方科学的文化人，所写《千里镜》诗："圆镜无重合，长筒制度匀。谈天古多误，望远此如神。金、火生元气，泥丸转地轮。——拘人守成说，至论岂终湮！"他敢于正视和接受国外最新科学成果，以批判和修正本国传统认识的失误。

在善于放眼西方科学文化的同时，满族文学界也积极地面对着西洋文学的补给。恰恰是文学史上被说成是思想观念很保守很没落的作家文康，却在他的长篇小说《儿女英雄传》当中，大胆地率先引进"西洋法子"[①]来创作。他本是一位善于编写故事、结构作品、刻画心理的高手，为了讲究艺术效果，他主动选择了当时中国小说创作中尚不易见到的留悬念、设伏笔和启用倒叙等外国文学创作技巧[②]。这种领中国文学（学习外国文学）风气之

---

① 郭延礼《西方文化与近代小说的变革》论文谈到："……在叙事时间方面，主要是倒叙法的运用。中国古代文言笔记小说中虽也偶尔有运用倒装叙述的，但在长篇章回小说中采用倒叙手法则始于近代后期。在近代前期的白话小说中也有个别使用倒叙手法的，《儿女英雄传》中十三妹就是一例。十三妹出现于小说第四回，是一个骑黑驴的人，继而说明她是一个'绝色的青年女子'；至第八回，自云'人称她为十三妹'，但仍不知道她姓甚名谁；及至第十六回，好容易盼到安老爷知道了她的身世，读者要听个究竟，安老爷偏偏又卖关子，用什么'笔谈'，读者仍不得而知；直到第十九回安老爷在青云山上十三妹家里，才将她的家世、姓名、幼年情况交代清楚：人们始知十三妹原名叫何玉凤，还是宦门之女，安学海原和她家是世交，其祖父是安学海的恩师……这种写法作者自称是'西洋法子'（第十六回），也就是所谓倒叙。如果说，西洋小说对中国近代小说的影响，《儿女英雄传》可算是最早的了。"（《阴山学刊》1999年第3期）

② 更早一些，乾隆年间的满族作家庆兰（笔名"长白浩歌子"）所撰小说集《萤窗异草》中，诸如《青眉》、《销魂狱》等作品，已经或以倒叙手法结构故事，或在情节主干旁边衍生蔓枝；《潇湘公子》一篇，还采取了以两位主人公对话为主脉而多次穿插回叙故事的体式，据认为，在中国小说史上，这种包孕数端依次道出的结构技法，是首次出现。另外，《销魂狱》、《仙涛》、《田一桂》等作品中，对人物内心活动大量而细腻的描写，在中国当时的小说创作中，也是罕见的。只是，我们还没有发现小说作者此类写法确系借鉴西方文学手段而为的证明，所以只能以文康的借鉴为确例。

青年时代旅居英国的老舍

先的作为，是与满族勇于学习、善于探索的民族精神相一致的。

老舍生逢20世纪。这个世纪，新文化与旧文化、中国文化与外国文化、国内不同民族的文化，交相杂陈，纷呈势能。作家老舍身为满人后裔，同样展示了博大的文化包容性。

他自幼生长在旗人社区，精神世界被打下了基本的满族文化底色，道德观、价值观、审美观等都有着厚重的满人特征。

青少年时代，他入北京师范学校读书，民国初年的北京师范学校，教学内容与方式，还保留着相当多的传统特点，这对满人老舍来说，可谓一次系统的儒学文化填充和洗礼，他益加感受到汉族文化的"博大精深"。留存至今的《北京师范学校校友杂志》(1919年4月出刊）上，登载有他在校期间写作的旧体诗和文言散文共10篇，包括《拟编辑乡土志序》、《过居庸关》等，展示了同龄少年难以达到的传统诗文驾驭能力，尤其是长篇古风诗《于石景、金顶二山作战诗》的序诗前16句，除了其中可数的4句外，句句用典，更使人不能不惊讶他当时所达到的文史修养①。

20年代中期，他只身前往西欧，在英工作期间，不仅细密地观察了西方社会人文现实，而且在不断提高英文阅读能力的同

① 老舍的汉文格律诗造诣极深。这里再征引他的两首诗。其一，是写于抗战初期的《流亡》："弱女痴儿不解哀，牵衣问父去何来？话因伤别潜成泪，血若停留定是灰！已见乡关沦水火，更堪江海逐风雷！徘徊未忍道珍重，暮雁声低切切催！"其二，是写于抗战结束之际的《乡思》："茫茫何处话桑麻？破碎山河破碎家；一代文章千古事，余年心愿半庭花！西风碧海珊瑚冷，北岳霜天羚角斜；无限乡思秋日晚，夕阳白发待归鸦！"

时，大量涉猎英国及西方文学名著的原文版本，受到了西方文艺复兴以来种种优秀作品的深度熏陶。写《老张的哲学》和《赵子曰》时，他读过的外国文学作品还不太多，在有限的阅读范围之下，他本能地选择了英国作家狄更斯的“Nicholas Nickleby”(《尼考拉斯·尼柯尔贝》)和“Pickwick Papers”(《匹克威克外传》)等，作为自己创作的参照物；后来，老舍系统地涉猎了狄更斯、沃德豪斯、雅各布斯、莎士比亚、笛福、斯威夫特、威尔斯、康拉德等英国作家的作品，还阅读了包括但丁《神曲》、福楼拜与莫泊桑的小说、古希腊与古罗马文学在内的多种英译作品，世界文学的视野大开。深入到文学名著的辉煌殿堂之中，他对于艺术事业的庄严和神圣，有了新的认识，受到极大的激励。对于旷世之作《神曲》，他佩服得五体投地。他说过：“在一个不短的时期，我成了一个但丁迷，读了《神曲》，我明白了何为伟大的文艺。”[①]“世界上只有一本无法摹仿大书，就是《神曲》，它的气魄之大，结构之精，永远使文艺学徒自惭自励。”[②]“天才与努力的极峰便是这部《神曲》，它使我明白了肉体与灵魂的关系，也使我明白了文艺的真正的深度。”[③]研读欧洲各民族优秀作品，老舍还体会了,“心理分析与描写工细是当代文艺的特色”[④]。比照之下，他感到，自己的前两部作品是“粗劣”的“开玩笑的小说”，“而并没有在笑话中闪耀出真理来”。他决心要在“读与写的经验增多”的基础上，注意往“细”里写，表现出作品的“形式之美”。

---

① 老舍：《写与读》，《老舍文集》第15卷，第543-544页，人民文学出版社1990年版。

② 老舍：《〈神曲〉》，《老舍文集》第15卷，第486页，人民文学出版社1990年版。

③ 老舍：《写与读》，《老舍文集》第15卷，第544页，人民文学出版社1990年版。

④ 老舍：《我怎样写〈二马〉》，《老舍文集》第15卷，第173页，人民文学出版社1990年版。

《文学概论讲义》，是老舍由西方东归后，30年代在齐鲁大学授课时自撰的教材，曾由校方印刷发行。几近50年之后，这份12万字的讲义被学者们重新发掘出来，并获得了正式出版[①]。这是颇有价值的一本书，展现了作为文学教授的老舍，对文艺理论的独特把握和阐述。书中涉猎的范畴相当宽泛，从中国历代文论，谈到文学的起源与特质，还分别论及文学的创造、文学的风格、文学的形式、文学的倾向和文学的批评等等。没有念过大学的老舍，通过不懈的自修，研读了古今中外多种文学理论著作，仅从这份讲义中援引的大约140位不同国别不同历史时期的文人、学者的著述，就能够窥见作者所下工夫之深刻，所拥视野之开阔。通览全书，我们对老舍的美学思想有了真切的印象。他全面酌取中西方文艺理论之精华，注重对文学及艺术创造内在规律的思考，指出文学艺术的首要功能是审美，强调文学的特质在于感情、美和想象，反对中国文坛上古来就充斥着的“文以载道”的理论准则。他批评以文学作为宣扬传统伦理工具的实用主义“信条”：

文人也是如此，他们读书作文……一定要把那抽象的哲学名辞搬来应用——道啊，理啊等等总在笔尖上转。文学就不准是种无所为、无所求的艺术吗？不许。一件东西必定有用处，不然便不算一件东西；文学必须会干点什么，不拘是载道，还是说理，反正它得有用。[②]

他呼吁，文学创作应当丢开“道”这把束缚创造的尺子，“跑入文学的乐园，自由的呼吸那带花香的空气去”。在系统评估中国

① 舒舍予著《文学概论讲义》，1984年由北京出版社首次出版发行，后收入人民文学出版社出版的《老舍文集》和《老舍全集》里面。

② 老舍：《文学概论讲义》，《老舍文集》第15卷，第8页，人民文学出版社1990年版。

历代诗论的时候，他对清代“性灵派”诗学大家袁枚给以首肯：“他只认性灵，认定创造，那么，诗便是从心所欲而为言，无须摹仿，无须拘束；这样，诗才能自由，而文艺的独立告成了。”[①]检读老舍的这些理论主张，我们注意到，他的早期文艺思想，与满族传统的文论比较切近。清代构建满族诗文理论的主要代表人物纳兰性德、铁保等人，都在自己的一系列文章中，反复论述过只有自由抒发个人性情，才能写出“排众独出”的好作品[②]。老舍身为满族作家，从本民族文艺思想的基点起步，广泛汲取中西方文艺理论的补养，他站在大学的讲台上，胸有成竹地向儒家正统的“文以载道”原则发起了认真的挑战。老舍在自己的创作活动中，多次体现出对文艺作品必得“发乎情，止乎礼义”教条的偏离，在《文学概论讲义》中，他指出：“不管所宣传的主义是什么和好与不好，多少是叫文艺受损失的。以文学为工具，文艺便成为奴性的；以文艺为奴仆的，文艺也不会真诚的伺候他。”[③]

老舍写作品，一直运用的是汉语文，他的写作活动与汉族文学家们的交流是贯串始终的，他的创作生涯也是随国内的文坛气候而浮沉升降的，有关他的文学受到汉族文学影响这一点，可以说是无须加以求证的。笔者写这本书，恰恰是出于另外一种愿望，即要小心翼翼地，从老舍的创作个性当中，剥离出他那为常人不甚了了的满族文化缘分。

老舍在中国的现代文学领域，往往又被不假思索地认定“最是民族的”——当然，这儿所说的“民族”是指的“中国”，或者“中华民族”，甚至于“汉族”。总之，人们习惯地以为，老舍的作品件件都是道地的“国货”，不会含有西方文化因素。其实

① 老舍：《文学概论讲义》，《老舍文集》第15卷，第33页，人民文学出版社1990年版。

② 可以参见纳兰性德《原诗》、《渌水亭杂识》、《赋论》、《填词》和铁保《续刻梅庵诗钞自序》、《梅庵自编年谱》等文章。

③ 老舍：《文学概论讲义》，人民文学出版社1990年版。

大谬。就拿我们看上去最纯粹的"国货"《骆驼祥子》来说，它所以在文学史上占有那么崇高的地位，除开其他多项长处，作品极其准确地捕捉到了贫苦市民劳动者的灵魂创痛及其心理变异，则是此作远远长于同类作品的地方。此乃老舍超越中国文学只注重讲述人际故事而不大关注人们灵魂状态的写法，而学用西方文学尤其是但丁式的宗教性"灵的文学"的收获。老舍谈到："到了但丁以后，文人眼光放开了不单谈人世间事，而且谈到人世间以外的'灵魂'，上说天堂，下说地狱，写作的范围扩大了。这一点，对欧洲文化，实在是个最大的贡献，因为说到'灵魂'自然使人知所恐惧，知所希求。从中世纪到今日，西洋文学却离不开灵的生活，这灵的文学就成了欧洲文艺强有力的传统，反观中国的文学，专谈人与人的关系，没有一部和《神曲》类似的作品，纵或有一二部涉及灵的生活，但也不深刻。我不晓得，中国作家为什么忽略了这个，怎么不把灵的生活表现出来?"[①]

老舍对西方文艺的借鉴是多方面的。其短篇小说《断魂枪》、《上任》、《兔》和中篇小说《月牙儿》等，都"显示老舍对传统诗学文化的改造与对中西、雅俗叙事诗学在修辞层面的整合"[②]。连《骆驼祥子》等小说的语言，也有论者指出来，当中有某些句子，是借用了西方语言的表述方式[③]。

---

① 老舍：《灵的文学与佛教》，《老舍文集》第15卷，第444页，人民文学出版社1990年版。

② 此语出自徐德明《中国现代小说雅俗流变与整合》一书（该书第273页，社会科学文献出版社，2000年版），关于《断魂枪》、《月牙儿》等作品如何对中西诗学文化予以整合，徐氏亦有精当的阐述。

③ 此类研究，可参见詹开第《〈骆驼祥子〉语言的两大特色》（孟广来等编《老舍研究论文集》，第335-350页，山东人民出版社1983年版）、李刚《老舍作品中语言的欧化现象分析》（中国老舍研究会选编《世纪之初读老舍》，第492-504页，人民文学出版社2007年版）等文章，被视为老舍笔下欧化句式的突出例证是："体面的，要强的，好梦想的，利己的，个人的，健壮的，伟大的，祥子，不知陪着人家送了多少回殡，不知道何时何地会埋起他自己来，埋起这堕落的，自私的，不幸的，社会病胎里的产儿，个人主义的末路鬼!"

满族作家老舍，在 20 世纪满汉文化、中外文化交流的过程中，是一个最为典范的个案。满人异常开放的文化性格以及满人充满智慧的民族书写，被老舍光荣地集于一身。通过这一个案，我们可以做出许多进一步的理论寻绎①。

① 可参见本书“跋”的相关内容。

# 第八章 老舍对满族及中华文化的忧思与自省

在我国的少数民族当中，历史作为较为突出且际遇尤其跌宕者，恐非满族莫属。其作为与际遇之造成，应当讲，都是既有客观原因，更有主观原因的。

就主观而言，任何民族要想有大的历史作为，必得胆识兼备。在满族崛起进程中，胆量和见识二者显现得尤为醒目。到后来，满族“运交华盖”般地衰落式微，个中也包藏着来自本身的深层次精神原因。

20世纪初叶的辛亥鼎革，是满族的命运转捩点。满人在最高政治舞台上面的彻底息影败落，就是由主客观因素合力使然。客观上，封建社会制度已然到了非解体不可的时刻，这是根本性的、不由分说的大道理；而不容讳言的，国内大民族对民族主义传统理念的过度阐释，在这个由小民族维持的封建国家体制最终垮台的关键时刻也起到了大的作用。如果撇开一切外因不去提，满族自身愈来愈体现出的精神衰靡和思想落伍，则是必须严加正视的。换句话说,满族对内部酿成的沉痛教训是回避不了的。

中国历史上，差不多每一个新兴王朝在初创天下的一阵子，都是赫赫炎炎如日中天过的。正所谓“靡不有初，鲜克有终”，无可奈何的是，到头来往往是一派惨淡，“落花流水春去也，天上人间!”

“君子之泽，五世而斩。”始自先秦，哲人们似乎就对这一历史铁律有所洞悉，一再提醒人们：成由奋斗败由奢。历史上那如同滚滚波涛般涌来的一股股政治力量，竟然谁也未能摆脱历史迷宫的无情戏谑，各自均在所处时代的天幕上，清晰地画出了既属于自己又彼此相像的，标志着爆发、攀升、辉煌、下滑，直至完全坠落的抛物线，留待一代又一代后人去凝眸与彻悟。唐代文学家杜牧写过一篇有名的《阿房宫赋》，认为强大的秦国实非被他人所灭，而是亡于一己严重的不检点，他的话教人难忘："秦人不暇自哀，而后人哀之；后人哀之而不鉴之，亦使后人而复哀后人也！"

几千年的历史推演过来，这一回轮到的是清朝，和满族。

对于清朝，老舍恐怕还没有多余的情感与责任，要去寻根究底，也更谈不上哀婉徘徊。他懂得社会要进步、"大清国该亡"的总趋势；何况他并不是历史学家，没有精力去过多顾及这个政权的兴衰之谜。

对于满族——老舍一生下来便要承继到发肤血脉与心灵精神的母亲民族，他所持的态度则完全不同。他挚爱于自己的民族，与自己落难的民族同胞休戚与共了一辈子，同时，也出于一位优秀作家的使命和良知，久久地，久久地，在拷问着这个民族由盛及衰终遭厄运的种种缘由。

满族不乏聪慧，早就有自省的心肠在。20世纪中国新文化运动诱发的启蒙主义的新思想，火上浇油般地促发了老舍痛下决心，在自己民族走过的道路上，倾心寻找那些走错了的路口。他的毕生，一而再、再而三地出示着在这个方向上的思索。

他的思索，其着眼点，自满族单一民族的精神轨迹起，后来已经贯通中华民族精神轨迹的总体，从而更加绽放出现代人文哲思的夺目光焰。

## 一

作为一个智商不算太低的民族，满族人打从置身中原之日，就睡得不很安稳。既小况且原本后进的民族，要管起偌大一份家业，绝非儿戏。用"寝食难安"来形容他们当时的状态，谅不为过。他们忌惮于八旗子弟本质的迷失，时时提示着大家毋忘传统及本色，注重保持自身的精神张力。可是，历史是不以人的意志为转移的。十面埋伏的大民族文化无孔不入地浸淫着他们的心性，频繁战争过后是太平盛世的歌舞升平，“八旗生计”又困锁着穷旗人及“闲散”旗人们的心境，“国语”跟“骑射”这最具典型意义的两宗传统，悄没声息地渐渐乖离于它们的主人。

“在满族历史上，清代政治家皇太极、乾隆皇帝、嘉庆皇帝等在上谕中……都指出了满族的一些陋习和缺点，力图加以改造或督促旗人自悔自新。”①

清初满族有了自己的书面文学，起初不少作品还是反映民族风发精神与蓬勃心性的。而值得注意的是，之后不久，一种表达忧思心理的作品便露出头来。请看下面两首：

唐家宫锦汉家环，上有冰纹古色寒。道是韩王孙子物，前年卖此度朝餐。

——康熙年间·蒙额图：《偶见》

开疆争捷论功多，绿醅葡萄金笸箩。自是勤劳防逸乐，西南兵甲渐消磨。

——康熙年间·曹寅：《冰上打毬词》（三首之三）

清代北京八旗健锐营旧址

① 鲍明：《满族文化模式》，第311页，辽宁民族出版社2006年版。

有清一代，随着事态的变异，满人作家利用文学来警醒自我以防微杜渐者，愈来愈多：

昔识两富翁，不欲其名传。一翁官最显，起宅东华门。庖厨擁六局，郊西有名园。身死无十载，其穷不可言。诸孙长纨绔，能富不能贫。遗金如雨散，积债若云屯。日昨有债师，迫见中堂间。空床铺破席，瓦灶倚沙盆。问胡不醷面，苦乏买水钱。何不洗于池，不惯凉水浑。但知卖老宅，广聚优伶人。一翁官太守，苏广历大藩。任满抽身归，起宅黄城根。长箫截翡翠，年老花枝新。两儿肖其为，豪华艳神仙。十年家渐落，廿载赤若焚。遣奴持一瓦，云是铜雀珍。当初万金买，今卖一万缗。市人聚观笑，粗恶如新砖。痴奴急求售，大爷待朝餐。然如两翁比，弗克一一陈。二疏古贤哲，遗子孙以安。有子不留金，陶诗亦屡云。弓矢与农工，可以保家身。文章与道德，可以活万民。金银与田宅，可以殃子孙。我今既多男，后世孙必繁。若非读书材，但当习苦辛。慎勿恃封荫，熟玩《富翁》篇。

——奕绘：《两富翁》

锦衣玉貌紫金羁，高门秀栋盘苍螭。双眉楚楚似图画，指挥出入光委蛇。暮醉红楼朝紫陌，宾从如云填履舄。岂知花月改，渐觉朱颜摧。世途荏苒易凉燠，田园废后成污莱。学书已迟学稼晚，逝水东流去不返。生逢唐虞非偶然，努力功名宜少年。

——德普：《少年行》

葫芦穿累累，咀嚼蜜满口。外视尽光华，中心隐枯朽。

——宝廷：《糖葫芦》

清代满族作家中间最富于民族文化批判意识的，还得首推曹雪芹。他在《红楼梦》里面，痛感“金满箱，银满箱，转眼乞丐人皆谤”的现象在旗族社会轮番上演，发出“喜荣华正好，恨无常又到”的感叹，敲响了“须要退步抽身早”的长鸣钟，可以说是当时运用文学进行民族自审的最强音了。小说中第七十八回“获奸馋检抄大观园避 嫌隙杜绝宁国府”中，面对一伙儿由凤姐儿带着的家里人来抄检自己的住处——

探春道：“……你们别忙，自然你们抄的日子有呢！你们今天早起不是议论甄家，自己盼着好好的抄家，果然今天真抄了！咱们也渐渐的来了！可知这样大族人家，若从外头杀来，一时是杀不死的。这可是古人说的，‘百足之蛇，死而不僵’，必须先从家里自杀自灭起来，才能一败涂地呢！”说着，不觉流下泪来。[1]

满族的自身教训是多方面的。清代的满族作家们虽然认识上有深有浅，表达方式亦有不同，然其近距离的检讨和书写，无疑都是颇有价值的。

勇于自我正视、自我批判和自我否定，从来就是民族具备自砺自新意识的反映。当一个民族面临危险隐忧之时，上下一体的浑浑噩噩不能警醒，才是最可怕的事情。

尽管清代满族的有识之士不断警示着民族的危机，尽管越是临近后期满族上层的改革派越是忧心如焚地倡导和推动着自身的改良，满族还是不可避免地伴随着衰败的清王朝，走向了一个命定的终点。

人们自然也可以一言以蔽之：这都是逃不脱的历史局限性。但是，满族后人对这一沉痛历史教训的挖掘，却远未停止。

## 二

20世纪，从精神文化层面来戮力挖掘满族历史教训者，以老

---

① 曹雪芹、高鹗：《红楼梦》，第956–957页，人民文学出版社1964年版。

舍为最。

先放下老舍其文不谈，看看老舍其人。如前所述，老舍的文学生涯曾经极大地得力于满族传统的助推。这其实是他心间知晓的一件事。但是，从懂事的时候起，他就知道，对旧时旗人们的习性得分作两下儿去看，也就是说，那里头既有很好的东西，也有要不得的东西。对有益于自己成长的，他用心接受，对有碍于自己成长的，他也能用心防止。

从上小学起，老舍就喜欢结交旗族朋友。这是一种本能的心理认同，也是一种主动的“嘤其鸣矣”。他与一位足称终生莫逆的友人——出身于正黄旗满洲小官吏家庭的罗常培（字莘田，旧姓萨克达氏），就是在高小读书时结识的。罗常培后来成了中国现代语言学界的泰斗之一，到他去世，与老舍二人维持了几十年互勉互策的诤友关系。1913 年年初，老舍考入京师三中。这所学校与满族历史关系甚密，其前身是八旗右翼宗学，乾隆年间满族诗人敦敏、敦诚兄弟均曾就读于该校，连曹雪芹据考也在校内担任过文书助理类的职务。1910 年该校更名为八旗右翼子弟学堂，供正黄旗、正红旗、镶红旗、镶蓝旗子弟入学。辛亥之后，又改为京师第三中学。老舍入学的时候，辛亥刚过，“同学大多数是八旗子弟”①，依然是学校的基本状况。三中同学，出身于下层旗族社会的较多，老舍注意到，一些旗人同学或多或少地带着自由散漫、盲目敷衍的性格缺陷。当时他还没有从深层社会文化背景中查找因由，但是他已提醒自己，别沾染类似的毛病。能说明这种心情的是，他在“庆春”的本名以外，给自己取了个“醒痴”的表字。刚走进中学课堂的老舍，已能认识到，假如不求黾勉、随波逐流，便会堕入“痴人”行列。21 岁的时候，老舍当上了一个管理教育的小官“劝学员”。这在那时是个“优缺”，手上有权力，薪水待遇也很不错。然而工作认真的他竟遭到了周围的

① 参见《罗常培纪念文集》，第 406 页，商务印书馆 1984 年版。

抵制，一时想不开，他便去吃喝玩乐、赌牌、票戏，还自我解嘲说："这才是成了人。"可是，不乏悟性的青年老舍，很快就开始检讨自己的作为：荒嬉引灾，玩物丧志，是可悲的人生陷坑，自己怎么也敢去试呢！世间总有人笑话某些旗人的旧习，自己再滑落下去可就难收脚了。他感到后怕和愧疚，"那些嗜好必须戒除，从此要格外小心，这不是玩儿的！"①

终其毕生，人们再也没有见到他在为人或者做事上面的不要强或不争气。

亲近满族与满族同胞，却也须防范着本民族的陋习缠身，是老舍的人生一大准则。惟其如是，老舍对本民族精神传统的严肃检读，才是言行一律和大可敬畏的。

老舍对满族精神文化的反思，在 20 世纪的上半叶，是散见于他各种作品之中的。

在长篇处女作《老张的哲学》当中，老舍对满族人文精神的反思只是初见端倪。在他的笔下，已有若干人，比如赵姑母、李老人、王德、李应、龙凤，均带着满族式的精神文化特征。小说对赵姑母的批评，本书前面业已谈过，此处不赘。另外还有一个引人瞩目的人物，是洋车夫赵四。小说特意辟出一整章来讲述此人来历。"赵四在变成洋车夫以前，也是个有钱而自由的人。""他曾架着白肚鹰，拉着黄尾犬，披着长穗羊皮袍，到北山山环内去拿小白狐狸；灰色或草黄色的，看见也不拿。"这已经能够让读者估摸出他的身份。后来他穷下来，总是遭到他帮助和周济过的人们的白眼，他闹气打了人，被加上了"土匪"徽号下过大狱。"他渐渐明白了，有钱便是好汉，没钱的便是土匪，由富而贫的便是由好汉而土匪。""没钱不算人！"这样的感慨正好是当时典型的满人心理。再往后他入了洋教，不为别个，只是因为人

① 老舍：《小型的复活》，《老舍生活与创作自述》，第 304 页，人民文学出版社 1982 年版。

家称他“先生”，“往小处说，三四年了，就没听说过一个人管他叫‘先生’。”小说里的赵四一直保持昔日满族旗兵的急公近义性格，为了给遭人算计的年轻人排忧解难，把风风火火四出活动视为己任。“咱平生没求过人！我来看你，是我有钱的时候！”他的做人准则也别具一格，其中包含着几多自尊、几多节操。从对赵四的描绘中，我们仍能品出作家对这类人物的另一种看法：赵四式的（或者说旧日满族式的）侠肝义胆、古道热肠，这时节已经是经不起风雨吹打的明日黄花了。

《二马》，在老舍早期表现与批判自我民族之民族性格方面，占有重要位置。作者讲述了来自中国的马氏父子，在英国的生活经历[①]。作者是把老马这个“‘老民族’里的一个‘老’分子”，设定为一个可满可汉的“准旗人”来加以刻画的。读者也可以从这一理解出发，去品味作家为什么要在小说里，写下下面一段振聋发聩、醍醐灌顶般的文字：

民族要是老了，人人生下来就是“出窝儿老”。出窝老是生下来便眼花耳聋痰喘咳嗽的！一国要是有这么四万万个出窝老，这个国家便越来越老，直到老得爬也爬不动，便一声不吭的呜呼哀哉了！[②]

如果作家没有19世纪末的满人出身，没有成长过程中对满、汉双重文化积淀入木三分的深思，这段话怕是很难出口的。从这个角度来说，《二马》的针砭矛头，首先是满族文化这个子系统，也不排除中华文化的总体系。

1934年发表的长篇《牛天赐传》，在笔者看来，是老舍思考满族文化的一部重要作品。作品叙述的是，一名婴儿被遗弃，被

① 关于《二马》的民族性格反思，本书第三章第2节，曾做过较多介绍和分析。
② 老舍：《二马》，《老舍文集》第1卷，第439页，人民文学出版社1980年版。

本无后嗣的牛家收养，取名“牛天赐”。天赐养父是个小商人，养母出身官宦之家，且一心想把后人培养成达官显贵。天赐先后受到了父母影响、塾师传习、学校教育，他因为是个私生子，遭到市俗社会的歧视；养母养父相继辞世，家庭也很快败落了，成年了的天赐却什么本事也没有，只好摆水果摊为生……

作家凭借这样一个依时序推进的故事，纵向笔录了一个本来连“准家准姓准名”都没有的小生命，是怎样一步步地得到家庭和社会固有文化浸染，模制出典型“国人”性格的过程。

天赐进入牛宅，便是进入了古国传统的生命轨道，以养母为代表的“仕文化”即官本位的思维习性，和以养父为代表的“禄文化”即钱本位的思维习性，交替作用着他。天赐过周岁生日时，养母利用“抓周”习俗诱导他去抓具有当官“吉兆”的物件，把“近乎衙门里的印”的图章，当做“高官得做，骏马得骑的代表物”，放在“最易抓到的地方”，“其次便是一枝笔，一本小书；二者虽不如马到成功伸手抓印的那么有意思，可是万般皆下品，惟有读书高，笔与书也是作官的象征，不过是稍微绕一点弯儿。”“再其次是一个大铜钱……这是为敷衍牛老者，他是把钱放在官以上的人。”[①]养母到了临终咽气之前，还不忘把一枚天赐外祖父传下来的“小印”交到儿子手里，留下“要强，读书，作个一官半职的，我在地下喜欢”[②]的遗嘱。而天赐养父，“是天生的商人”，对作官一套兴趣不大，对生意经却颇为在行，他在涉及金钱财产上头寸步不让，这让天赐懂了，“钱必是顶好的东西，会使爸不马虎。”[③]书里养母和养父形象，象征意味很重，

---

① 老舍：《牛天赐传》，《老舍文集》第2卷，第410页，人民文学出版社1981年版。

② 老舍：《牛天赐传》，《老舍文集》第2卷，第480页，人民文学出版社1981年版。

③ 老舍：《牛天赐传》，《老舍文集》第2卷，第486页，人民文学出版社1981年版。

作者把封建时代典型的人生理想——当官与发财，浓缩到家庭中一个孩童的双亲身上，寓指中国人必然要受到的最为突出的两大类相反相成的思想诱导，以及两类诱导对濡染一代又一代人人生起着的根本作用。

牛天赐长大以后，远没有达到双亲期待的目标，反倒落下了一身传统人格的弱点。这和造就他的手段及环境直接有关。当他还在襁褓之中，手脚就长时期地被捆绑起来，那是出于“牛老太太的善意，唯恐他成了罗圈腿”，结果使天赐落下了终生的残疾——拐子腿。小天赐懂事以后，受到的控制更加严密：

> 生命便是拘束的积累。会的事儿越多，拘束也越多。他自己要往起长，外边老有些力量钻天觅缝的往下按。手脚口鼻都得有规矩，都要一丝不乱，像用线儿提的傀儡。天上的虹有多么好看，哼，不许指，指了烂手指头！他刚要嚷，“瞧那条大花带儿哟，”必定有个声音——“别指！”于是手指在空气中划了个半圆，放在嘴边上去：刚要往里送，又来了：“不准吃手！”于是手指虚晃一招，搭讪着去钻钻耳朵，跟着就是：“手放下去！”你说这手指该放在哪儿？①

在清规戒律底下长大的孩子，不可能真正学成本领，更不可能养成创造精神。天赐除事事盲从外，只是无师自通地学会了糊弄敷衍成年人，童真心田中本该属于他的自由发展的灵性已经消失将尽。一旦离开家庭，迎接天赐的是学校里、社会上的污浊空气，同学们互相攀比谁的家庭有地位有钱，教员专凭打学生维护秩序，本来就缺乏童年正常心理养成的天赐，在这样的环境里面，道德的确立、人格的锤炼，全都成了虚枉。最叫天赐的难以承受

① 老舍：《牛天赐传》，《老舍文集》第2卷，第415页，人民文学出版社1981年版。

的，是同学们在“侦探”到他家的内情后，都管他叫“私孩子”，虐待他。过分受到挫伤的天赐，心理扭曲、畸变，为满足虚荣心，给人利用一通之后，被学校开除。随着双亲辞世，家境一落千丈，他这才明白了，快20岁的人了，自己还是个“什么本事也没有，连点力气都没有”的“小废物”①。

世间每个人的人格与性情，无不是后天环境作用的结果。作家在这里，真实而简洁地，记录了中国芸芸众生之中极普通的一分子——牛天赐，由天蒙未启到性格心理基本定型的全过程。一个孩子的几乎所有值得珍爱的天资，在他这里都没有获得有益的开发，在他来到人间短短十几年间，层层叠叠腐朽、没落的社会文化迎面扑来，毫不容情地吞食他的灵魂，使他被动完成了自我心理向封建精神传统的靠拢。

阅览《牛天赐传》，读者有可能会引起些联想，找到作者设伏于故事之下的一些蕴涵。在牛天赐身上，或浓或淡，总像是寄托着作者本人的某些人生感慨。人们首先可以从天赐遭到同学们的排斥、歧视，联想到民国之初，都市旗人们普遍遭受世间偏见的情景。书中写道：“‘私孩子’在大家的嘴唇上嘶嘶的磨着，眼睛都溜着天赐，没有人再和他亲近，没有人再约他到家中去玩，没有人再听他的故事。学校，对于天赐，成了一个绝大的冰窖。……他们碰他，挤他，绊他的腿，瞪他，向他吐舌头。天赐恍忽的想起先前自己在家里捏棉花的情形，没有人跟他玩。不过，那时候没有人讥诮他，现在一天看着别人挤眼。他可以忍受孤寂，但是受不了嘲弄。”②设若把天赐此刻的感触，看成是老舍在进入社会之时受到民族歧视所产生的内心反应，不会过于牵强，因为作家本人确有过靠“在家里捏棉花”打发光阴那种孤独

① 老舍：《牛天赐传》，《老舍文集》第2卷，第534页，人民文学出版社1981年版。

② 老舍：《牛天赐传》，《老舍文集》第2卷，第467–468页，人民文学出版社1981年版。

寂寞的童年，在作品中选取如此特别属于个人的酸楚经历来抒写主人公心绪，很容易把我们的注意力导向作家的经验世界。《牛天赐传》还有一些地方，也让读者有可能沿着这一猜测，窥见作者的别有寄托，例如，书中写道："天赐并没有招惹着谁，名誉可是一天比一天坏。只有人是可以生下来便背着个恶名的。"①不错，在当时的社会中间，大多数的满族人都有点像"私孩子"牛天赐似的，生来便背着个甩也甩不掉的"恶名"。

写《牛天赐传》时候的老舍，已是一位对待创作取相当严肃态度的作家，他不可能在作品里头，无谓地填加些不大相干的内容。由小说中的种种迹象，能够推断出，这部作品，除了已经比较明朗地显现了检视中国传统文化教养弊端这一创作意图之外，老舍实际上还在默默进行一项工作，即对满族历史文化进行反思。

老舍与满族，存在着扯不开撕不断的内在关联。他对个人出身其间的满族传统文化，当然不可能漠然置之，何况，满族在社会上和文化上的大浮大沉，本来就涵盖着非同一般的痛切教训。不同民族的发展，毕竟是既有共同性又有特殊性的，满族的历史文化检讨与汉族的历史文化检讨，也不能彼此替换。在老舍看来，对满民族历史文化的专门反省是必要的。在《牛天赐传》之前的某些创作中，他已然时不时地表达了这种意向。譬如在小说《猫城记》里，有个猫兵愤愤地控诉道："我们不会作工，因为你们把我们的父母都变成了兵，使我们自幼就只会当兵；除了当兵我们没有法子活着！"能够显见出是从"八旗生计"特定历史现象引发的感慨。只是在一般的作品中，切近和系统地思考剖析满族自身历史文化教训的条件还不具备，作者只能对此点到为止。《牛天赐传》的构思，在老舍的写作生涯中，可说是首次营造起了这样一种可能，即以一个孩子——牛天赐——成长的经

① 老舍：《牛天赐传》，《老舍文集》第2卷，第393页，人民文学出版社1981年版。

历，拟写一个民族——满族——在历史文化衍进中的教训[①]。

这种拟写很难，但也决非不可能。满族曾有过悠远的渔猎经济生活以及原始宗教文化。入主中原之后，旧有文化就总体而言，势必难乎为继，不对民族传统文化做大规模的改造是不可能了。如同《牛天赐传》开头出现的弃儿一般，满族，起初来在中原汉族文化汪洋大海间，几乎也仅只是一条在文化传承上让人们看不出“准家准姓准名”的小生命。入关后的满族人，是如何亦步亦趋跌进中原传统文化窠臼的，这和婴儿天赐来到牛宅，继而逐步踏入民族传统文化轨道，不是具有着惊人的相似之处么。虽说满人接受中原文化的过程，远比孩提牛天赐接受家庭、社会教育的过程要复杂，但是，中原传统文化传授给满族的，与传授给牛天赐的，却是些差不多的内容。满族由往昔浑朴天然的原始文化精神中脱胎换骨，步入“熟透了”的精深文化状态，自己并不甘心，这也很像是《牛天赐传》中写到的小天赐，每见识到村野人家纯真自然的生存情状，便要流连再三，然而，“青山遮不住，毕竟江流去”，满族人的精神与性情，到头来，也如同小天赐一样，被中原文化自表及里地冲刷了一遍；至于本民族原有的精神特性，虽然仍有所固守，但是终归已经锐减，而且也多是与中原文化做了某种对流后的产物。

“天赐平地被条大蛇背了走。”这是在《牛天赐传》结尾，作者叙述主人公乘火车去北平时，写下的一句意味深长的话。纵观满族文化的变迁史，这个老舍的母亲民族，何尝不是“被条大蛇背了走”的呢。不必一定要将牛天赐这一人物形象本身，从血统

---

① 牛天赐之“牛”姓，也许不无含义。它恰好和满族旗人常常挂在嘴边的“牛录”之“牛”是一个音。牛录，是清代八旗编制当中的一级重要的基层组织的名称。在八旗内部，定三百人一牛录，五牛录为一甲喇（也译作栅栏），五甲喇为一固山（固山即旗）。旧日旗人彼此初识，常在了解到对方旗籍之后，进一步问：“请问贵牛录？”因为属于哪个牛录，是一个旗人的具体身处的组织。弃儿天赐，偏偏就进了这么一个“牛氏”家族。

上鉴定成个旗人，承认他的性格之中有着相当浓重的满族文化因子，已经足够了。有意思的倒是，《牛天赐传》发表以来，尚无人说破这层关系①。

《牛天赐传》之后，老舍又在小说《骆驼祥子》和话剧《面子问题》中间，较为深入地展示了他对满族精神文化走向的追问②。

《骆驼祥子》的主人公，实则是又一个“牛天赐”，心不由己、近墨者黑——是祥子与天赐共同的人生轨道，二人的不同点，仅在于后者从一降生便落入了畸形的精神文化中，而祥子是从 18 岁开始，才面对强大的异己精神力量。尽管祥子已有过 18 年相当纯正的心灵模塑，一旦遇到汪洋般涌来的市俗文化裹挟，他也只能一筹莫展地败下阵来。由此，可见出老舍对弥漫于都市底层的蛮悍的市俗精神力量的估计与忧虑，也可以体会到作家对民族心性迷失的痛悔与自省。

晚年命笔的《正红旗下》，是老舍一生检讨满族历史文化的一部总诉状。它的未竟，永远是热爱着他的读者们心底里抹不去

---

① 是从来没有人看出了这一层吗，不是，小说刚问世，老舍的朋友、出身于浙江杭县驻防旗营的满族作家赵少侯，便主动找上门来，表达愿与老舍合作，续写《牛天赐传》。据老舍在一篇文章中说：“他（指赵少侯，——引者注）原来也是个崇拜牛天赐的，知道的事儿——关于牛天赐的——并不比我少。”二位满族作家一拍即合，在那个难以在作品中直截了当地写满族的年代，他们想要继续不事声张地写他们想写出来的故事。这部已经落笔合作的续书，连名字都被确定得有那么点神秘色彩，叫“天书代存”。《天书代存》选用了书信体形式，拟发表“牛天赐”寄给两位作者和其他朋友们的信件。老舍用如下记录实事般的口吻，写了他跟赵少侯一起构思时的情景：“可是我又想起来个问题：‘咱们替他发表，他，牛天赐，要是不答应呢？’‘管他呢！’少侯兄很有把握似的：‘咱俩揍他一个，还有什么可怕的，假如他一定找揍的话。’”（《天书代存·序》，《老舍文集》第 13 卷，第 534 页，人民文学出版社 1989 年版）透过这两句幽默文字，今天的我们，似乎已经可以触到老舍当年留下的谜底，即“牛天赐”原本就跟他和赵少侯是莫逆之交，跟他、跟赵少侯，是一种人。很遗憾，《天书代存》的创作计划，因为二位作者的日程安排问题，只是刚着手实施，就被搁置了。

② 有关这两个作品对满族文化的思考和反省，请参阅本书第三章第四节的相关部分。

的痛楚，对等待领受老舍满族文化系统反思最终表述的民族文化界，更是永远的抱憾。不过，作者毕竟已然写出了11万字，通过这弥足珍贵的11万字，人们还是可以比以往更加确切地了解到老舍对本民族力透纸背的审视。

历史学家写历史，文学家也写历史。彼此的不同点起码有二：一是历史学家须秉笔记录真实发生过的事件，文学家则可以在历史的整体真实之上编写更具典型性的故事；二是历史学家可以对历史无遮拦地阐发议论，而文学家则往往得将自己对历史的解读与思索巧妙地包容到作品的情节内里。老舍写《正红旗下》，何尝不是要表达对满族那段特殊历史遭逢的痛彻反思，可是，他毕竟有了一辈子的积累，在这里举重若轻，竟能在娓娓道来的民俗世相之类的琐事中间，就把一些偌大的历史命题给回答了。

故事一上手，直接要说的是八旗制度和“八旗生计”问题。可是，老舍的艺术之笔，却是从当时京城旗人门垛子上的“鸡爪子”符号来切入。“赊欠已成了一种制度”，穷旗人们赊欠是穷得无奈，富庶旗人家也靠赊欠过日子，确是因为家有铁杆庄稼，欠了日子欠不了钱，“不赊东西，白作旗人！”赊欠在旗人生活中愈演愈烈，还有第三重缘故，是因为他们无论贫富，都得活得讲究。稍有地位的旗人，必得效法汉人的样儿，于人名之外，起上个“十分风雅”的号。把生命的过程向艺术的层次推进，本来是人类文明不断提升的必然要求，但是，像当时的旗人们，自身不求进取，却要去拥抱一种畸形的文化艺术，民族的前景可就不大妙了。老舍的力笔，饱蘸沉思，写下了富有哲理的反省：

二百多年积下的历史尘垢，使一般的旗人既忘了自谴，也忘了自励。我们创造了一种独具风格的生活方式：有钱的真讲究，没钱的穷讲究。生命就沉浮在有讲究的一汪死水里。①

① 老舍：《正红旗下》，第18页，人民文学出版社1980年版。

老舍这一批判,力度极强。他是深深热爱自己民族的,他敢于拿本民族的历史疮疤给人看,正是对民族的往昔痛切检讨的证明。

《正红旗下》是晚清京师旗族社会生活的真实写照，它像一部生动异常的历史教科书，“由心儿里”剖视了清皇朝赖为基础的八旗社会，指出清政权已然是落花流水不可收拾，当时满民族的社会分化及精神危机，也已发展到了难以调整、必须重作大幅度变革的程度，而人民要冲出历史桎梏，民族要通过奋斗、通过精神再造而赢得新生，更属于历史之必然。

老舍，以自己一生热爱本民族、贴近本民族、审读本民族、批判本民族的耿耿忠心和真诚作为，为自我，塑成了满族赤子的完美形象。

有清一代近三百年间，八旗族众将自己与北京城融为一体，他们在变革本民族传统文化的同时，又以本民族的现时文化风尚，充分濡染和变通着京师文化；作为掌管着权力的民族的文化，在当时免不了会被当地其他民族所仿效。在这个为时不短的历史进程中，北京城的地域文化，切实承受到了满族民族文化多向度的深刻影响。

在中国的传统文化当中，北京文化是相当具有典型性和代表性的；而在传统的北京文化里面，清代京旗文化又成其为基本底色。故而，在老舍大量书写北京和北京文化的作品中，其褒贬，其毁誉，其扬弃，都是不但有着针对满族民族性的用意，也有着针对中国国民性的用意。

如果说老舍对满族自身文化的审视批判在一定程度上还体现为满族文化人对本民族命运本能地存在着的忧患意识，那么，老舍对整个中国民族性的审视批判，则显见地是在现代启蒙主义光辉思想指引下面的自觉作为。

对民族大千文化的超强敏感，是生为满人的作家老舍，令同时代众多文学创作者所难以望其项背的。起步于满族，却不曾止步于满族，起步于满族文化，却不曾止步于满族文化，迎着现代文明的晨曦，老舍走上了为中华民族铸造现代精魂的道路。

## 三

“在现代中国，是新民主主义革命从根本上改变了社会性质与历史命运；而拉开这场革命序幕的‘五四’新文化运动，其自身就是一场民主主义的思想启蒙运动。”“思想启蒙和文学革命是紧密地结合在一起的；‘五四’新文学的根本任务正在于批判旧思想旧道德，鼓吹新思想新道德，肩负起思想启蒙的历史使命；而且是当时与随后实践这一使命的，最为活跃也最有成绩的手段与方式。这些基本事实，在文学奠基者鲁迅身上，表现得极为突出，而且十分自觉。”“老舍的情况与鲁迅颇有一些相似之处：鲁迅是在日本留学期间，开始思考‘国民性’的课题，并从医学转向文艺的。老舍也是在旅居英国期间，开始文学创作，并关注‘民族性’的革新的。他们都是作为爱国青年，切身感受到现代国家的公民与古老中国的臣民间的差异，怀着忧虑与希望，开始探索‘国民性’‘民族性’的课题，进而萌发促进人——民族的现代化的思想启蒙的使命感，并且把文艺作为自己这种深沉灼热的人文关怀的主要载体的。在中国现代文学史上，老舍是继鲁迅之后，又一位始终怀着这样的信念，自觉地履行这一历史使命的作家。”①

长篇小说《猫城记》，在老舍前期创作中，是最能传播其启蒙主义思想呼号的。这部文化讽喻小说，作于1932年上半年老舍刚从英伦归来之后，国家内忧外患步步加重之际。作者极尽想象地勾描了猫国文化与猫人精神的畸形状态，紧紧扭住文化批判这条主线，向人们发出了社会堕落势必导致国家灭亡的警号。“猫国有历史，两万多年的文明。”然而，这种文明推衍到最后，

---

① 樊骏：《认识老舍》，《文学评论》1996年第5-6期。

引起了种种的异化。猫人们纷纷抢食带麻醉性质的“迷叶”，举目可见“这么多糊涂，老实，愚笨，可怜，贫苦，随遇而安，快活的民众”；在猫国，受陈腐教育的“青年生下来便是半死的”，学者也是人格沦丧的一群，当官的无不作威作福，“横行是上等猫人口中最高尚的一个字”，“伸手就打是上等猫人的尊荣”。作品的后面，讲述着猫国、猫国文化乃至于猫人们的灭绝，既出于矮人国军队的侵入，更因为猫国军民的畏惧和内讧。侵略军尚未杀来，猫国已经一溃千里，“一个军队，没有马鸣，没有旗帜，没有刀枪，没有行列，只有一片热沙上奔跑着无数的裸体猫人，个个似因惊惧而近乎发狂，拼命的急奔，好似吓狂了的一群，一地，一世界野人。”等到矮人军队真的将到此地，猫国军人们开始自相残杀，为的是争路，以利先去投降，“谁先到谁能把京城先交给敌人，以后自不愁没有官作。”可悲的是，矮人们并不姑息他们，采取活埋等暴刑把猫人大批杀掉。猫国最后两个人，没有葬身于敌手，他们正在自相争斗的时候，被矮兵俘获，“把他们放在一个大木笼里，他们就在笼里继续作战，直到两个人互相地咬死；这样，猫人们自己完成了他们的灭绝。”

《猫城记》在老舍作品当中属于一个特例。然而，如果不读《猫城记》，便很难如此深刻地体验，什么是老舍文化启蒙主义的精髓所在。鲁迅之后，像这样曾经激越而又硬韧地批判国民劣根性的作家，恐怕也是仅老舍而已。

不过，就老舍一生坚持启蒙主义创作思想的大多数作品来看，其国民性反思，还是与鲁迅的风格有明显不同。鲁迅对国民陈腐精神现象的抨击，大都是金刚怒目式的，视线上多取“俯视”，态度亦相当严厉，绝不妥协与容情；而老舍，除了像《猫城记》这样特别的制作显示着特别的气氛之外，其他作品却多用一种“平视”的视线，似乎他就站在国民大众之中，以一副火热的心肠，操着温婉规劝的口气，满怀善意地向人们指点——哪里有陷阱，哪里有风景，怎样走才有出路，怎样走大约是死胡同一条。我们当然难以评价老舍与鲁迅两种方式的高下，那大抵是缘于二者不同的文化背景：绍兴是中原文化腹地，汉族文化的传统是教师对学生爱得愈切便要求愈严；而老舍脚下的北京旗族土壤，则总好出落些平易、亲切或者通达的气度[①]。

北平城封建保守的市民文化，是长篇小说《离婚》注视和针砭的对象。对民族精神疾患的披示，在这部作品中，来得比老舍之前作品更集中也更生动。如此全神贯注地表现和批判北平城的市民文化，在老舍来说前所未有。它通过对民国前期北平城某财政所小科员们家庭故事的叙述，展现了市民阶层“日常生活哲学”的精细与酸腐以及身陷其间的种种灰色人生的无奈与熬煎，也鞭挞了社会的黑暗和官僚机构的败坏。

老舍成功地模塑出了北平城“太稳”的市民文化中张大哥这样一个堪称典型的人物形象，折中调和、敷衍圆通和息事宁人，是张大哥从这种文化中修得的主要性格特征。张大哥的“每根毫毛都是合着社会的意思长的”，认为只要每个人都有维持得住的婚姻，社会就必定安稳太平。他具备了庸俗市民的最高才智，“一生所要完成的神圣使命：作媒和反对离婚。”这位市民阶层心目里的“圣手”，在“衙门”里、社会上，一向活得如鱼得水，没想到偏偏在一帆顺风的时刻摔了大跤：儿子被误认成“共产党”，让一个“全能的机关”捕了去，立刻，周围与他关系融洽的人们，绝大多数都翻脸不再认他，他丢了挺不错的职位，损失了多年攒下的房产，为了换回儿子，还险些让恶人骗走了女儿。结果他费尽周折涉险过关，张大哥赶紧主动宴请曾经翻云覆雨的同事和“朋友”，兴高采烈地回到他们的行列，继续作他“地狱中最安分的笑脸鬼”。灰色的、热闹而全无任何意义的人生，又

① 老舍说过：“不要幽默也成，那得有极厉害的文笔，与极聪明的脑子，一个巴掌一个红印，一个闪一个雷。我没有这样厉害的手与脑……”（《我怎样写〈猫城记〉》，《老舍文集》第15卷，第188页，人民文学出版社1990年版）

在他的脚下从头开始。

小说中科员老李，虽与张大哥性情、命运每有不同，在文化归属上，却跟后者相去不远。他有学问有资格，工作勤恳，禀性正派，不肯和同僚同流合污，故被周围的人们看成是“科员中的怪物”。他明辨是非，处世仗义，在张大哥家蒙难关头，是唯一不顾个人得失出力排解的人。老李又有小知识分子迂阔、好幻想的一面，嫌在故乡娶的小脚女人俗气，盼着离婚，找一位有“诗意”的伴侣。妻小进了北平，他试图改造妻子不成，期待能跟邻家一位弃妇结合也不成；衙门里不顺心、个人追求又不可得，他只好带着妻儿，伤感地离开北平城回老家去了。老李的命运，其实与张大哥一样，也是都市市民灰色人生的一种。他厌倦衙门里的乌烟瘴气，又得跟自己反感的人们敷衍周旋；受了坏人的欺负后想抗争，可话到嘴边又常常变软；他有着合于时代进步精神的两性追求，又没有真的抛弃结发妻子和一双儿女的勇气。老李是旧文化的个中人，“地狱里的规矩人”——“张大哥第二”。

作品中，不仅老李有过离婚的想法，委琐、无聊的科员吴先生、邱先生，也因想要纳妾或追求时髦等原因，生过离婚的念头，结果谁也没离成。邱先生对老李说：“没意思！生命入了圈，和野鸟入了笼，一样的没意思。我少年的时候是个野驴；中年，结了婚，作了事，变成个贼鬼溜滑的皮驴；将来，拉到德胜门外，大锅煮，卖驴肉。我不会再跳回圈外，谁也不能。我现在是冷一会热一会，热的时候只能发点小性，冷的时候请客陪情；发疟子的生活。没办法。我不甘心作个小官僚，我不甘心作个好丈夫，可是不作这个作什么去呢？我早看出，你比我硬，可也没硬着多少，你我只是程度上的差别，其实是一锅里的菜。”小说末尾，老李辞职而去，似乎是迈出了冲破生命之“圈”的步子，可是，比谁都更了解他的张大哥说得好：“老李不久就得跑回来，你们看着吧！他还能忘了北平跟衙门？”他们的悲剧正在这里，经济生活，思想文化，样样都和那“太像牛乳”、“有点发酸”的北平城，有着割舍不断的联络，还远没能获取与这一切分手的勇气和觉悟。

敷衍，是中国人面临黑恶势力以及毒霭文化围攻的时刻，最要不得，但又是最为习见的心态。《离婚》和老舍其他不少作品，都生动而形象地表现了国人的这一极为不堪的性格缺陷。假如说鲁迅对国民劣根性的突出发现之一，在于展示了阿Q们的“精神胜利法”，那么，老舍对国民劣根性中“敷衍”心理的准确捕捉，则是现代文学启蒙主义文笔的又一项不可小视的收获。

人们说到老舍，往往首先想到的是他对“骆驼祥子”一类都市苦人儿命运的描绘。其实这只是老舍创作主体的一半。假如我们将老舍的20世纪30年代创作鼎盛阶段的作品，在主题上大致地归一归类，即不难看出，关注古国“老”民族的精神蜕变，与关注都市社会下层“苦人们”的悲惨命运，差不多是各占一半的两大主题。几乎该时期的所有中短篇小说，都或直接或间接地服从这两大主题。

30年代前中期的中国，是个社会从既有混乱走向新的混乱、世道完全丧失运作章法的过程，不可救药的国家已无力实施正常管理，各色力量为追逐利益纷纷出动，尽显“神通”，不单循环往复地呈现着极度的秩序丧失，而且突出地酿就了世风日下。老舍目睹这一时代现象，从历来关怀民风涨落的思想出发，倍感痛切，不能不用作品展现他的心绪，并贯彻自己的启蒙主义文学态度。他写下了大量的中短篇小说和杂文、小品，例如《五九》、《柳家大院》、《且说屋里》、《哀启》、《沈二哥加了薪水》、《歪毛儿》、《毛毛虫》、《新时代的旧悲剧》、《阳光》、《柳屯的》、《善人》、《牺牲》、《裕兴池里》、《抓药》、《大悲寺外》、《铁牛与病鸭》、《邻居们》，以及《到了济南》、《记懒人》、《狗之晨》、《开市大吉》、《买彩票》、《有声电影》、《一天》、《大发议论》、《取钱》、《画像》等等，或观察国民精神溃疡面的持续蔓延及其道德心理的急剧滑降，或凸显传统文化的糟粕在特定历史场景下散出的腐臭气味，或表现国民性格中愚昧混沌、抱残守缺的习性仍在顽固维持的窘境，或揭穿某些鸡鸣狗盗之徒在大肆捞取私利时所祭起的遮羞布。

中华民族是好是坏，一言难尽，顶好不提。我们“老”，这说着似乎不至于有人挑眼，而且在事实上也许是正确的。科学家在中国不大容易找饭吃，科学家的话也每每招咱们头疼；……谈到民族老不老的问题，自然也不便刨根问底，最好先点头咂嘴，横打鼻梁：“我们老得多；你们是孙子！”于是，即使爷爷被孙子揍了，到底孙子是年幼无知；爽性来个宽宏大量，连忤逆也不去告。这叫“劲儿”。明白这点劲儿，莫谈国事乃更见通达。

以上这番话，见之于杂文《檀香扇》①，它集中回答了作家这一时期为什么要在文学创作里面坚持思考国民精神的问题。比世上许多民族都要“老得多”的中华民族，排斥科学，盲目自雄，任凭肮脏龌龊的毒菌在体内蔓延，却陶醉在“阿Q”式的“劲儿”里，多少回被动挨打仍不醒悟，怎能不让这位热爱中国与中国文化、同时又具有文化启蒙思想的作家忧心如焚！

抗日战争时期，担负“中华全国文艺界抗敌协会”重要职务的老舍，并没有停止自己关于民族文化精神的表现与批判。在中国的现代文学史上，产生过一批反映抗战历史的优秀作品。不过，这些作品绝大多数都是从敌我尖锐对垒的角度来展现民族解放斗争的。老舍创作的百万字长篇小说《四世同堂》，在选题与立意方面，跟上述创作截然不同，这是一部意在反映沦陷区平民生活场景和心路历程的作品。老舍写这部小说，是要依托自己作为一位爱国文化人的全部哲思，特立独行地去和盘记录下中华民

① 老舍：《檀香扇》，《老舍文集》第14卷，第523页，人民文学出版社1989年版。

族在遭到外寇奴役之时的屈辱情状，去尽力发掘包藏在民族屈辱底下的文化教训。所以，它不单是一部民族屈辱史，更是一部文化殷鉴录。牢牢铭记民族曾经有过的被征服经历，与深切反思被征服状态下的国民心理弱势，是小说中彼此紧密绞结着的双重主题。

抗战爆发，北平陷落。古都中千千万万的中华子民困在了城内，眼见“太阳旗”当头升起，做了羞于启齿的“亡国奴”，他们连续多年在暴敌的刺刀缝隙间，低下顺目、含悲衔耻地讨生活。作品借助被征服被奴役的北平市民生活视角，再现了外侮临头的冷酷现状，将这一遭诅咒的历史变迁带给人们的损伤、摧残，秉笔直录。在小羊圈胡同，每日每时在上演惨剧，善良无辜的市民没有一家能在身陷魔掌的岁月里幸免……读者看得到，仅在城中一条顶不起眼儿的小胡同里，平民百姓就要罹临极多的灾难，就全北平来讲，侵略者对市民犯下的滔天罪行也就可以想见了。“征服者是狼，被征服的是一群各自逃命的羊！”占领军充分表现了他们像“吃茶与插花那么讲究”的杀人艺术，市民与死亡成了“近邻”。一条条性命，无声无息地惨别人寰，小说反复摄取的竟是为男女老幼被难者们出殡的场面。那些暂且活下来的人，只要还记得自己是中国人，便要受到永无休止的心灵煎熬，“像大家都犯了什么罪，在监狱里不期而遇的那样。”

从前，在北平这座数代古都和文化名城里，人们每以体面、优雅、适意而夸耀，祖辈曾经环绕在“天子脚下”，世居之地乃是举国“首善之区”，足叫他们傲视天下。到了外寇将冷冰冰的刀枪骤然架在眼前的时刻，既往的尊骄与闲适都从他们的脸上迅速飘散。“北平的人已和北平失去了往日的关系；北平已不是北平人的北平了。在苍松与金瓦的上面，悬着的是日本旗！”沉甸甸的屈辱是市民心间挥之不去的感受。作者追踪并摹绘出北平市民较之其他地方的百姓更难平复的这份心底耻辱。小说描写了在北平陷落之后不久，由侵略者当局授意，汉奸团体强迫全市中小学生到街头游行，“庆祝保定陷落”，这是一件叫每个有荣辱感的中国人——即便是涉世不深的中小学生们——都极感痛心的事，堂堂的中国人，怎么可以“自己庆祝亡国”！

按照习见的写作模式，在大量列举侵略者令人发指的暴行和劣迹之后，作品是该要虎虎生风地展现被征服者的觉醒与抗争了。然而，老舍并不打算这样处理他的《四世同堂》。小说里面，从肉体到灵魂已备受摧残的北平市民，除了只有极少数人较早投身杀敌救亡的斗争，绝大多数的城内居民，非但没有加入战斗，反倒在惨淡的现实跟前，惶惑、犹疑、徘徊，以至于退缩、苟且……这冰冷的真实，不能不教读者感到难挨的压抑。作家老舍是慧眼独具的，也是顶负责的，他通过那杆冷峻的笔，反映的是大多数被征服者的真实心理。北平人，作为中国人中最有传统文化修养的一群，他们，无论怎样地浩劫加身，灾狱临头，也必然服从于他们固有的“国民性”。

从早期创作开始，老舍就锲而不舍地坚持着启蒙主义的文学原则，在写作《四世同堂》时，他再次找到了用武之地。他支起诊断精神文化的“爱克斯光”机，用心检视中华“老”民族惨遭外敌征服之际的心理堂奥。他懂得，如若不能打心灵深处探明造成“老”民族被动挨打的潜在原因，国人手脚就将长久被捆绑，中华百姓就将越来越“适合于”给他人当奴隶。

“启蒙”与“救亡”，这两项中国现代思想界暨文学界最基本的也是最光荣、最艰巨的任务，在老舍笔下被天衣无缝地协调起来。

瞧一眼《四世同堂》中的北平人吧，他们的作为令人汗颜，更令人深省。他们是酷爱和平的人，但是，对世上存在着战争危害和侵略狂人却茫然无所知。小羊圈胡同的老住户，难以从太平岁月的懵懂感觉中走出来。在“首善之区”住惯了的市民，善良到连外敌侵略到底是咋回事都摸不到答案，又遑论奋起反击的意识。他们幻想着“别把事情闹大了”。消极避祸，息事宁人，是出自古国传统的人生哲学，中国的老祖宗们几千年来就是这么窝囊地活下来了。人们求稳畏乱，到祸患猛然出现，也不具备辨认其根源与本质的能力。

在侵略者轻易得手后，百姓有如一盘散沙，被强敌所囊控在所难免。对性命的一味眷恋，导致了许多人不惜一切代价躲避死亡，平日标榜的“士可杀，不可辱”，只有个别的刚烈者才肯实践，芸芸之众，则不免要争先恐后遁入“好死不如赖活着”的低质量生存状态。小羊圈胡同的居民，有几个不是将“忍”字死死地挂在嘴边的，“惶惑”和“偷生”，这《四世同堂》三部曲中前两部的书名，恰切地对应着北平多数市民在城池陷落后的心理轨迹。曾经那么在乎面子的北平人，太平时节当“顺民”不算，外族入侵还要甘当“顺民”，而且是更“够格”的“顺民”。在中华文化体系中极具典范意义的北平文化，照老舍看来，美且美矣，却是一种“熟到了稀烂”的文化。就因为它“过熟”，才丧失了原本应有的的阳刚气质，空留下了一派凄清柔丽的，使人骨酥志短的“美”。

老舍对故土北平的爱戴毋庸怀疑。而今，他居然写出了如此冷酷的事实——“北平人倒有百分之九十九是不抵抗的”，当中的忧伤与愤懑，岂能不引发读者细细回味？作者大约是噙着泪水，在诉说，在发问：“这个文化也许很不错，但是它有显然的缺陷，就是，它很容易受暴徒的蹂躏，以至于灭亡。会引来灭亡的，不论是什么东西或道理，总是该及时矫正的。北平已经亡了，矫正是否来得及呢？”①

老舍了解北平的底细，即使是这座城已然亡于敌手，也照旧摸得准北平人的脉象。别看北平城做过几百年的“帝王之都”，“连走卒小贩全另有风度”，但认真寻访一下就会知道，他们中好多人连一点“国民意识”也谈不上。小羊圈胡同里的高龄长者、

① 老舍：《四世同堂》，《老舍文集》第4卷，第318页，人民文学出版社1983年版。

"四世同堂"之家的祁老人，城教敌人给占了，邻里屡遭劫难，他都不往心里去，独独"只怕庆不了八十大寿"。孙子媳妇韵梅能得其"真传"，她告诉丈夫祁瑞宣："别管天下怎么乱，咱们北平人绝不能忘了礼节！"国家，这个所有现代民族都特别珍视的神圣概念，在"老"民族的男女老少心中还远未占得应有的位置，这亦不能不说是泱泱中华的大悲哀。

中国人的家庭观念，可是出奇的强烈。古国文化历来强调家庭这一社会基本组织的特殊地位。在这片土地上，个人的全部选择都须以家庭利益为转移；而比家庭要庞大得多的社会，只能以无数个散在的家庭做它的支撑点，将社会的每一缕根须都顺势埋入家庭需求的土壤。具体国民的个性也罢，全社会的共同利益也罢，都被融释于家庭的欲望之下。恋家护家，成了在家庭宗法制度束缚下人们最突出的观念情结。《四世同堂》对这种中国独有的社会文化，做了大开大阖的形象性展示，视其意义，已不在于一般反映国民的生活图像和心理积淀，而是为了凸现传统的家庭观念，给被征服状态下的中华带来了怎样的消极影响。

祁家"四世同堂"的"光荣"中止于国破城残的岁月，是必然的。在祁老人脑子里，守望一生血汗换回的这个家庭，是他唯一的念想，国将不国，在他来说犹在其次。他调动自己全副的老精神，敷衍外来力量对家庭的挑衅，到了任何敷衍都无济于事，家庭的存亡迫在眉睫的关头，他也会被激怒，也敢挺出胸膛，迎向敌人的枪口。他的所有表现，都是受"家本位"意识驱遣着的，即或是奋起一争，也与国家利益无涉。千难万难，终于盼来抗战结束，祁老人登时泛起的新梦想，还是"四世同堂"，这个光荣的梦没能在他的眼前落实下来，他又把实现它的希望寄托到了重孙小顺子那一辈人的身上！

祁家人就总体上讲，是以家庭观念压抑着国家观念。北平城中的广大市民，也相类似。谁能不厌恶和憎恨侵略者，可是，平头百姓个个担着沉重的家庭责任，都不得不把维持家庭的苟安放

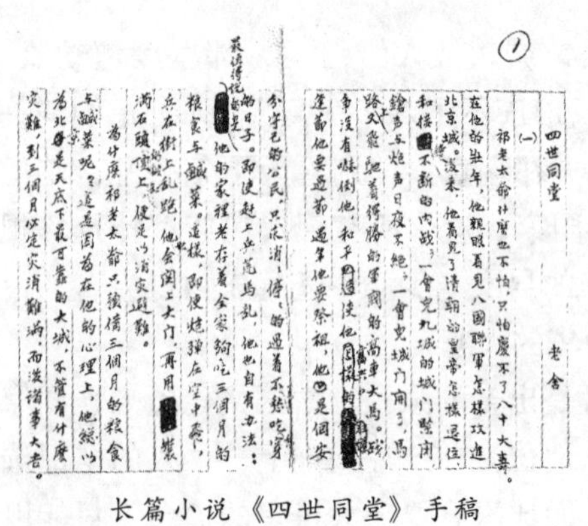

长篇小说《四世同堂》手稿

到记挂国事的前头，他们瞻前顾后，缩头保家，“好像墙阴里的一根小草似的，不管环境如何，也要努力吐个穗儿，结几个子粒。”传统文化的保守性，决定了绝大多数市民群众在被征服状态下，必取因循、退让、怯懦、敷衍的守势。

民族的文化劣根性中，也不断滋生着一些更为可怕的毒菌，教世间平添龌龊。侵略者每占领中国一处城乡，都会不期然地得到中华民族中间的渣滓——汉奸们的配合，使敌人更加张狂，也使人民的灾难更加深重。《四世同堂》里，就有为数不少的汉奸身影：冠晓荷、大赤包、蓝东阳、祁瑞丰、胖菊子、冠招弟、李空山、高亦陀、牛教授……像冠晓荷那样，“在相貌，言谈举止，嗜好，志愿，心理，各项中”，都是那么天然地“成熟，得体”的汉奸坯子，几年里不懈地追求卖身投靠，居然怎么也实现不了夙愿，可见，类似人物在当时的北平，会有多少！老舍还写出了会有这样多的汉奸、败类的原因。在中国漫长的封建时代，升官而后发财，始终是引来广泛羡慕和效仿的，人们盲目俯首于官服加身的掌权者，而无心注意他们的权柄是否来自不正当的攀缘和交易。于是，也就少不了不惜一切代价的趋炎附势；赶上改朝换代，以道德的沦丧换取身份抬升，更成了时尚。即使是外寇入主，这种丑剧，也会累演不衰。

小说里，志在铲奸除害、去旧布新的老诗人钱默吟，对祁瑞宣讲过一席寓意透辟的话：

这次的抗战应当是中华民族的大扫除，一方面须赶走敌人，一方面也该扫除清了自己的垃圾。我们的传统的升官发财的观念，封建的思想——就是一方面想作高官，一方面又甘心作奴隶——家庭制度，教育方法，和苟且偷安的习惯，都是民族的遗传病。这些病，在国家太平的时候，会使历史无声无色的，平凡的，像一条老牛似的往前慢慢的蹭；我们的历史上没有多少照耀全世界的发明与贡献。及至国家遇到危难，这些病就像三期梅毒似的，一下子溃烂到底。①

这席话，应视为老舍的心音，它来自数年思考，定型于全民抗战的烽火硝烟之中。作家多么希望通过伟大的抗日战争，为"老"民族的心态和精神做一次深入的检讨，再做一次庄重的洗礼，将中华民族的文化史，掀开崭新的一页，把一切保守的、愚弱的、可鄙的民族性格荡涤干净，建立起足以引导每个国民的灵魂走向刚健、壮美境界的精神文化系统。

《四世同堂》在老舍的创作中，呈现出空前的文化批判的广度和力度。作家犹未止步，他把自己全新的文化思辨也注入作品。小说明确反映了人民虽缓慢却扎实的觉醒趋势。小羊圈胡同的住户，除了诗人钱默吟和大学生祁瑞全较早告别被动挨打的"亡国奴"生活，用自己的方式主动对敌宣战，多数的人，都是经过了痛苦的退避和抉择之后，才挺直了腰杆的。从忍气吞声，到暗自愤懑，再到认清不抵抗只有死路一条，最终到将仇恨化作复仇行动，在亡城绝大多数平民们那里，均有个漫长的过程。这个过程，叠映出了亡城北平的"平民心史"，它会让耐心阅读它的人们，从殷切的反思间领取教训，从长久的期冀里望见晨曦。

写《四世同堂》的老舍，由于在作品中刻画了人民的觉悟和反抗，比起写《猫城记》时的老舍，显见地前进了一步。作家在

① 老舍：《四世同堂》，《老舍文集》第5卷，第246页，人民文学出版社1983年版。

民族的解放斗争中，首先是自己获得了教育。他坚持用文化的眼光看中华，也确确实实，找寻到了包藏在中华传统里面的精神生长点。

作家在这部作品中，将中国人的精神文化区分为不同的类型。旧有的文人文化，在老舍看来，优劣参差良莠互见，到了必须做出严格辨别和扬弃的时候。钱默吟和祁瑞宣们一向坚持的操守与骨气，固然应当大加提倡，但是，大敌当前，又一定得将他们独善其身的方式加以能动改造，使之嬗更为彻底服从于民族大义的新风骨、新姿态；文化人，应当勇于告别书斋里的静谧生活，将一己的拒不附逆，熔铸到全民的血火抗争中，才能迎来中华新型文化人至美至义的远大前程。为了让过于成熟的文人文化重新塑造起刚劲的性格，老舍提出了“我们须暂时都变成猎人，敢冒险，敢放枪”的改造途径，他借书中钱默吟的话语，说出来：“诗人与猎户合并一处，我们才会产生一种新的文化，它既爱好和平，而在必要的时候又会英勇刚毅，肯为和平与真理去牺牲。”①为了更直观地展示“猎人”文化的实质，作者也具体地勾画了钱仲石、金四爷、常二爷、大牛儿等代表人物。从他们身上，读者可以看出，老舍所指的“猎人”文化，就是一种中华民族的初民精神，处在这种精神状态里的人们，未必要念过多少书、识得多少字，但是，他们一定是顶具备正义感，顶具备孔武气质，也顶擅长于以牙还牙以眼还眼地惩治恶人、维护自我权益的。当然，作家并不是一味地希望我们的民族，都退回到原始的“猎人”时代，他呼唤着的是高级的“诗人”文化和原始的“猎人”精神的重新组构与和谐化一；书中提示，只有像钱默吟一样，由传统的善良、正直的文化人，一跃而蜕变成为民族的时代的斗士，才算是真的完成了

① 老舍：《四世同堂》，《老舍文集》第5卷，第244页，人民文学出版社1983年版。

一代文化人的使命，“替一部文化史作正面的证据”[①]。在一整个民族被侵略者压得喘不过气来的时候，作家感到，无须隐瞒他该当提醒人们的主要一点，宁肯暂时放弃儒雅，也不可长久地远离反抗。小说中李四爷说过：“咱们要是都像人家钱二少(指钱仲石，——引者注)，别说小日本，就是大日本也不敢跟咱们刺毛啊！”祁瑞宣也想到了：“在战时，血就是花，壮烈的牺牲便是美！”

《四世同堂》作品的优势，在于它的文化审视。当我们的人民听惯了“经济落后，一个民族就要被动挨打”的道理时，也别忘了，文化的保守，精神的羸弱，同样是要让一个民族被动挨打的！老舍的这部长篇小说，为我们和我们的子孙，在这方面提供了足够的殷鉴。

老舍认为：“在抗战时期，来检讨文化，正是好时候，因为我们既不惜最大的牺牲去保存文化，则文化的力量如何，都须检讨。我们必须看到它的过去，现在，与将来。”[②]他希望以抗战为机遇，给民族文化照一照“爱克斯光”。

## 四

1949年以后，受到“文艺要大写工农兵”和“艺术家要想作人民的先生则必须先作他们的学生”等理念的挟制，擅长表现和批判国民精神文化的作家老舍，没有再得到太多的自由写作空间。尽管他仍像一条“文牛”那样大批产出作品，实际上，除了话剧《茶馆》和一开头就搁笔的长篇小说《正红旗下》而外，老舍的此项专长差不多再无发挥。

《茶馆》，是一朵偶然获得机遇，从时代巨石的夹缝间冒出的

---

① 老舍：《四世同堂》，《老舍文集》第5卷，第77页，人民文学出版社1983年版。

② 老舍：《大地龙蛇·序》，《老舍文集》第10卷，第288页，人民文学出版社1986年版。

奇葩①。

《茶馆》一剧，从写作命题的内在严肃性上看，是意在展示旧中国的黑暗，展示身处黑暗社会中的大众，为了求生存、求正义、求发展而难以逃避的痛苦抉择、惨淡挣扎和无奈结局。老舍没有把这一沉重的题旨，寄放到某个饱蘸苦情的具体故事上面，他决定，用社会现实中间各式各样“小人物怎么活着和怎么死的，来说明那个年代的啼笑皆非的形形色色”②，借以表达自己批判、鞭挞和唾弃整个旧时代的思想倾向。

病态的社会，畸形的文化，怪异的人生……组成了《茶馆》作品中光怪陆离的时代画幅。作者的笔，好似医生手上的一枚探针，每挑破腐朽社会的一块疮痂，都教人们看到一股污浊的脓血

---

① 在老舍个人的写作经历里边，《茶馆》的问世，多少有些教人感到意外：在此之前他写出的主要剧作是《春华秋实》（1955年）和《西望长安》（1956年），而此后紧接着发表的剧作又是《红大院》（1958年）、《女店员》（1959年）和《全家福》（1959年）……《茶馆》与这些带有“应时”性质的作品，在题材、风格乃至整个创作模式上，差异极大。《茶馆》看上去是“出了轨”——离开了这一时期作家自己的基本运作轨道，忽然抹回头去，重新写起了他写惯了的“陈年往事”。其实写《茶馆》的初衷，也缘起于配合政治宣传的思维。中华人民共和国第一部宪法于1954年公布，作者觉得有必要写个说明新宪法得来不易的戏，以支持宪法的宣传实施，也好用来教育青少年。1956年他开始动笔，起初拿出来的剧本，4幕6场，人物众多，自光绪年间写起，写到1948年春天北平学生“反饥饿、反迫害”运动以及国民党政府推行的“选举参议员”活动，戏里的主要人物，是秦姓兄弟3人。老舍把初稿拿到北京人民艺术剧院，读给院长曹禺、总导演焦菊隐等人听，要听听他们的意见。曹禺等人感觉，这部作品最精彩和打动人的是第1幕第2场发生在一家旧茶馆里的那段戏，认为应当以这场戏为基础，另起炉灶，发展成一个描绘旧时代社会面貌的大戏。老舍痛痛快快地接受了这个建议，当即拍板：我3个月后给你们交剧本！果然，3个月期限一到，《茶馆》新作问世了。剧作因在思想内容上的独出心裁，还未到“文化革命”开始，即已引来了一些无端指责。从1959年起，陆续有人在报刊上发表文章，认为该剧带有“怀旧”色彩，宣扬了“今不如昔”的观点，“没有揭示出惊天动地的时代巨浪，”“没有指出人民的必然胜利和远大的理想”，这些，“归根结底还是跟作家的世界观、阶级立场和创作方法密切联系着的。”到了“文革”期间，《茶馆》更是成了老舍被诬陷为“反动作家”的重要“罪证”之一。

② 老舍：《谈〈茶馆〉》，《老舍文集》第16卷，第471页，人民文学出版社1991年版。

即刻涌出，社会由表及里的溃疡已发展到了这般触目惊心的地步，用大变革的手段来使它脱胎换骨，便是最合情理的要求了。似这样，老舍“明修栈道，暗度陈仓”，再次回到阔别多年的轻车熟路上来，借批判旧时代的机会，继续营造起一个发掘中国民族精神疾患的大工程。

话剧《茶馆》剧照

旧中国，一个彻底抛弃了社会公正的世道，必然要将正常社会之下人们完全无法理喻的咄咄怪事，层出不穷地翻铸出来。正如同《红楼梦》中的“满纸荒唐言，一把辛酸泪”，《茶馆》里面所有令人“啼笑皆非的形形色色”，叫观众每一思忖，都不免要欷歔中生。庞太监、刘麻子（和小刘麻子）、唐铁嘴（和小唐铁嘴）、二德子（和小二德子）、宋恩子与吴祥子（和小宋恩子与小吴祥子）、庞四奶奶、沈处长……无不是那个该当诅咒时代的“文化”特产，又无不是我们国民中间异常令人信服的人物典型。《茶馆》囊括了半个世纪的社会蜕变场景，表现了一蟹不如一蟹的世风凋敝情状。照小唐铁嘴的话说：“我跟小刘麻子……我们是应运而生，活在这个时代，真是如鱼得水！”能在那么混浊的世界里“如鱼得水”，也是所谓“适者生存”，恰恰证明了民族败类们在自己的无耻文化道路上，可以走多远。这伙儿卑劣的家伙，完全是从旧时代脓水般的社会培养液里孳生出来的痈疽，然而，他们又令人汗颜地个个带有我们这个民族最糟糕的性格基因。

《茶馆》不是典范意义上的启蒙主义作品，它并不想要去作民族精神的启蒙和疏导；然而，它却与老舍昔日的启蒙主义书写一脉相承，同样表达了对中华文化以及满族文化的深切忧虑与严格自省。

旧时代的文化危机，是社会政治状况的曲折反映，而人们的精神危机，则是整个时代文化危机的组成部分。《茶馆》对旧时代大众精神危机的刻画，主要是借助于剧中 3 个关键人物——王利发、秦仲义和常四爷的形象来完成的。

“裕泰大茶馆”的掌柜王利发，父亲死得早，才二十多岁，就接过了独立应对生活的担子，他懂得，“在街面上混饭吃，人缘顶要紧”，所以，处处按着父亲遗留下来的老办法，以为“多说好话，多请安，讨人人的喜欢，就不会出岔子”。开茶馆的社会身份，决定了他每天必须满脸堆笑地曲意逢迎来自官僚权贵、外国势力、恶霸、地痞、特务、警察等方面的压榨和滋扰，他心地虽然不坏，却因为经济地位比赤贫阶层要高出一截，对穷人们的苦难早已见多不惊，所以很少愿做帮助他们的事情。他有本分买卖人的起码良知，希望社会安定，自己的生意也跟着顺遂一点儿，可社会的变迁总跟他的愿望满扭着劲儿，他不能拿社会怎么样，只好要求自己当“顺民”，也奉劝茶客们“莫谈国事”。世间兵荒马乱，其他的城区大茶馆全都破产停业了，他还勉为其难地苦撑着，并且想出些个“改良”的小招数，抵挡街市商业普遍走背运的潮流，到了晚年，眼瞅着茶馆完全支持不下来了，他还是不嫌丢人地准备添用女招待。但是，社会的魔掌越来越紧地掐住了他的咽喉，国民党党棍创办的“三皇道”，公开扬言要砸他的茶馆，特务们也上门威逼勒索，要他交出他根本拿不出来的金条换老命，流氓们开办的人贩子公司，更在当局怂恿下，计划着霸占他的茶馆地盘……王利发无可奈何地走到了人生尽头，他这才明白了，自己几十年来的小心谨慎、苦撑苦熬，全是白饶，迎着死的诱惑，他发出了从来没敢说出口的质问：“人总得活着吧？我变尽了方法，不过是为了活下去！是呀，该贿赂的，我就递包袱。我可没作过缺德的事，为什么就不叫我活着呢？我得罪了谁？谁？皇上，娘娘（指三皇道的头子们——引者注）那些狗男女都活得有滋有味的，单不许我吃窝窝头，谁出的主意？”王利发的心理危机，有着相当广泛的代表性，不坑人、不害人、甘愿逆来顺受、没有过高的生活企盼，是中国平民阶层最普遍的处世心态。王利发走到人生最后一站发出的质问，也正是萦绕在社会底层小人物们心头的一致的疑惑与愤懑。

秦仲义，是一位教人同情的民族资本家。第一幕他只有二十几岁，戊戌变法失败后国势衰微、哀鸿遍地，他凭着报国之心，毅然变卖祖业创建工厂，走上实业救国之路。他倾尽40年的心血，办起不小的企业，总觉得这是可以“富国裕民”的。他认错了国情和时代，抗战结束，他的产业被政府算作“逆产”没收，当局非但没有接着好好办厂，反而把机器全当成碎铜烂铁给卖掉了。秦二爷痛心疾首，牢骚冲天。他的人生结论，比王利发的还可悲：“……应当劝告大家，有钱哪，就该吃喝嫖赌，胡作非为，可千万别干好事！告诉他们哪，秦某人七十多岁了才明白了这点大道理！他是天生下来的笨蛋！”中国民族资产阶级固有的精神软骨病，在秦仲义身上十分突出。

常四爷，是由旧京旗族营垒中走出来的自食其力者。老舍毕生写了不知有多少带有满人性格特征的人物形象，可是，直到年近花甲（写《茶馆》这一年，作者已经57周岁），他才头一回如此理直气壮地写一个正派、淳朴、刚直、勤恳的满人！须知，老舍并不是想要一举改变世间对旗族的既成看法，在《茶馆》里，他也如实地记录了清末某些老派旗人（像第1幕里有的茶客那样），仅从自身利益出发，咒骂诋毁变法维新运动的守旧言行，也描绘了旗人中确实存在着的，像松二爷那样，虽说不乏善良本性却又毫无生存技能的“多余之人”。作者刻画常四爷形象，既要说明旗人下层的忠贞爱国传统，又要写出旗族精神文化存有的有价值内容，更要反映经过辛亥的满族人，是勇于主宰自己命运的。他一生保持着满族人刚强正直的秉性，不信命，不信邪，在民国初期到处排斥满人的环境下（就像松二爷说的："谁愿意瞪着眼挨饿呢！可是，谁又要咱们旗人呢！"），即便是小本经营，也活得不服软。可是，这条硬汉子也摆脱不了邪恶年头的横蛮欺凌。古稀之年，他已走投无路，才道出心底里最大的愤懑："我爱我们的国呀，可是谁爱我呢？"他预感到，自己这么下去，也会像老朋友们似的，"不是饿死，就是叫人家杀了"，他"就是有眼泪也流不出来喽"。常四爷，一个多么希望依靠顽强奋斗来换取国家和个人美好前途的中国人，其悲剧不是来自性格上的疏懒怯懦，而是来自他的落伍了古典主义行为模式，从属于旧时代的，也是从属于他满族传统的人生观导引着他，总以为凭着一股凛然正气和绝不服输的个人拼搏，可以在铺天盖地的社会阴霾间闯出生路，这样天真的想法，是不可能实现的，黑暗社会永远张着血盆大口，毫不怜惜地吞噬着贫寒的、个体的市民小人物，即使你再豪横和不肯屈服也罢。常四爷的失败，除了社会的责任占了极重要的分量之外，也缘于他自己所持的人生哲学毕竟不合时宜。就这一点说来，他与终于跌进厄运的王利发、秦仲义，是殊途同归。

《茶馆》作品刚发表的时候，就有论者批评过："这个戏的根本之点，在于作者悼念的心情太重。他对旧时代是痛恨的，但对旧时代的某些旧人却有过多的低回凭吊之情。"[①]这一批评，虽然不属于后来出现的极"左"批判言论，也还是显而易见地，带有对所谓"低回凭吊之情""过多"现象的不满。《茶馆》融入了老舍的"低回凭吊之情"是事实，问题是，这种情感是否多余，或者不健康。剧作家"凭吊"了不能见容于丑恶时代的优秀传统文化，"凭吊"了在这片国土上奋争过又失败了的若干善良人物，这种"凭吊"，在作家这里，也是动了感情的。只要站到尊重历史的位置上，是不难体察出老舍对这些凭吊对象的价值认定和科学把握的。优秀的民族传统被丑陋的劣质文化环境无情剿

① 张庚：《〈茶馆〉漫谈》，载《人民日报》1958年5月27日。

杀，当然是需要凭吊甚至于鸣不平的；即便是像王利发、秦仲义、常四爷这类可悲的旧人物，他们身上所体现着的我们民族的善良、质朴、奋发、隐忍、刚强、正直等等美好的性情和德行，难道不值得珍惜和爱怜么？老舍很善于靠拢和理解旧时代被侮辱被损害者的心灵，也肯于将他们心灵挣扎过程中真、善、美的一面如实地绘写出来，这没有什么不应该的。如果说作者先前某些作品里，还存有片面肯定旧时代小人物精神全貌的瑕疵的话，那么，写作《茶馆》的时候，老舍对笔下诸如王利发、秦仲义、常四爷等旧人物，已经不再是一味同情、赞叹、哀婉，他已做到了颇具分寸地写出这些历史角色的社会局限性和精神局限性，使观众们得以品味出作家在“低回凭吊”之外的思想针砭。这样，旧人物的形象也就被注入了新的文化意义。历史终归是历史，对滞留在往昔岁月中的标识着我们民族精神文化沉浮的教训，如不竭力检摘，又怎么对得起现世与后人呢。

1949年以后的二三十年间，“五四”新文化运动所倡导的启蒙主义创作原则被彻底排斥，老舍的文化启蒙主义精神，也再未获得放射光焰的机会。并非启蒙主义典范性作品的话剧《茶馆》，和当时就遭到扼杀的小说《正红旗下》，是身怀绝思绝技的老舍在“十七年”间的“天鹅绝唱”。

批判了大半辈子愚昧国民性的老舍，被1966年“文革”初期恶性发展、异常强悍的国民性逼上了绝路。

20世纪初，国学大师王国维在昆明湖自沉而亡。陈寅恪在检拾王国维死因的时候，异常中肯地指出：“凡一种文化价值衰落之时，为此文化所化之人，必感苦痛。”①

老舍毕生批判民族文化，恰恰是因为他比所有人都珍爱此种文化。虽不能说他是已经全然地似王国维那样为传统文化所化，但是，他不能允许自己苟活在一个绝对没有民族优秀文化的世界

① 转引自陆键东《陈寅恪的最后20年》，三联书店1995年版。

上，这点决断，差可与王国维相比拟。

这一回，在“文革”的大风暴里，中国民族文化尤其是民族心理的衍变，也许会为老舍这样的文学巨匠，提供较之任何历史阶段都更难得的观察、诊断机会。

老舍却已然不再需要，也不再可能利用这个机会了。他走了，像“断魂枪法”的守护神沙子龙一样，要带着他的全副“绝活儿”，悄无声息地走了。大概是我们这个歇斯底里地去拥抱“文化革命”的民族，不配得到老舍再多一些的文学指点……

## 五

这里，笔者想就本书第二章结束时留下的话绪，再作一点延伸。

满人老舍，是20世纪中国文化名人当中少有的少数民族成员之一。他的民族，曾经有过罕见的辉煌，也有过惨痛的跌落。满族在近现代的大浮沉大跌荡，老舍感同身受。作为一个具有强烈民族自我认知的满族人，老舍在社会上风行民族歧视的特殊过程中，民族心理民族情感，备受压抑。在青年时代步入人生道路之后，他有一项真切的心愿，就是企盼世上所有的民族所有的人群一律平等，“谁也不要欺负谁”。

当青年老舍成为一名基督徒的时候，他所倾心的社会理想，就包括着他的朋友、牧师宝广林宣扬的自由、平等、博爱的基督教大同主义精神以及“破除国家种族之畛域”，达到不同民族之间平等、团结与和睦的追求。宝广林说：“是基督之光明所被，足以使撒人与犹太人之积怨，如冰雪之见日，立即消释，而同登灵界焉。”这位与老舍一样出身于满族的宝广林牧师，理解同胞们在民国初期悲苦无告的遭遇和寻求社会平等的诉求，在宗教宣传中提出了反对民族歧视、民族压迫的民族民主思想，得到了当时的满族同胞，尤其是青年老舍的拥护，他们真心希望能够见到不同民族相安共荣、人与人平等相待的社会现实。

待到老舍只身去到西方，他的眼睛也一直盯着英国社会对于不同种族的态度。历史为老舍设定的社会文化位置，帮助他出色地完成了《二马》。他的少数民族出身、旗人文化素质以及对种族、民族问题特有的敏感度，都使他在此次创作中有了挥洒表达的可能。当然，同样的原因，也使老舍至此仍旧专注于在政治领域里民族问题的观察与思考上。《二马》开篇，曾对伦敦街头工人们举行政治集会做了漫不经心的描写，这是作者在国内就不十分关心政治的惯性立场在起作用，而在故事进展之间，老舍却通过温都太太之口，说出了“种族比阶级更厉害”这样显然带有特殊意味的话语。《二马》写到英人，老舍首先特别指出他们对东方人浓烈的民族偏见情绪。伦敦的英国市民，差不多都相信，来自中国的“黄脸鬼是个个抽大烟，私运军火，害死人把尸首往床底下藏，强奸妇女不分老少，和做一切至少该千刀万剐的事情的”。他们认为“强国的人是‘人’，弱国的人呢？狗！”像小说中的伊牧师，在中国传过 20 年的教，对华人虽非全持恶意，却“在半夜睡不着的时候，总是祷告上帝快快的叫中国变成英国的属国；他含泪告诉上帝：中国人如不叫英国人管起来，这群黄脸黑头发的东西，怎么也升不了天堂”！他的太太、儿子和太太的哥哥，都怀着愚顽不化的民族沙文主义态度，“伊太太的教育原理是：小孩们一开口就学下等言语——如中国话，印度话等等。——以后绝对不能有高尚的思想。……她不许她的儿女同中国小孩子们一块儿玩，只许他们对中国人说必不可少的那几句话，像是：‘拿茶来！’‘去！’‘一只小鸡！’……每句话后面带着个‘！’。”当马氏父子将要来到伦敦时，未来的房东温都太太，也是“心里一个劲儿颠算：到底是多租几个钱好呢，还是一定不伺候杀人放火吃老鼠的中国人好呢”？《二马》对充斥于英国社会的种族歧视语境，进行了毫不留情的揭露和挞伐，这反映了自幼坚持民族自尊精神的老舍，在国内外多次相关遭遇下所激发起来的愤懑情绪。

1929 年下半年，返回祖国途中，老舍在新加坡有过一个时期的逗留。他一边工作，一边写作反映新加坡生活题材的长篇小说。这部题为《小坡的生日》的作品，作者是想要“以儿童为主，表现着弱小民族的联合——这是个理想”[①]。小说里意蕴深致地讲了小坡手中一块红绸子的妙用，把它或裹在头上，或围在腰间，或戴上头顶，就可以立即分别活现出印度人、马来人和阿拉伯人的服饰特征，让读者看到，在新加坡这里，东方各民族的人们是怎样地亲密生存和彼此了解。新年到了，他们更是不分人种、不计肤色地共同欢度：

小坡过年的时候，这“各色人等”也都过年；所以显得分外的热闹。那里有穿红绣鞋的老太太，也有穿西服露着胳臂的大姑娘。那里有梳小辫，结红绳的老头儿；也有穿花裙，光着脚的青年小伙子。有的妇女鼻子上安着很亮的珠子，有的妇女就戴着大草帽和男人一样的作工。可是，到了新年，大家全笑着唱着过年，好像天下真的是一家了。谁也不怒视谁一眼，谁也不错说一句话；大家都穿上新衣，吃些酒肉，忘记了旧的困苦，迎接新的希望。[②]

与其说这是老舍对星岛年节喜庆场景的忠实记录，毋宁说是作家对心目中一帧理想图画的纵情点染更确切些。他由幼及长，从东方到西方，见惯了民族和种族间的不和谐，更为切身承受过这样那样的民族与种族偏见而嗟叹。此刻的新加坡，还构不成一切民族共同繁荣的乐园，老舍在《小坡的生日》里也存心地不写一个白人，甚至连当地的日本人也予以回避，就是为了能够舒心地展示这么一帧理想的图画。尽管作品中也略微地点到了不同祖籍的

---

① 老舍：《还想着它》，《老舍文集》第 14 卷，第 31 页，人民文学出版社 1989 年版。

② 老舍：《小坡的生日》，《老舍文集》第 2 卷，第 19 页，人民文学出版社 1981 年版。

华侨之间尚存在着某些芥蒂，又对当地的马来人和印度人的愚昧散漫做了含蓄的批评，但是，作者还是借助于华裔儿童们的体验，将各被压迫民族之间的友谊和睦，置放在超越一切的地位上大加礼赞。这也就在读者面前，袒露了作家殷切向往有朝一日世界上的各民族跨越社会与文化藩篱，彼此尊重、友好相处的心迹。

《国家至上》，是老舍写于抗战期间的一部话剧。她的朋友、回族教授马宗融，代表回教救国协会，嘱他写一出表现回教群众抗日报国的戏。老舍没迟疑就应允了，他很高兴有机会写这种题材的戏。他约请剧作家宋之的合作，二人一致的愿望，是要写出一部宣传回民爱国、宣传中华全民团结抗战的好戏。

回族，是中华多民族大家庭的重要成员，是个全民信奉伊斯兰教的民族，他们的居住地，遍布于由北到南的国内许多地方。老舍生在旧北京的下层，那里的满族与回族有着长期密切的民间往来。老舍从来就对回族同胞有着深情的关注，并在彼此同情和理解的基础上与一些回族人士交上了亲密的朋友。老舍明了，因为信仰、心理和习俗上的多种原因，回、汉两个民族之间一向有些隔阂，即便是到了抗战爆发之后，他们各自虽都存有崇高的爱国救国之志，却常常奈于既往的芥蒂，妨碍了精诚一致地抗击外侮。为此，要写一部激励回、汉群众同心御敌的剧，无疑是必要的。老舍也知道，国内的民族关系问题，是个相当敏感的问题，写作时如果处理不当，就会适得其反，造成相互间新的不愉快。老舍与他的合作者宋之的，为设计剧情，煞费苦心，终于找到了以写回族内部团结过程为主、写回、汉之间团结过程为辅的故事布局方式。

《国家至上》的主人公张老师，是生活在北方乡镇里的一位回族老拳师。他正直、刚毅、倔强，有一身过人的武功，也有一颗拳拳报国之心。出于历史的缘故，他对汉族人戒心颇重，自己的结拜兄弟、教育家黄子清兼收了回、汉两族学生，他便执意用气，造成兄弟间失和多年。日本军队节节逼近了他的家乡，他听信小人金四把的挑唆，不但依然故我，拒绝与黄子清和好，而且不愿意跟汉族乡亲们一道筹划御敌之策。结果，残酷的事实摆在了他的眼前：敌寇滥炸清真寺，回族老幼到处遭到杀戮，他自己也被炸伤。在他苦闷之时，老兄弟黄子清主动捐弃前嫌，为他送来极珍贵的医伤良药，汉族的县长和民众也向他敞开热诚的胸怀，欢迎他联手破敌。日军迫近，张老师慷慨请缨，冲向沙场，喋血作战，在最危急的关头，他得到了汉族同胞的及时救助，大家合力一处，御敌成功。战斗过后，身负重伤的张老师猛然醒悟，原来一直煽动他不要跟汉人来往的金四把，竟是日军的一名奸细。他在临终时,亲手击毙了金四把,用最后的气力,道出了金石般掷地有声的话语:“我快死了,我明白了！回汉得合作……”

这部话剧，准确把握了回族同胞的心理特征和行为方式，歌颂了他们憎爱分明、勇于为国为民壮烈捐躯的精神风范。作品上演伊始，就得到了回教群众的普遍首肯和赞誉。剧作反复张扬“国家至上”、“我们都是中国人”的国民意识，更引发了各族广大观众的情感共振。这部戏，直面现实，不回避题材“禁区”，是一部在国家危急关头，真切反映国内不同民族间打通心理隔膜、共图中华生存的戏剧佳作。即便是检阅于中华文学史的漫漫长编，这样疾呼着民族团结的积极作品，也是向无先例的。——老舍能写出这样的好作品，当然不是偶然的，他历来倾心关切中国各族人民的关系，他是借回、汉团结抗敌的故事，一抒心底郁积多年的情感！老舍从切身的体验出发，深深懂得中华各民族必须平等、团结、和谐、互重的道理，深深懂得“国家至上”和中华民族的利益高于一切的道理。他的进步的民族理念，就此得以初步的阐释。

此后，他更逐渐向比较明确地表现满族与兄弟民族关系的题材靠拢。

也是在抗战期间，东方文化协会来恳请老舍以“东方文化”

为题做一本话剧。“东方文化”四个字勾起了老舍的累累遐思，他二话没说，就接过来了这个题目。从打迈上文坛即特别关心民族精神文化走势的作家，认为：“在抗战时期，来检讨文化，正是好时候，因为我们既不惜最大的牺牲去保存文化，则文化的力量如何，都须检讨。我们必须看到它的过去，现在，与将来。”可是，毕竟这个“东方文化”的题目，过于地大而虚幻了，它害得老舍几经苦苦琢磨，也捕捉不到能够形象地包容得下这个题目的故事。全仗着老舍太偏爱于这个题目，他到底还是将这个戏吃力地写了出来。这出演示和剖析“东方文化”的话剧，取了一个书香门第的赵姓家庭为背景，写出了这一家人在抗战期间及胜利之后若干年间的生活和思想。剧中的主要人物，父亲赵庠琛、母亲赵老太太、大儿子赵立真、二儿子赵兴邦、小女儿赵素渊以及小女儿起先的男友封海云，在戏刚开场时，分别代表着某种抽象的文化观念：赵庠琛体现着中国传统的“耕读文化”，他重气节、爱和平，主张做人“应当由修身齐家起首”，不太愿意为了全民族的解放奋起投身积极的社会斗争；赵老太太是典型的东方妇女，一心督促两个儿子早日成家，好叫全家过上和和美美的小康生活；赵立真身为动物学家，坚信“科学昌明了，世界上就根本不会有炸弹”，立志从科学的道路上，“给这个不明不白不清醒的人类找出真理来”；赵兴邦，是一位有理想肯实践的爱国青年，他勇于迎着抗战的炮火硝烟冲向前方，不仅是为了救国，也是为了将民族的传统文化“更改善一些，更提高一些”，使之成为“刚性的”新文化；赵素渊天真、浪漫，想要追求个性的抒发，又缺乏辨明生活道路及世间真伪的头脑；封海云，则是个“漂亮，空洞，什么也会，什么也不会”的浪荡种儿。随着剧情发展，赵兴邦的道路得到了家里人们的认同，父亲不顾年迈出门为抗战做事去了，哥哥一肩双担，边坚持科研边照顾老母，妹妹在认清人生意义之后，切断了与无聊男友的交往，投入了抗战服务工作；只有封海云执迷不悟，落了个破败潦倒的下场。《大地龙蛇》究其实质，是要呼唤古老的东方民族，在非常的战争时期，通过自我的批判和矫正，寻求精神文化的递嬗与新生。作者的动机是真诚的、合理的。但是，戏剧终归是戏剧，而不是文化论文，让剧中人物都充当理念的化身，并不能帮助欣赏者们达到对各种理念有效的辨察和抉择，反而会削弱戏剧的内在魅力。因而《大地龙蛇》从艺术上看来并不成功。

老舍在创作之初已预感到《大地龙蛇》的先天不足是要带给作品较大损伤的，而他仍愿勉为其难地去完成它，其中别有因由。剧中，赵兴邦曾赴祖国北方的绥远抗日战场参战，他向家人回忆起自己与战友们协力夺得的胜利时，特意点到了："我可以教你们看清楚，我们的百姓，而且是汉满蒙回藏各处的百姓，怎样万众一心地打败了敌人！"剧作者老舍在此处精心安排了一个倒叙的场次，真的让各民族的抗日勇士悉数登场，其中有汉族战士李汉雄、蒙古兵巴颜图、回教兵穆沙、藏族高僧罗桑旺赞、朝鲜义勇兵朴继周，甚至还有印度医生竺法救、日本籍的国际主义者马志远、华侨记者林祖荣……作者让这些抗日志士，齐声高唱他们豪迈的战歌，其中也有"为中华打仗，/不分汉满蒙回藏！/为中华复兴，/大家永远携手行"[①]的歌词。这里，会引起人们注意的是，老舍一再提到了"汉满蒙回藏"，怎么独独没有让他自己所隶属的民族——满族人的代表，出现在舞台上呢？这个问题一经想到，答案也就呼之欲出：赵兴邦，这个戏里的中心人物，就是老舍想提示人们注意到的那个"满"人的代表了。你看，他姓赵，恰合满族主要姓氏之一（满人用汉字姓的赵姓，满姓旧谱称"伊尔根觉罗"，若直译为汉语，是"民众姓氏"之义，亦含有满人"最常见之姓氏"的寓意）；而且，老舍在这里，还留下了一些相应的暗示：一，剧中证实，赵家祖籍在北方沦陷区，赵

① 老舍：《大地龙蛇》，《老舍文集》第10卷，第315页，人民文学出版社1986年版。

庠琛是在“宦游二十年”后隐退到重庆来的；二，在该剧本《序》中，作者曾不无用意地写道：“就以我们的服装说吧，旗袍是旗人的袍式，可是大家今天都穿它。”说者有意，听者不应当无心，老舍如此留恋这个话剧题材，不单是“文化”，还因为有“民族”的因素潜在其中，也教他分外挂心！既然写的是“东方文化”，老舍自然不会像世间有些人那样茫然地忘却了中国文化是多民族共同缔造的，也不会忘了华侨、印度人、朝鲜人乃至于日本人，都是“东方文化”的创造者。在《大地龙蛇》末尾一幕，老舍启用幻想，写了抗战胜利后的20世纪60年代，在中国亮丽明媚的海滨城市青岛，爱好和平的国内国际诸民族代表，欢聚一起庆祝“和平节”，人们齐声欢唱：“……从印度接来佛法，/放大了爱的光明，/从西域传来可兰，/发扬了清真洁净；/无为的老庄，/济世的孔孟，/多一分真理，/便多一分人生，/多一份慈善，/便多一分和平；/道理相融，/渗入人生，/善为至宝，/何必相争？/我们的心地和平，/我们建造了和平，/和平！和平！和平！”[①]可见，老舍在艰苦卓绝的民族战争时期所时时魂牵梦萦、祝祷祈盼的，正是各个兄弟民族之间沟通良善、和平相依的“东方文化”胜景。

作为一位少数民族出身的作家和文化人，老舍利用创作《国家至上》和《大地龙蛇》的机会，委婉然而恳切地宣示了自己渴望在中华国度之内，不同民族多元依存、繁荣与共的民族观念。

中华人民共和国诞生以后，老舍不再有理由掩饰个人的民族出身和民族心理，他成了最令人们熟知的满族代表人物。他是个每得到任何一份社会认定，总要以十倍的成绩来加以回报的人。作为作家，他知道应该怎样把个人久久激荡于怀的民族情感兑现出来。

---

① 老舍：《大地龙蛇》，《老舍文集》第10卷，第363页，人民文学出版社1986年版。

20世纪50年代，在新的政治体制之下，中国少数民族文学出现了一个迈向繁荣的热启动时期。来自不同民族的作家，为创建各自民族的新文学，都焕发出了空前的热情。这对老舍也是一种鼓舞和鞭策。1955年，中国作家协会在少数民族青年作家的倡议下，召开了旨在关注和推进民族文学发展的座谈会，老舍本人就是那次会议的主持者，他跟若干位不同民族的作家齐集一堂，兴奋心情溢于言表。各族作家们见到了他这么一位德高望重、本人又是出身于少数民族的文学前辈，都非常高兴地袒露心声，大家说，中国作家协会应当下设一个少数民族文学委员会，我们就选老舍先生来当委员长好了！老舍不无诙谐地向大家作了个揖，连说：不行，不行，我可不如你们，我把我们老祖宗的话全忘了，你们听我这一口北京腔儿，能当委员长吗？但我一定争取当个委员，把咱们全国各民族作家团结在一块儿！①

1956年2月，在中国作家协会第二次理事会扩大会议上，老舍作了《关于兄弟民族文学的报告》，在这个中国文学有史以来第一个有关少数民族文学的系统报告中，就诸如民族文学遗产和新文学的兴起、开展搜集整理和研究工作、民族文学的翻译和创作问题、如何在文学创作中克服大汉族主义思想和地方民族主义思想以及推进中国兄弟民族文学发展的具体措施等项，一一阐述了看法，他希望："让所有的兄弟民族都以热爱祖国的精神吟唱自己的诗歌，以自己的语言与风格写出历史的今天的现实主义的故事与戏剧。"这时，老舍的民族观得到了进一步的宣示，他认为，国内各个不同民族，都具有自己的文学优长，他们的文学传统都该当得到尊重，一个具有现代文化精神的中国，就该当鼓励他们在文化艺术上发出各自的声音。

1957年5月，老舍以中国作家协会副主席的身份前去乌鲁木齐，出席中国作协新疆维吾尔自治区分会的成立大会。他在那里

① 参见玛拉沁夫《"没有春天，咱们会去创造！"》，载《新港》1979年第5期。

逗留了半个月，竟没能抽出空暇游览一下神往已久的吐鲁番等地，而是把时间全用在了与各民族的文艺家们交朋友上面。他在当地作了10次“座谈报告”（这是他临时自造的一个词，主人们知道他身体不好，难以应付太多的长篇报告，于是多安排“座谈会”，但每每遇到各族文学爱好者大量递条子、提问题，他“只好作大段独白，等于作报告”）。老舍实在累得不轻，却为能结识许多的朋友感到高兴，他说，各民族的“朋友比高山大川更重要”①。

1960年，老舍在第二届全国人民代表大会第二次会议上，作了题目为《兄弟民族的诗风歌雨》的发言，提出：“以汉族文学史去代表中国文学史显然有失妥当，中国是个多民族的国家，而兄弟民族又各有悠久的文学传统”，“今后编写的中国文学史，无疑地要把各兄弟民族的文学史包括进去。”这些表述，非常清晰地展示了老舍心间业已萌生的中华多民族的文化史观。

老舍

同年，他在百忙中撰写发表有关新疆各民族小说创作和有关傣族民间叙事长诗的评论文章，亲自为少数民族文学的成长和传播鸣锣开道。

还是这一年，他又在中国作家协会第三次理事会扩大会议上，作了《关于少数民族文学工作的报告》，这是一篇较1956年的报告在内容上更为翔实和透辟的报告，报告中，在全面介绍各民族文学创作队伍的时候，有

① 老舍：《新疆半月记》，《老舍文集》第14卷，第348页，人民文学出版社1989年版。

这样一句短语值得我们留意："满族：作家有胡可、关沫南与老舍等。"老舍已把自己整个儿地摆进了中国多民族文学的发展格局之内，愿意以一位少数民族作家的身份，来促进中国多民族文化的开拓伸展。

直到晚年，创作《正红旗下》之际，老舍依然是不遗余力地在宣扬和倡导国家各个民族平等和谐的社会理想。

在我满月的那天，已经快到下午五点了，大家已经把关于定大爷的历史与特点说得没有什么可补充的了，金四叔来到。大家并没有大吃一惊，像定大爷来到时那样。假若大家觉得定大爷是从天而降，对金四把的来到却感到理当如此，非常亲切。是的，他的口中除了有时候用几个回族特有名词，几乎跟我们的话完全一样。我们特有的名词，如牛录、甲喇、格格……他不但全懂，而且运用得极其正确。一些我们已满、汉兼用的，如"牛录"也叫"佐领"，他却偏说满语。……

他送了两吊钱，并祝我长命百岁。大家让座的让座，递茶的递茶。可是，他不肯喝我们的茶。他严守教规。这使我们更尊敬他。……是的，当彼此不相往来的时候，不同的规矩与习惯使彼此互相歧视。及至彼此成为朋友，严守规矩反倒受到对方的称赞。我母亲甚至建议："四叔，我把那个有把儿的茶杯给你留起来，专为你用，不许别人动，你大概就会喝我们的茶了吧？"四叔也回答得好："不！赶明儿我自己拿个碗来，存在这儿！"

……我至今还觉得怪得意的：我的满月吉日是受过回族朋友的庆祝的。①

1979年，冰心读到老舍的遗作《正红旗下》，感慨系之。她撰文谈到："我自己小的时候，辛亥革命以前，因为痛恨清皇朝

---

① 老舍：《正红旗下》，第73–74页，人民文学出版社1980年版。

政府的腐败无能、丧权辱国，作为汉族一分子，又没有接触过任何一个‘旗人’，因此我对于旗人，不论是贵族是平民，是统治阶级还是被统治阶级，是一律怀有反感的；这种认识，直到后来在参加革命活动和社会活动中，接触到一些旗人以后，才逐渐有所改变。而老舍自己，由于出身在清皇朝‘残灯末庙’时期的‘穷旗兵’的家庭，对于同受剥削压迫的汉族人王掌柜，回族人金四叔，都有着休戚与共、甘苦相关的深厚阶级感情。……多么深厚的民族之间的阶级感情呵！同受剥削、同受压迫的人民之间‘互相友好’，是‘谁也挡不住’的，这就是我们敬爱的周总理所说的‘使中华人民共和国成为各民族友爱合作的大家庭’的主要因素！”①

纵观老舍的创作，我们可以得出这样的结论：老舍的民族观，闪现着跨越民族藩篱的现代人文光芒。他是非政治家和民族学家的中国20世纪知识分子中，极难得的一个具备超前民族观念的人。老舍的现代民族观，是他对中国多民族共存现实的真情反馈，是他对中华民族新时代的人文建设，一份真诚的贡献。在20世纪中国文化人普遍缺乏对民族问题缜密思考，普遍不够重视现代民族观念建设的情况下，这份贡献，更显得弥足珍贵。



① 冰心：《读老舍遗著〈正红旗下〉》，《民族团结》1979年第3期。

# 跋

以往，人们常常误以为，只有用少数民族语言文字写下的作品，才属于少数民族文学范畴，而不习惯于在用汉语文创作的作品中，剥离和理解少数民族文学的这样一个越来越引人注目的亚种。从古至今，少数民族的作家们运用汉语文，写作了不胜枚举的优秀作品。直到相当晚近的阶段，学术界才真正看清了将这份文化遗产，归还到少数民族人民名下的意义。老舍的文学，就中国多民族文学的具体分野来划分，该当属于满族文学，这句话，在并不遥远的过去，说出来还会让某些有识之士感觉茫然，而随着文学学术研究深入到了今天，却已经为绝大多数学者心悦诚服地接受了。

认定老舍创作个性中的满族素质，把老舍的作品看做少数民族文学的组成部分，当然不是出于给某个民族争一位文化名人的世俗愿望；捅破这层窗户纸，将有助于研究者放开眼界，进一步发掘和提炼老舍的艺术特点和成功经验，还会有利于文学艺术民族化发展方向的探索。

最近一些年来，在少数民族文学创作界，不单是满族作家们，中国各族作家们关切老舍及其创作的情况，都在与日俱增，他们正在从老舍的辉煌成就中寻觅可资自己借鉴的“真经”。我们感到，如果运用老舍的创作道路来探测我国多民族文学的现实发展，用老舍作品在民族文学流变中的多重意蕴，来比照着摸索少数民族文学的内在规律，会是很有意义的一件事。

老舍在满族文学的发展史上，是其由传统向现代过渡的一道至关重要的桥梁。他诞生于晚清，辞世于共和国建立 17 年后的

“文革”之初，其文学生涯横跨了现代文学发展全过程而直抵当代文学发展第一阶段的结束，他的创作，对满族文学的历史性拓展具有继往开来的意义。民国年间，满族特殊的社会处境决定了它的文学命运不会太好。这期间，虽说于老舍之外，也出现了端木蕻良、王度庐、舒群、李辉英、马加、关沫南、胡可等几位有较大成就的满族作家，但终究人数较少，整体影响也不是太明朗。真正能够在这一时期代表满族文学传统与满族文学形象的，首推老舍。他以本民族前辈作家展示过的卓越艺术天赋，纵横驰骋于文学创作各个领域，造成了文坛上诸多轰动效应。他创作于现代、当代两个文学阶段的大量作品，全面地继承发扬了满族文学的优良传统。而他在传统之上又多有开拓，在创作间熔铸了更多的现代观念与现代手法，使作品成为体现时代文明的艺术。他留给满族后代作家的，远比他从本民族前辈作家手中接过来的遗产要多。满族作家文学的流变史，只有三个半世纪，这部并不很长的历史，是令人感奋的。假如说纳兰性德和曹雪芹是满族古典文学发展时期矗立其间的两位艺术巨人，那么，老舍则不仅是满族现代和当代文学中最杰出的代表，而且还是满族文学的历史与现实之间无可替换的重要纽带。老舍的名字，如同纳兰性德和曹雪芹一样，不仅早已成为满族文学的骄傲，而且也成为中国少数民族文学乃至中华民族文学的骄傲。

老舍画像（叶浅予作）

老舍，在中国现代与当代最优秀的作家中，是唯一的少数民族作家。他的超越民族和国界、超越历史的文学业绩，无可置疑地证实了，少数民族作家，完全可以在这个世界上有大作为。他的成功，对中国后起的少数民族作家说来，可谓是“挡不住的诱惑”。

世上所有的现存民族，都有自成单元的传统文化，都有与传统文化相联系的民族文学。在各个民族社会彼此完全隔绝的年代，文学的民族性最是浓烈、鲜明，文学对民族文化的依赖性也最彻底。但是，也正是如此，十足的民族性，往往成为文学在更大范围和更高层次取得成功的羁绊。老舍的经验证实，处在社会大变革时代的少数民族作家，不应当，也不再可能到相对封闭的文化环境中找寻成功之路，要勇于走进广阔的充满异质文化碰撞的天地间，在接受外民族文化冲击的过程中，体现出自己民族文化的内在魅力和外在风采。老舍自幼生长于本民族开放式的文化土壤中，既深入地植根于满族文化，又对汉族等中原民族的文化有一份真切体验；他在青年时期便旅居英伦，环游欧亚，后来又到过美洲新大陆，对中外文化的异同也有精密的观察。在这一系列文化巡游之后的回归，对于产生出超越民族狭隘文化眼光的大作家，具有特殊的作用。

我国现代文坛上的少数民族作家，从他们与本民族传统文化的关系上分析，大致有三种类型。第一种是“本源派生—文化自恋”型的，他们在本民族文化环境中生成，民族传统浸透了他们的思维与习尚，在任何时候遇到异质文化影响，都会本能地恪守自我，抵御干扰，习惯于以本民族文化价值尺度去评估一切客观事物；第二种是“植根本源—文化交融”型的，其特点是对本民族文化具备骨肉般的体认，并以本民族的文学创造者为基本自识，对自己民族的文化、文学发展抱着强烈的责任感，却又在与外民族的近距离接触中，虚怀若谷，大胆吸纳，从而建立起自己具有多重文化参照系的、以本源文化为基准而又博采众长的崭新的民族文化价值观，并把这种观念注入创作实践；第三种是“游离本源—文化他附”型的，这类作家从小生活在他民族的文化环境下，基本没有领受过自己民族文化传统的滋养，即便成为作家之后也很少做过向本民族文化回归的努力，他们的作品从题材、语言、手法到审美追求，都已与本民族文化大致无涉。由于历史的原因，中国的少数民族文坛上，这三类作家各有其阵容。第三类作家因不能占有少数民族文学的典范位置，故而在民族文学的发展中不被人们过多注意。以往一直受到特别重视的第一类作家，曾对少数民族文学事业起到过开创性作用，不过，他们的作品由于缺乏时代气息，缺乏与他民族文化产生互动、共振效应的内部机制，也愈来愈被冷淡了。只有第二类作家，在新时代的文学发展中构筑了显著的创作优势，他们的作品，既含有本民族文化的独特价值，又建有与外民族读者欣赏需求彼此沟通的渠道，从而展现了在人类文化进入多元并存、交流互动时代的强有力的外向冲击性。老舍，就是这第二类少数民族作家的天才代表，也是这个新的文学时代刚刚降临我们这个东方古国之时所出现的少数民族新型文化与新型文学的先驱。人们日益看清的是，老舍在横跨"满族—汉族—西方现代民族"这多重的文化系统之上所打造的属于自己而超乎常人的精到的文化视角，对这位少数民族作家登临人类文学的高梯级，是多么的必要和重要。

人们过去往往爱用一种疑惑的眼光看满族文化，以为只有像以往某些民族那样，长久坚持一成不变的传统文化，才是地道的、名副其实的民族文化形态，而满族文化似乎是早已为他民族所"同化"。殊不知，民族文化间的交流，不以人的意志为转移，或迟或早都要发生。尤其是在社会大变革的时代，所有少数民族的传统社会都在以前所未有的速度异化着，民族间的互相影响大大超出人们的逆料。一个简单的例子是，中国现有作家文学的少数民族，他们的几乎达到总数90%以上的作家，均在用汉语文写作，连蒙古、藏、维吾尔、哈萨克、朝鲜等一向以本民族文字创作见长的少数民族，作家们用汉语文写作作品的比例，也在不断地大幅度地上升。满族在清代曾经半是无奈半是进取地走上的那条语言转轨之路，现在已然出现在其他许多少数民族的脚下。这其实也很正常，人类文明进程从来如此。同时，国内外无数例证又说明，逐步放弃本民族原来的语言文字，甚至洞开民族间的文化壁垒，都还离着一种民族文化的最后被“同化”，离着一个民族的最后被“注销”，相距有十万八千里的路程。

中国各个少数民族的文学正处于加速流变之中。有所失亦有所得。失去的，是文化与文学的某些外在表征及由这些表征带来的隔离保护机制；得到的，则是少数民族文学在更广阔的时空间更自由的发展。不用担忧这种流变使少数民族文学损失过重，满族文学的历史和老舍的成功告诉人们，原本健全的有生命力的民族文化，可以产生能动的代谢补偿机制，当传统文化的外在特色开始模糊之际，其内核的种种固有因子却加倍地活跃起来，偿付外在特色的缺损。清代满族文学，貌似与中原汉族文学一致，却没有瞒过慧眼只具的汉族文艺批评家，王国维的《人间词话》，在评论纳兰性德（字容若）的词作时曾卓有见识地指出：“纳兰容若以自然之眼观物，以自然之舌言情，此由初入中原，未染汉人习气，故能真切如此。北宋以来，一人而已。”王国维这里所说的“自然之眼”和“自然之舌”，用今天的语汇，即属于民族的传统审美定势，它是民族文化的潜在因素，在民族文化的交流中，不可能跟民族文化的外在表征同步丧失。当然，随着民族间交往的年深日久，传统文化的内核特质也会在一个长时间内慢慢淡化，这时，负有本民族文化使命的作家，其主观能动性的施展，便有优劣之别了。老舍在满族文化受到社会不公正的排斥的情况下，并没有疏远自己民族的文化本源，他懂得在民族文化的比较中，是“尺有所短，寸有所长”的，民族不分大小，其久经磨砺的传统文化中都会有真金子在，于是他悉心地去体味本民族传统文化的精髓，在反复的创作实践中，有胆有识地将满族传统文化的美质溶解其间，教作品在题材、风格、手法、韵味等方面，呈现出一番有别于汉族及其他民族作品的文化气象。这也许正可以说是老舍之为老舍的绝妙之点。今天，中国各少数民族与汉族在文化上的大量交往，带来的是本民族文化程度不同的变异，其中一些民族的文化变异还相当严重，他们的作家回过头去用传统的手段写本民族封闭性的生活题材，已越发的不可能。这时，老舍的示范性经验就是重要的了：下力气去向民族文化的深层探取，以现代文明的目光辨别民族传统的成分，再把能够有益于时代的本民族特有的文化内涵充分张扬出来，便可以重获一派生机，进而发展、创新。

老舍的创作成功还告诉人们，在多民族文化交流互动的文学时代，民族文学要走向广大读者，要走向世界，其创作者就应当具备深刻的文化审视意识。世界进入 20 世纪以来，人类现代文明的曙光，已经次第辉耀于中国各个历史悠久、文化积淀厚重的民族，让许多民族的文化人，都看到了民族旧有文化的弊端，从而产生了重新认识自我民族和重新塑造自我民族的欲望。老舍是最早具备了这种神圣忧思的现代中国少数民族作家之一。他在 20 年代早期作品《二马》里，就说出过“民族要是老了，人人生下来就是‘出窝老’”这般石破天惊、振聋发聩的警世之语。他一生的许多作品，都是围绕检讨民族文化的主线展开的。晚年的《正红旗下》，更是把这种民族历史文化的批判精神发扬到了超高水准，他命中要害地抨击了“二百多年积下的历史尘垢，使一般的旗人既忘了自谴，也忘了自励”，这样尖锐的批评，由一位毕生热爱着自己民族的伟大作家口中道出，分量是极重的，其中包含的民族文化扬弃力量也是宏大的。满族，是个一向没有被人们真正说清楚的民族，在短短 300 年间，创造了那么多的奇迹，又在自身发展中孕育了何等样儿的悲剧！一代又一代的满族作家在思考，在探讨，在自省……曹雪芹在他的《红楼梦》中，最先发出了“喜荣华正好，恨无常又到”的感叹，敲响了“须要退步抽身早”的长鸣钟，可以说是这种运用文学进行民族自审的先声了。从清代到当代，以老舍为代表的满族文学家，又在同一方向上投入了巨大的精力。这说明，满族这个在中国现有的 56 个民族中较早“碰壁”的成员，愿意成为最先冲出历史“迷宫”的民族。其实，中国的少数民族，哪一个没有历史教训和文化教训需要归结呢？民族的自我超越意识和深层次的文化省视意识，对每个力图走出历史“怪圈”从而迎头赶上现代文明的少数民族，都是必需的。提到传统文化，各民族作家们的感情和心理会产生复杂微妙的震荡，他们的心间，都扭结着扯也扯不开的“民族文化情结”。他们对民族文化的态度尽管千差万别，然而，社会和时代的迅猛变化，已经教任何一个民族的文化人，再也没法躲避自己对民族文化重构的责任了。

老舍作为20世纪中国少数民族文学的杰出代表，他在民族文学竞技场上的大成功，与他所出生其间的民族——满族所持有的开放型的民族文化品格，有着密不可分的关系。中国的多民族文学事业正在发展，时代不仅对满族，而且对一切少数民族的作家，都提出了培养自己开放型民族文学品格的要求。老舍的事例证实，只有在开放型的民族文学品格之上，才有可能发现通向民族文学最高荣誉的阶梯。一位少数民族作家，只要对本民族优秀的文化传统享有植根其间的位置，就不必担心在塑造开放型品格的过程中迷失了自我，恰恰相反，少数民族文学新的更高级的生命形态，必会应运而生，放射光彩。

如同现今的世界上尚未出现过纯粹的非民族的文学一样，现今的世界上也越来越不可能再产生纯而又纯的民族文学。民族文学在各自范畴内的一切扩殖，均须在多民族的相互交流、相互渗透中实现。老舍和他所创作的满族文学，就是在这个民族文学彼此剧烈互动的年代，充满自信地成就了自我。

三个半世纪之前，满洲民族的文化，发生了一场由原生态的萨满文化体系，向广泛吸取汉族等兄弟民族文化营养的多质文化状态过渡的大变迁。那场民族文化的“涅槃”，对该民族来说，福兮祸兮，一言难以曲尽。然而，日后的世人到底还算看到了，满民族的“次生文化形态”，以能量来说，并不低于该民族的“原生文化形态”，在中国多民族的现实生活中，依旧显示着独特的能动的意义。

我国现有56个兄弟民族，只要对其中的任何一个进行一番调查，便会发现，它们的历史都宛如一条自成体系的漫漫长河。各民族历史上所处的自然环境和社会发展阶段千差万别，生产方式和生活方式显然地有差异，它们的精神文化，包括风俗习惯、宗教信仰、性格特征、心理状态、思想感情、道德观念、审美追求等等，其区别，甚至是更加明朗的。这样，各民族在各个特定历史时期所拥有的不同的文化心态，就成为一种自然的社会现象。千百年来，各个民族依凭着各自的文化系统，维系了其社会秩序与社会发展。这些民族文化体系总会存在着它的某些内在的张力，总有自己的某些优长。一个民族的文化要把该民族从遥远的洪荒时代一直送到今天，没有其内在力量的存在，没有其存在的合理性，是不可思议的。一个民族在文化上的优劣，与该民族在人数上的多寡，并不一定成正比。

而民族的优秀文化，情有独钟地将全部营养赐予本民族出身的作家；民族的作家也正是从一开头便以其“下意识的文化自在性”，生发出对民族文化得天独厚的亲和、体认以及传播的天赋。于是民族作家们纷纷以民族文化产儿的固有身份，在文学的天地间活动开来；民族文化，也凭借着作家手中的笔，将他们的文学作品划入自己的内涵范畴。假如我们对各类民族文化观念有些比较切实的体认，也许就会对中国文学中间的若干体现民族特质的现象，表现出深入一些的敏感与悟性。我们要发现每个民族的文学独特质素，就得从尊重每个民族其文化的特异性开始。所以，从根本上来讲，把某些民族的文学完全当成另一些民族文学派生物的态度，是不对头的。

就历史来看，所有国内单一民族（包括中原民族和边地民族）文学的发展，都离不开与周边其他民族之间的交流互动。

在各个民族的原初阶段，因地理空间的相对隔绝封闭以及民族社会相互屏蔽，文学曾享有过民族文学本体意义上的个性发展条件。然而，这种一民族文学不为外民族文学影响的个性化推进是难以维持久远的，文学作为诸民族间精神文化接触中尤其易感的部分，常常会在不同民族的过从中，感染或接种上对方的基因。正像“金无足赤”一般，在古往今来愈来愈见出整合趋向的中华多民族文学交流进程中，可以不再指望会辨认出某一民族的某一作品，还属于纯而又纯的“单一基因”的民族文学标本。“你中有我，我中有你”，当是对迄今为止多民族文学交流结果的异常恰当的设譬。

我们观察汉族与少数民族文学长久互动的历史，应该注意到，汉族作为中原地带发祥极早且文化始终领先于周边的民族，其文学对许多民族的文学都有过不容置疑的影响，各个少数民族的文学承受了处在中心文化位置上的汉族强势文学的辐射。然而，文化发展相对滞后的少数民族，他们的文学在与汉族文学的接触中，也不是仅仅体现为被动接受汉族文学的单向给予，少数民族文学同样也向汉族文学输送了有益的成分，它们之间的交流，始终表现出双向互动的特征与情状。中华各民族文学的交流互动，早已形成了优良的传统。

科学的文学史观之拥有，其中当然需要包含中华多民族文学史观之确立。在新时代的文学史家头脑里，中华民族是由56个兄弟民族共同组成的，中华的文学是由所有现存的以及曾经在这片国土上存在过的民族的文学共同构成的，这根思想上的弦儿，是不可以松动的。我们今后撰写的“中国文学史”，既不应当再是中原民族文学的“单出头”，也不应当是文学史撰写者出于“慈悲心肠”或“政策考量”而端出来的国内多民族文学的“拼盘儿”、“杂拌儿”。中华民族是多元一体的，中华民族的文学也是多元一体的。中华的文学应当是一个有机连接的网络系统，每个历史民族和现实民族，都在其中存有自己文学坐标的子系统，它们各自在内核上分呈其质，又在外延上交相会通，从而体现为一幅缤纷万象的壮丽图像。

应当看到，今天在我们的研究领域，已经很难找见几十年前那种一味对少数民族文化持“不予承认”态度的人了。56个民族共同组成了中华民族的大家庭，这一理念潜移默化地在作用着人们的头脑，它是共和国的民族政策正面宣传的客观结果。但是，承认中国是个多民族的国家，并不意味着让那些有这种意识的人去从事文学研究的话，他们会就此获得中华多民族的文学史观，因为，正确的文学史观的获得，既有赖于文学研究者们心悦诚服地接受民族学的科学理论并使自身理论素养全面提升，也有赖于他们在各自的研究工作中，取得对国内多民族文学历史与现实逐步深入的认识和体会。

我们的文学研究者大多数并不研究少数民族文学，然而，希望他们也都要逐渐确立起自己的中华多民族文学史观，却并不为过。试想，作为当代中国境内少数民族出身的本民族文学研究家，不了解《诗经》、楚辞、李白、杜甫，显然是不成的；那么，汉族出身的文学研究家呢，假使对《玛纳斯》、《格萨尔》、《福乐智慧》等少数民族的著名作品一概不知，对满族作家老舍或者苗族作家沈从文文学当中的民族特质毫无感觉，大约也会在理解和阐释中国文学的时候显出偏差来。

确立了中华多民族文学史观的研究家，在从事学术工作的时候，会自觉地在诸多的文学研究对象中间，去寻觅探讨其不同民族的文化和文学意蕴。他们面对某些曾经受到兄弟民族文化影响的汉族作家便不会轻率地做出“一元化”的结论，面对某些少数民族出身的作家用汉语文写出的作品亦不会武断地给出研究对象“彻底汉化”的答案。因此，研究家们确立中华多民族文学史观与否，得益处或者受损失的还是其自我。

在中国，“少数民族文学”的概念被正式提出，已经有半个多世纪了①。这个概念问世的积极意义是自不待言的，也是必须

① 据民族文学研究专家李鸿然查考，“少数民族文学”的概念首先是由茅盾在1949年10月正式提出的。见关纪新主编《20世纪中华各民族文学关系研究》，第20页，民族出版社2006年版。

充分估量的。自古以来人们大多只知道中国所具有的文学就是汉族文学，因之也就出现了许多人头脑里“中国文学等于汉族文学”的错误印象。随着“少数民族文学”概念的出现，各个少数民族在历史上创作的口头文学和书面文学顺理成章地被发掘和整理出来，还得到了有效的研究，同时，在发展“少数民族文学”的旗帜下面，国内55个少数民族的当代文学更是得到了长足的推进，一些民族的作家文学从无到有，一些民族的作家文学由弱而强，还有一些民族的作家文学甚至取得了与汉族并驾齐驱的成就。今天，再想撇开少数民族文学的存在而谈论中国文学，已经是不太可能的和不合时宜的了。“少数民族文学”与“汉族文学”相辅相成、交相辉映，已然成为中国文学总体格局内不可或缺的一个重要组成部分。

创建并确立中华多民族文学史观的任务，业已历史性地落在了当代学人们的肩头。在笔者看来，这既是我们文学研究界的当务之急，又是一项可能需要通过比较长久的努力才能达到的目标。好在，我们的学术界已经接受过各种新鲜思想的洗礼，不再那么坚持几十年前的保守乃至僵化的思维，正式提出这个问题，应当说时机大致已经成熟。

笔者以为，总有那么一天，中国的多民族文学研究会浑然汇通。也许到了那时节，人们会满意地看到，中华多民族文学史观，已经很自然地，深入于每一位文学研究者的精神世界之中。——我们应当做这样的期待。

# 本书写作主要参考文献


□老舍全集 // 老舍 // 人民文学出版社　1999

□老舍作品中的北京话词语例释 // 杨玉秀 // 北京大学出版社　1984.5

□老舍研究资料（上、下）// 曾广灿、吴怀斌编 // 北京十月文艺出版社　1985.7

□老舍评传 // 王惠云、苏庆昌 // 花山文艺出版社　1985.10

□散记老舍 // 胡絜青、舒乙 // 北京十月文艺出版社　1986.5

□老舍在北京的足迹 // 李犁耘 // 北京燕山出版社　1986.8

□老舍 // 舒乙 // 人民出版社　1986.8

□老舍之死 // 舒乙主编 // 国际文化出版公司　1987.8

□老舍的最后两天 // 舒乙 // 花城出版社　1987.10

□老舍小说比喻撷英 // 周关东 // 华东师范大学出版社　铃木出版株式会社　1987.11

□老舍研究纵览 // 曾广灿 // 天津教育出版社　1987.11；1989.7

□老舍早期创作与中国社会 //（苏）安琪波夫斯基着　宋永毅译 // 湖南文艺出版社　1988.2

□老舍与中国文化观念 // 宋永毅 // 学林出版社　1988.7

□老舍剧作研究 // 冉忆桥、李振潼 // 华东师范大学出版社　1988.8

□老舍年谱 // 郝长海、吴怀斌编 // 黄山书社　1988.9

□老舍的关坎和爱好 // 舒乙 // 中国建设出版社　1988

□老舍年谱 // 甘海岚编著 // 书目文献出版社　1989.7

□老舍创作论 // 陈震文、石兴泽 // 辽宁大学出版社　1990.12

□孟广来论著集——老舍研究 // 孟丹编 // 文化艺术出版社　1991.6

□北京：城与人 // 赵园 // 上海人民出版社　1991.8

□老舍和朋友们 // 舒济编 // 三联书店　1991.10

□老舍的艺术世界 // 孙钧政 // 北京十月出版社　1992.5

□老舍的小说世界与东西方文化 // 吴小美、魏韶华 // 兰州大学出版社　1992.6

□老舍与北京文化 // 甘海岚 // 中国妇女出版社　1993.9

□老舍文学思想的生成与发展 // 石兴泽 // 山东文艺出版社　1993.10

□老舍与中国文化观念 // 宋永毅 // 学林出版社　1993

□老舍小说艺术心理研究 // 谢昭新 // 北京十月文艺出版社　1994.3

□老舍小说新论 // （新加坡）王润华 // 台湾东大图书公司　1995.2；学林出版社　1995.12

□老舍自传 // 徐德明编 // 江苏文艺出版社　1995.9

□老舍名作欣赏 // 樊骏主编 // 中国和平出版社　1996.4

□老舍（文献传记片）// 舒乙、舒济 // 北京电影学院音像版出版社　1996.10

□老舍的语言艺术 // 王建华 // 北京语言文化大学出版社　1996.11

□老舍研究：六十五年沧桑路（1929–1994）// 石兴泽 // 山东文艺出版社　1997. 6

□老舍年谱（上、下）// 张桂兴编著 // 上海文艺出版社　1997.12.

□老舍资料考释　（上、下）// 张桂兴编着 // 中国国际广播出版社　1998.7.

□老舍评传 // 关纪新 // 重庆出版社　1998.10

□老舍年谱 // 舒济、郝长海、吴怀斌 // 收入《老舍全集》第19卷　人民文学出版社　1999.1

□京味儿夜话 // 弥松颐 // 人民文学出版社　1999.1

□老舍新论 // 王晓琴 // 首都师范大学出版社　1999.2

□老舍之死采访录 // 傅光明 // 中国广播电视出版社　1999.12

□老舍与二十世纪——1999年国际老舍学术研讨会论文选 // 曾广灿、范亦豪、关纪新编 // 天津人民出版社　2000.1

□老舍文学词典 // 舒济主编 // 北京出版社　2000.2

□简明老舍词典 // 史承钧主编 // 甘肃教育出版社　2000.4

□中国现代小说雅俗流变与整合 // 徐德明 // 社会科学文献出版社　2000.4

□老舍：消失了的太平湖 // 李辉 // 大象出版社　2000

□老舍资料考释 // 张桂兴 // 中国国际广播出版社　2000

□太平湖的记忆：老舍之死 // 郑实、傅光明编著 // 海天出版社　2001.7

□老舍与现代中国 // 汤晨光 // 湖南师范大学出版社　2002

□世纪彷徨：老舍论 // 孙洁 // 百花洲文艺出版社　2003.8

□老舍与二十世纪中国文学和文化 // 石兴泽 // 人民文学出版社　2005

□老舍之谜 // 蒋泥 // 中国书店　2007

□老舍评说七十年 // 张桂兴编 // 中国华侨出版社　2005

□老舍的平民生活 // 舒乙 // 华文出版社　2006

□小说家老舍 // ［法］保尔·巴迪著　吴永平译 // 长江文艺出版社　2005

□老舍与中国新文化建设 // 吴小美、魏韶华、古世仓 // 民族出版社　2006

□老舍与中国革命 // 古世仓、吴小美 // 民族出版社　2006

□老舍的文学地图 // 傅光明主编 // 新世界出版社　2005

□世纪之初读老舍 // 中国老舍研究会选编 // 人民文学出版社

2007

□啸亭杂录 // ［清］昭梿 // 福建人民出版社　1996

□红楼梦 // ［清］曹雪芹、高鹗 // 人民文学出版社　1964

□儿女英雄传 // ［清］文康 // 西湖书社　1987

□绿烟琐窗集 // ［清］富察明义（内含 枣窗闲笔 // ［清］爱新觉罗裕瑞）// 上海古籍出版社　1984

□天咫偶闻 // 震钧 // 北京古籍出版社　1982

□八旗艺文编目 // 恩华编纂、关纪新整理点校 // 辽宁民族出版社　2006

□满族现代文学家艺术家传略 // 关纪新编 // 辽宁人民出版社　1987

□当代满族作家论 // 陆地、关纪新主编 // 春风文艺出版社　2004

□春明往事 // 石继昌 // 北京出版社　1996

□老北京与满族 // 爱新觉罗瀛生 // 学苑出版社　2005

□北京旧事 // 余钊 // 学苑出版社　2000

□北京土语中的满语 // 常瀛生 // 北京燕山出版社　1993

□京味儿语言——透视北京人的语言 // 金汕、白公 // 中国妇女出版社　1993

□北京文学的地域文化魅力 // 张丽妧 // 中国和平出版社　1994

□八旗子弟 // 刘小萌 // 福建人民出版社　1996

□清代八旗贤官 // 滕绍箴 // 中国社会科学出版社　1992

□北京满族志稿 // 定宜庄 // 未刊稿

□满族话与北京话 // 赵杰 // 辽宁民族出版社　1996

□北京：都市想象与文化记忆 // 陈平原、王德威主编 // 北京大学出版社　2005

□中国少数民族俗文学 // 关纪新主编 // 内蒙古教育出版社　2001

□清代满族作家诗词选 // 张菊玲、关纪新、李红雨辑注 // 时代文艺出版社 1987

□满族文学精华 // 朱眉叔等选注 // 辽沈书社 1993

□清代满族作家文学概论 // 张菊玲 // 中央民族学院出版社 1990

□旷代才女顾太清 // 张菊玲 // 北京出版社 2002

□清代满族诗词十论 // 张佳生 // 辽宁民族出版社 1993

□清代满族诗学精华 // 王佑夫主编 // 中央民族大学出版社 1994

□清代满语文学史略 // 赵志忠 // 辽宁民族出版社 2002

□北京城区的满族 // 金启孮 // 辽宁民族出版社 1998

□北京郊区的满族 // 金启孮 // 内蒙古大学出版社 1989

□辛亥革命后的北京满族 // 北京市政协文史资料委员会编 // 北京出版社 2002

□中国满族通论 // 张佳生主编 // 辽宁民族出版社 2005

□满族文化与宗教研究 // 赵展 // 辽宁民族出版社 1993

□满族萨满教研究 // 富育光、孟慧英 // 北京大学出版社 1991

□满族文化模式 // 鲍明 // 辽宁民族出版社 2006

□多重选择的世界——当代少数民族作家文学的理论描述 // 关纪新、朝戈金 // 中央民族大学出版社 1995

□民族文学学论纲 // 龙长吟 // 湖南文艺出版社 1997

□族群记忆与多元创造 // 徐其超、罗布江村主编 // 四川民族出版社 2001

□中国当代少数民族文学史论 // 李鸿然 // 云南教育出版社 2004

□20 世纪中华各民族文学关系研究 // 关纪新主编 // 民族出版社 2006

□民族学通论 // 林耀华主编 // 中央民族学院出版社 1991

□中华民族多元一体格局 // 费孝通 // 中央民族学院出版社 1989
□中国民族史 // 王钟翰主编 // 中国社会科学出版社 1994
□民族心理学 // 张世富主编 // 山东教育出版社 1996
□少数民族与中华文化 // 田继洲等 // 上海人民出版社 1996